NEV

DESIGN OF THERMAL MANAGEMENT SYSTEM FOR NEW ENERGY VEHICLES

新能源汽车
热管理系统设计

朱波　张忆　姚明尧　编著

化学工业出版社

·北京·

内容简介

本书是一本讲解新能源汽车热管理系统设计的实用指南。全书内容系统全面，在介绍热力学基础理论、新能源汽车产热原理以及热管理基础部件的基础上，针对新能源汽车热管理系统设计的核心环节，详细阐释了系统设计方法、控制策略、建模仿真及性能测试评价技术等。同时，本书注重实用性，在讲解具体设计及控制等方法的同时，注重介绍新能源汽车行业先进案例，分析行业先进技术框架，帮助读者学以致用。

本书适合作为高等院校车辆工程、热能工程、动力工程等专业的教材，也可供科研人员和工程技术人员参考。

图书在版编目（CIP）数据

新能源汽车热管理系统设计 / 朱波，张忆，姚明尧编著． -- 北京 ： 化学工业出版社，2025．5． -- ISBN 978-7-122-47655-5

Ⅰ．U469.7

中国国家版本馆CIP数据核字第2025ET1751号

责任编辑：于成成
文字编辑：吴开亮
责任校对：边　涛
装帧设计：王晓宇

出版发行：化学工业出版社
　　　　　（北京市东城区青年湖南街 13 号　邮政编码 100011）
印　　装：北京云浩印刷有限责任公司
787mm×1092mm　1/16　印张 13¾　字数 290 千字
2025 年 7 月北京第 1 版第 1 次印刷

购书咨询：010-64518888
售后服务：010-64518899
网　　址：http://www.cip.com.cn
凡购买本书，如有缺损质量问题，本社销售中心负责调换。

定　　价：88.00元

新能源汽车热管理是从整车角度统筹车辆发动机热管理、座舱热管理、电池热管理、电机电控热管理等相关热管理系统部件及子系统的匹配、优化与控制，其目的为有效解决整车热相关问题，使得各功能模块处于最佳温度工作区间，提高整车经济性和动力性，同时保障汽车运行的安全性和驾乘舒适性。

早期的新能源汽车热管理系统一般采用分散架构，无法对整车热管理进行统一协调管理，效率较低。从系统架构来看，新能源汽车热管理由各子系统分散运行向集成化发展。新能源汽车热管理系统的发展，除了要提高整体能效增加续航里程，还应兼备高度集成化、热害控制、远程控制、座舱环境个性化、宽温区高效化、环保工质替代等关键技术。在当前新能源汽车大规模发展以及碳中和目标的背景下，新能源汽车热管理向着绿色高效化、功能一体化、结构模块化、控制智能化的"新四化"方向发展。高效一体化集成的热管理系统，是解决新能源汽车"高低温里程焦虑"的有效途径。

本书主要围绕新能源汽车热管理系统设计，理论与实例相结合，从原理介绍、系统设计、控制方法、仿真分析、试验测试等几个维度，深入浅出地介绍了新能源汽车热管理系统设计与验证的流程和方法。

本书由合肥工业大学朱波、张忆、姚明尧编著。具体分工如下：朱波负责总体策划和审稿，并编写了第1、6、7章；张忆负责统稿，并编写了第2、3章；姚明尧编写了第4、5章。合肥工业大学汽车与交通工程学院的研究生邓亚宁、李本学、潘禹宏、王志贤、陈志伟也参与了资料整理工作。

由于编著者水平有限，书中难免会有疏漏和不足之处，恳请读者批评指正。

编著者

目录 Contents

第 1 章
概述

NEV New Energy Vehicles

1.1
新能源汽车发展现状及趋势

新能源汽车是指采用非常规车用燃料作为动力来源（或使用常规的车用燃料、采用新型车载动力装置），综合车辆动力控制和驱动方面的先进技术，形成的技术原理先进，具有新技术、新结构的汽车。新能源汽车包括纯电动汽车、增程式电动汽车、混合动力汽车、燃料电池电动汽车、氢发动机汽车等。新能源汽车由于其良好的节能效果和低排放特性被认为是汽车工业的发展趋势。

2020年9月我国明确提出2030年"碳达峰"与2060年"碳中和"目标。2020年我国交通领域碳排放9.3亿吨，占全国终端碳排放的15%。加速新能源汽车推广，对"双碳"目标的实现意义重大。

我国是石油依赖性国家，2022年原油对外依存度为71.2%。发展新能源汽车能够更加有效地利用风能、太阳能等多样化可再生能源，有助于我国电力能源结构的清洁化和加强电网建设，对于调节、优化道路交通领域能源结构，缓解对进口石油的高度依赖，保障国家能源安全，具有非常重要的战略意义。2020年11月，国务院办公厅印发《新能源汽车产业发展规划（2021—2035年）》，要求深入实施发展新能源汽车国家战略，推动中国新能源汽车产业高质量可持续发展，加快建设汽车强国。

我国新能源汽车产业始于2009～2012年的"十城千辆"工程。2013年是中国新能源汽车产业全面启动的元年，在国家、地方两级财政补贴，减免购置税，不限指标与无路权束缚等红利的驱使下，新能源汽车产业开启了波澜壮阔又跌宕起伏的发展历程。2016～2020年，我国新能源汽车产销量增速相对平稳，2021年以后进入快速增长。2024年我国汽车销量完成3143.6万辆，其中，新能源汽车销量达到1286.6万辆，同比增长35.5%（如图1-1所示），市场占有率达到40.9%，成为全球汽车产业电动化转型的重要驱动力。电动汽车也由政策市场，开始转向真正的消费市场，性能和价格成为电动汽车能否真正立足于市场的决定因素。

高低温环境对新能源汽车的续驶里程影响较大，是关注的焦点。全球最大的远程信息处理机构之一GEOTAB（总部位于加拿大奥克维尔）对102种不同品牌、型号、年份组合的4200辆电动汽车的520万次行程数据按温度深入分析了平均车辆的里程效率，如图1-2所示。

从图1-2可以看出，当温度为21.5℃时，新能源汽车的性能最佳。新能源汽车续航里程最佳的温度范围是从10～32℃。当冬天温度低至零下20℃时，新能源汽车的实际续航里程折损率达到了50%；在酷暑的夏天，温度高达

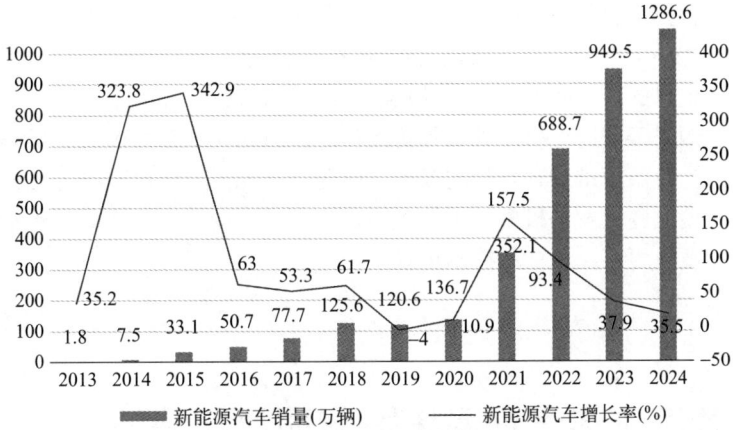

∧图1-1　我国新能源汽车销量增长曲线

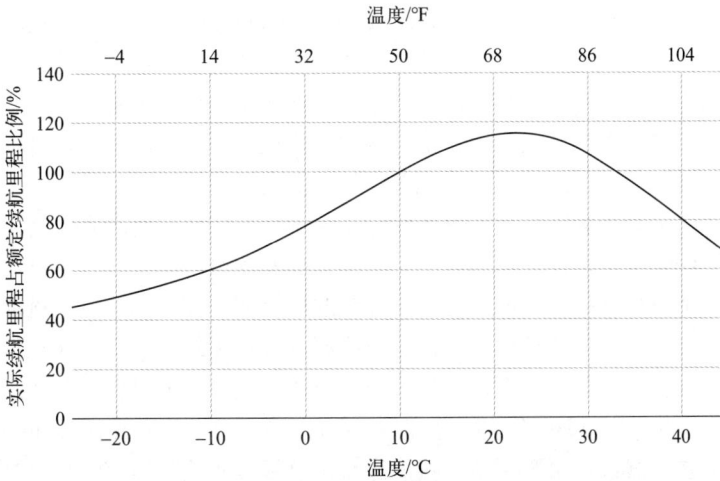

∧图1-2　新能源汽车纯电续航里程与环境温度的关系曲线

40℃时，新能源汽车续航里程的折损率为20%。而根据FleetCarma（GEOTAB的子公司，从事电动机充电研究并提供解决方案）的一项研究表明，燃油汽车在严冬季节（零下18℃）行驶，实际续航里程折损率仅为19%。

电池使用性能受到温度的影响较大，其最佳使用温度范围较窄，而且电池内阻在低温时会显著增加，放电功率和容量都会大幅度降低，导致续航里程大幅减少，严重影响整车性能的发挥。在电池技术还没有实现革命性突破的前提下，如何将现有的电池有效利用，使它的性能发挥到极致，以适应各种不同的驱动工况和环境，尽量延长电池寿命，是新能源汽车大规模应用的关键。

传统燃油车由于具有发动机的巨大热源，整个运行过程中，驱动系统温度很好地维持在 80 ～ 90℃，热管理的设计以热机设计理论为主，因此系统设计能够很好地适应冬夏温度的巨大变化。然而新能源汽车用电机取代了发动机，电机的运行效率较高，导致散失的热量较少，加上新能源汽车取消了怠速，在短时停车时电机也处于零转速状态，因此导致在城市工况驱动时，传动系统的运行温度维持在较低的范围，而夏季高速工况运行时温度又较高，因此工作温度范围比发动机驱动系统大很多，而且波动较大。因此对新能源汽车热管理的要求更高，设计和控制更复杂。

1.2
新能源汽车热管理系统发展现状与趋势

汽车热管理系统（thermal management system，TMS）是整车的重要组成部分，其是从整车角度统筹车辆发动机热管理、座舱热管理、电池热管理、电机电控热管理等相关热管理系统部件及子系统的匹配、优化与控制，从而有效解决整车热相关问题，使得各功能模块处于最佳温度工作区间，提高整车经济性和动力性，同时保障汽车运行的安全性和驾乘舒适性。

新能源汽车热管理系统是从传统燃油汽车热管理系统衍生而来的，既有传统燃油汽车热管理系统的共同部分如发动机冷却系统、空调系统等，又多了电池电机电控（三电）等新增部分的热管理系统。其中以三电取代发动机和变速箱而新增的热管理系统，是新能源汽车较传统燃油汽车在热管理系统上的主要变化，另外新能源汽车热管理系统还以电动压缩机替代普通压缩机，同时新增了电池冷却板、电池冷却器（Chiller）、PTC（positive temperature coefficient）加热器或热泵等部件。新能源汽车热管理系统与传统燃油汽车热管理系统的对比如图 1-3 所示。

传统燃油汽车热管理主要包括以下几个方面。

① 发动机热管理系统：发动机产生的热量需要通过冷却系统进行散热，以保持发动机在适宜的工作温度范围内。冷却系统通常包括水泵、散热器、冷却风扇等组件。

② 变速箱冷却系统：自动变速箱或双离合器变速箱也需要冷却系统来控制其工作温度，以确保变速箱正常运行。变速箱冷却系统通常与发动机冷却系统相互关联。

③ 座舱空调系统：车辆的座舱空调系统需要对座舱空气进行冷却或加热，以提供舒适的驾乘环境，其通常包括压缩机、冷凝器、蒸发器和暖风散热器等组件。

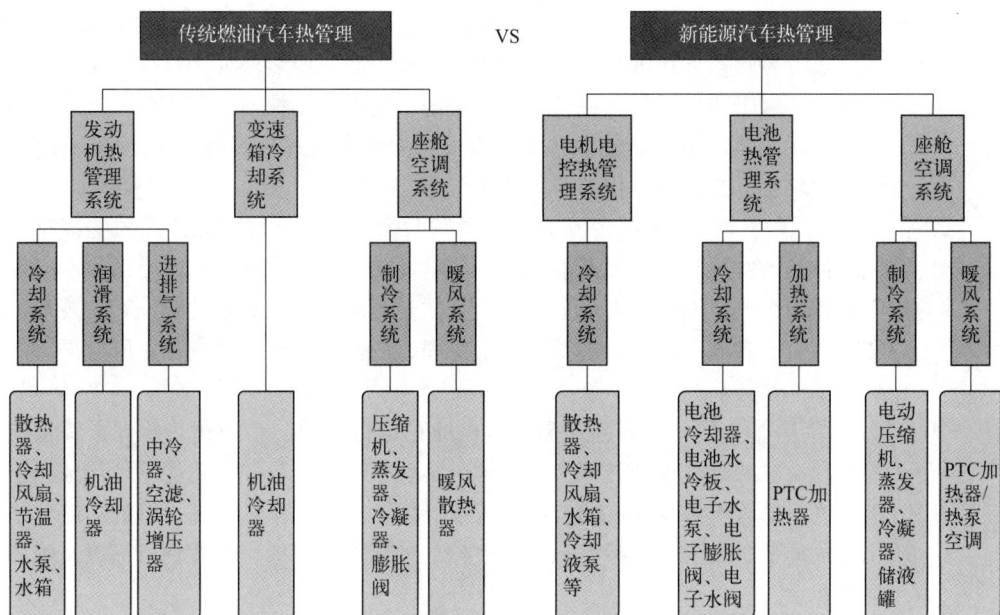

⌃图1-3 燃油汽车与新能源汽车热管理对比简图

在新能源汽车领域，热管理更为复杂，需要考虑电机电控、电池系统和座舱空调等方面的热管理。

① 电机电控热管理系统：新能源汽车的电机和电控系统在工作过程中会产生热量，需要通过散热系统进行冷却，以保证电机和电控系统的正常运行。

② 电池热管理系统：新能源汽车的电池系统也需要进行热管理，以控制电池的工作温度，提高电池的寿命和性能。

③ 座舱空调系统：为了提供舒适的乘坐环境，新能源汽车需要考虑座舱的空调热管理，包括制冷和加热功能。

新能源汽车热管理系统所需零部件较传统燃油汽车有所不同，除对零部件性能要求更高外，还新增了电池冷却器、电池水冷板、电子水泵、电子膨胀阀等。因此新能源汽车热管理系统单车价值量比传统燃油车高出2～3倍。

汽车热管理系统的本质就是通过热量传递进而达到对温度的控制。为了让汽车能正常安全工作，就需要通过散热、加热、保温等手段，让不同的零件都能在合适的温度下工作，以保障汽车的功能安全和使用寿命。

早期新能源汽车由于油改电架构限制、零部件供应商集成能力不足等原因，新能源汽车热管理的各子系统一般采用分散架构。分散的热管理系统由于零部件和管路冗余导致成本较高，且无法对整车热管理进行统一协调管理，效率较低，导致电池、电机余热并未得到有效利用。从系统架构的发展趋势来看，新能源汽车热管理正由各子系统的分散运行向集成化发展。

此外，新能源汽车热管理系统的开发，不仅需要提高整体能效增加续航里程，还应兼顾高度集成化、热害控制、远程控制、座舱环境个性化、宽温区高效化、环保工质替代等关键技术。在当前新能源汽车快速发展的背景下以及碳中和目标的驱动下，新能源汽车热管理行业也向着绿色高效化、功能一体化、结构模块化、控制智能化的"新四化"方向发展。

① 绿色高效化　绿色高效化体现在两个方面：强温室效应工质的减排和热泵技术的发展。下一代新能源汽车热管理制冷剂技术路线基本受两大因素影响和制约：一方面是应对环境污染、气候变暖问题的国家相关标准和法规及其实施；另一方面，还受新能源汽车本身固有的需求特性的演变和不同区域下的功能多样性影响。

② 功能一体化　为应对高密度电池和电机电控的精细化热管理、综合能效提升、座舱舒适性提升等关键问题，实现整车能量管控，功能一体化成为新能源汽车热管理系统发展的方向标。下一代新能源汽车热管理系统的功能一体化需兼顾整车安全性目标、动力性目标、续航能力目标、舒适性目标以及耐久性目标。

③ 结构模块化　在新能源汽车的快速发展和热管理系统批量产业化的驱动下，系统结构模块化成为未来热管理系统发展的迫切需求。热管理系统的结构模块化主要体现在零部件的集成和功能性模块的构建两种方式上。

④ 控制智能化　要实现新能源汽车热管理的精细化和功能的复杂化，在系统布局和结构设计的基础上，还需要行之有效的控制策略，这是保障整个系统安全、稳定运行的前提。如何实现热管理的快、稳、准？在复杂需求驱动和智能化牵引下，控制智能化将成为未来精细化热管理的核心。

1.3
新能源汽车热管理开发需求分析

1.3.1　基本性能要求

① 冷启动性能：即汽车在低温环境下，能正常启动整车并能够行驶的能力。对燃油车的冷启动要求是，−35℃发动机应能够迅速启动，且启动次数应符合规定。新能源汽车的冷启动要求，根据《纯电动汽车低温冷起动性能要求及试验方法》（T/BJQC 201903—2020），−20℃时，从驱动系统电源切断状态进入"READY"或"OK"状态的时间应不超过10s，且车辆应能以不低于5km/h的车速行驶。

② 热平衡性能：热平衡是新能源汽车在运行过程中，电机、电池、发动机和其他部件之间的热量相互转移和平衡的状态，尤其是在爬坡、高速、快充等极限工况下，运行过程中的热量需要得到有效的管理和调控，动力系统部件温度不能超过最高温度限值要求，以确保新能源汽车的性能、安全和寿命。

③ 除霜除雾性能：除霜除雾系统需要在规定时间内将关键可视区域内的挡风玻璃恢复透明。汽车除霜除雾系统的性能对车辆的安全行驶有重要影响，历来都是作为汽车的主动安全性标准强制执行，这意味着如果车辆无法通过某一国家或地区的除霜除雾系统性能检测，那么该车辆将无法在当地上市。新能源汽车当然也不例外。

1.3.2　安全性要求

① 电池热失控：热失控是指在电池充电或放电过程中，由于某种原因导致电池内部温度急剧上升，出现无法有效控制的状况。这种现象有可能导致电池过热、燃烧甚至爆炸等严重安全事故。导致电池出现热失控的原因有过热、过充、内短路、碰撞等，在进行热管理系统开发中要采取有效预防和控制措施，避免电池热失控。

② 电机超温：电机的最高允许温度是绕组最高能够承受的温度。在此温度下长期使用时，绝缘材料的物理、机械、化学和电气性能不发生显著恶性变化，如果超过此温度，则绝缘材料的性能发生质变，或快速老化。因此，绝缘材料最高允许工作温度是根据其经济使用寿命确定的。如果运行温度长期超过绝缘材料的极限工作温度，则会加剧其老化，导致其使用寿命大大缩短。所以在电机运行中，温度是其使用寿命的主要影响因素之一。

③ 发动机开锅："开锅"是指防冻冷却液沸腾，呈现出"水被烧开"的状态。冷却液在正常的状态下是不会达到沸点的，如果出现"开锅"情况那就意味着出现了冷却液失效、循环冷却系统故障等热管理问题。

1.3.3　舒适性要求

① 座舱热舒适性：在座舱舒适性的评价体系中，热舒适性是其中一个至关重要的因素。美国采暖、制冷与工程师学会的标准中对热舒适性定义为对热环境表示满意的意识状态。影响人体热舒适性的因素主要包括环境因素和人的因素，其中环境因素主要包括：空气温度、平均辐射温度、空气流速、空气相对湿度等。座舱的热舒适性包括制冷舒适性和采暖舒适性两个方面。

② NVH（Noise、Vibration、Harshness）：热管理系统的NVH性能，是指热管理部件在运行过程中产生的振动和噪声的水平。主要是指压缩机、风扇、水泵等这些旋转部件带来的噪声。新能源汽车由于采用电机驱动部分或全部代替发动机驱动，使得行驶过程中动力系统的振动噪声远低于传统汽车，因此由热管理系统引起的NVH问题就变得相对突出和明显，成为影响整车舒适性的重要方面，这也对新能源汽车热管理系统的NVH性能也提出了更高的要求。

1.3.4　经济性要求

① 初始成本经济性　热管理系统的初始成本经济性，即考虑系统的开发和生产成本。初始成本一般包括硬件成本和软件成本，除了热管理系统部件的采购成本和软件开发成本外，还要包括系统设计开发和测试成本等。

热管理系统架构较多，不同架构间成本的差异性较大，因此在选择热管理系统架构时，需要综合考虑其车型定位和功能需求，以及车型价格和目标客户来决定其初始成本区间和架构的选择。

② 使用经济性（能耗）　热管理系统的使用经济性，是指在使用过程中的能耗经济性能。狭义的热管理使用经济性是指在常用行驶工况下热管理系统的能耗，包括压缩机、水泵、风扇等各个热管理耗能部件的能耗总和。广义上的使用经济性能，还可以包括热管理系统对整车能耗的贡献水平，即由于采用该热管理系统，使整车能耗降低的水平，这也是作为选择热管理系统架构的重要评判依据。

1.3.5　可靠耐久性要求

热管理系统的可靠耐久性能，是指主要部件出现故障的可能性和使用寿命，取决于零件的耐磨性和抵抗疲劳、腐蚀的能力等。热管理系统的可靠耐久性能，除了考虑其自身部件的故障率和寿命，还要评估该系统对其他动力系统部件进行适当温控后，对这些部件可靠耐久性能的影响。

1.4
新能源汽车热管理系统开发流程

1.4.1　开发流程

新能源汽车热管理系统开发流程分为三个阶段：①概念设计阶段，即确定

整车热管理系统性能目标、子系统设计目标以及零部件设计目标；②样件开发
阶段，即根据概念设计阶段确定的零部件目标设计零部件的布置方式及其结构
尺寸等；③设计验证阶段，即进行零部件性能试验、子系统功能试验以及整车
热管理性能试验。

　　热管理系统开发作为整车开发的一个重要环节，同样遵循汽车行业"V"
模型开发模式，即借助仿真工具以及通过大量的测试验证，有效提升开发效
率、节省开发成本，同时保障系统可靠性、安全性和使用寿命。如图1-4所示
是热管理系统的"V"模型开发示意，总体来看该模型由设计（左侧）和验证
（右侧）两部分组成，具体可划分为方案设计阶段、样件开发阶段和集成验证
阶段三个过程。以正向开发为主，兼顾逆向的闭环验证，纵向有系统、子系统
和零部件的开发验证三个层级。

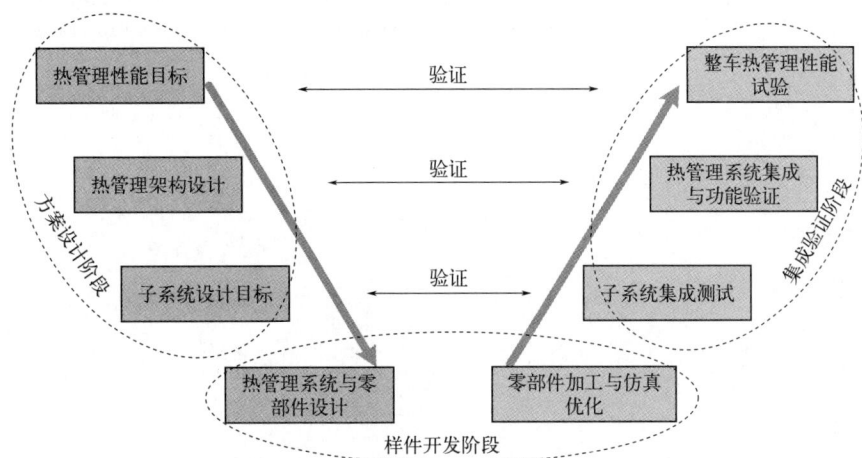

△图1-4　热管理系统"V"模型开发模式

　　具体的热管理系统开发流程，分为目标分解和目标管控两部分：前期通过
对标试验、CAE（计算机辅助工程）分析对性能目标进行分解；后期通过部件
测试、系统测试，以及各阶段样车试验对目标进行管控和验收。

1.4.2　开发手段

　　① 热管理仿真技术　仿真技术是热管理系统开发与验证的重要技术手段
之一。新能源汽车热管理仿真研究以流动换热为主，涉及结构、噪声等多学科
仿真问题。仿真形式包括一维仿真与三维仿真。一维仿真主要是针对系统级问
题进行仿真，分析不同部件匹配关系及系统特性与优化；而三维仿真是基于场
思想建立的关于时间与空间上的仿真分析过程。一维仿真本质是数学建模，建

立不同系统部件数学模型并进行耦合计算。三维仿真本质是求解对应学科问题偏微分方程组的过程，涉及偏微分方程组线性化求解的数值分析。

② 热管理试验技术　试验测试是新能源汽车热管理开发与验证的另一重要方法。通过试验可以找出和验证各种热管理对象的热负荷特性、热管理系统的流动与传热特性以及外部环境与车辆热量传递的规律。车辆热管理的试验可分为部件级、系统级和整车级试验等。针对不同系统的开发与验证，有不同的试验项目。

参考文献

[1] 史利民.我国新能源汽车产业现状及发展趋势[J].电器工业，2011（07）：16-20.

[2] 韦树礼,李程武.简析新能源汽车分类及性能[J].汽车实用技术，2019（02）：15-16+40.

[3] 国务院办公厅关于印发新能源汽车产业发展规划（2021—2035年）的通知［N］.中国政府网,2020-11-02[2020-11-04].https://www.gov.cn/zhengce/content/2020-11-02/content_5556716.htm.

热管理基础知识

NEV New Energy Vehicles

2.1

热力学基础理论

2.1.1　热力学基础

热力学第一定律（the first law of thermodynamics）是涉及热现象领域内的能量守恒和转化定律，反映了不同形式的能量在传递与转换过程中守恒。通俗来说即能量既不能凭空产生，也不能凭空消失，它只能从一种形式转化为另一种形式，或者从一个物体转移到另一个物体，在转移和转化的过程中，能量的总量不变。

该定律经过迈尔（J.R.Mayer）、焦耳（J.P.Joule）等多位物理学家验证。十九世纪中期，在长期生产实践和大量科学实验的基础上，它才以科学定律的形式被确立起来。

热力学第一定律具体可表述为：物体内能的增加等于物体吸收的热量和外界对其所做功的总和。即热量可以从一个物体传递到另一个物体，也可以与机械能或其他形式能量相互转换，但是在转换过程中，能量的总值保持不变。具体表达式为内能的变化 ΔU 应等于在此过程中外界对系统传递的热量 Q 和对系统所做功 W 之和：

$$\Delta U = Q + W \tag{2-1}$$

热力学第一定律的数学表达式也适用于物体对外做功、向外界散热和内能减少的情况，通常有如下规定：

① 外界对物体做功，$W > 0$，即 W 为正值。

② 物体对外界做功，$W < 0$，即 W 为负值。

③ 物体从外界吸收热量，$Q > 0$，即 Q 为正值。

④ 物体对外界放出热量，$Q < 0$，即 Q 为负值。

⑤ 物体内能增加，$\Delta U > 0$，即 ΔU 为正值。

⑥ 物体内能减少，$\Delta U < 0$，即 ΔU 为负值。

可以从以下三方面理解：

① 如果单纯通过做功来改变物体的内能，内能的变化可以用做功的多少来度量，这时物体内能的增加（或减少）量 ΔU 就等于外界对物体（或物体对外界）所做功的数值，即 $\Delta U = W$。

② 如果单纯通过热传递来改变物体的内能，内能的变化可以用传递热量的多少来度量，这时物体内能的增加（或减少）量 ΔU 就等于从外界吸收（或对外界放出）热量 Q 的数值，即 $\Delta U = Q$。

③ 在做功和热传递同时存在的过程中，物体内能的变化，则要由做功和所传递的热量共同决定。在这种情况下，物体内能的增量 ΔU 就等于从外界吸收的热量 Q 和外界对物体做功 W 之和，即 $\Delta U = Q + W$。

热力学第二定律（the second law of thermodynamics）又称熵增原理，主要阐释的是能量转换的方向性问题。热力学第二定律有三种著名表述：

克劳修斯表述为热量不能自发地从低温物体转移到高温物体。这种表述指出了在自然条件下热量只能从高温物体向低温物体转移，而不能由低温物体自动向高温物体转移，也就是说在自然条件下，这个转变过程是不可逆的。要使热传递方向可逆，只有靠做功来实现。

开尔文表述为不可能从单一热源取热使之完全转换为有用的功而不产生其他影响。自然界中任何形式的能都会很容易地变成热，而反过来热却不能在不产生其他影响的条件下完全变成其他形式的能，从而说明了这种转变在自然条件下也是不可逆的。简言之，效率为百分百的机器是不可能存在的，即第二类永动机是不存在的。

熵增原理表述为不可逆热力过程中熵的增量总是大于零。在自然过程中，一个孤立系统的总混乱度（即"熵"）不会减小。可以这样理解，变乱很容易，容易自发；而变规则相对比较困难，无法自发。在一个封闭的系统里，熵总是增大的，一直大到不能再大的程度。这时，系统内部达到一种完全均匀的热动平衡的状态，不会再发生任何变化，除非外界对系统提供新的能量。表达式为：

$$dS \geqslant \frac{dQ}{T} \tag{2-2}$$

式中　dQ ——热能流动的量；

　　　T ——温度；

　　　dS ——热能的熵变。

热力学第三定律（the third law of thermodynamics），其描述的是热力学系统的熵在温度趋近于绝对零度时趋于定值。而对于完美晶体，这个定值为零。由于这个定律是由瓦尔特·能斯特归纳并表述的，因此又常被称为能斯特定理或能斯特假定。

热力学第三定律认为，当系统温度趋近于绝对零度时，系统在等温可逆过程的熵变化趋近于零。第三定律只能应用于稳定平衡状态，不适用于将物质看作是理想气体的情况。

热力学第零定律（zeroth law of thermodynamics），又称热平衡定律。表述为如果两个热力学系统均与第三个热力学系统处于热平衡，那么它们也必定处于热平衡。也就是说热平衡是传递的。热力学第零定律是热力学三大定律的基础，它定义了温度的概念。因为在三大定律之后，人类才发现其重要性，故称为"第零定律"。

2.1.2 传热学基础

热量传递是一种复杂的现象，常被分成三种基本方式，即热传导、热对流及热辐射，如图2-1所示。生产和生活中所遇到的热量传递现象往往是这三种基本方式的不同主次关系的组合。

热对流　　热传导

热辐射

∧图2-1　热量传递的三种方式

（1）热传导

热传导是指依靠物质的分子、原子和电子的振动、位移和相互碰撞而产生热量传递的方式。例如，固体内部热量从温度较高的部分传递到温度较低的部分，就是以导热的方式进行的。热传导在气态、液态和固态物质中都可以发生，但热量传递的机理不同。气体的热量传递是气体分子作不规则热运动时相互碰撞的结果。气体分子的动能与其温度有关，高温区的分子具有较大的动能，即速度较大，当它们运动到低温区时，便与低温区的分子发生碰撞，其结果是热量从高温区转移到低温区。固体以两种方式传递热量：晶格振动和自由电子的迁移。在非导电的固体中，主要通过分子、原子在晶体结构平衡位置附近的振动传递能量；对于良好的导电体如金属，类似气体分子的运动，其自由电子在晶格之间运动，将热量由高温区传向低温区。由于自由电子的数目多，所传递的热量多于晶格振动所传递的热量，因此良好的导电体一般都是良好的导热体。液体的结构介于气体和固体之间，分子可作幅度不大的位移，热量的传递既依靠分子的振动，又依靠分子间的相互碰撞。

（2）热对流

热对流指由于流体的宏观运动，冷热流体相互掺混而发生热量传递的方式。这种热量传递方式仅发生在液体和气体中。由于流体中的分子同时进行着不规则的热运动，因此对流必然伴随着导热。

根据引起流体质点位移（流体流动）的原因，可将对流传热分为自然对流传热和强制对流传热。自然对流传热是指由于流体内部温度的不均匀分布形成密度差，在浮力的作用下流体发生对流而发生的传热过程，例如暖气片表面附近空气受热向上流动的过程。强制对流传热是指由于水泵、风机或其他外力引起流体流动而发生的传热过程。流体进行强制对流传热的同时，往往伴随着自然对流传热。

根据流体与壁面传热过程中流体物态是否发生变化，可将对流传热分为无相变的对流传热和有相变的对流传热。无相变的对流传热指流体在传热过程中不发生相的变化；而有相变的对流传热指流体在传热过程中发生相的变化，如气体在传热过程中冷凝成液体，或液体在传热过程中沸腾而转变为气体。

（3）热辐射

物体通过电磁波来传递能量的方式称为辐射。辐射有多种类型，其中因热的原因而发出辐射能的现象称为热辐射。

自然界中各个物体都不停地向空间发出热辐射，同时又不断地吸收其他物体发出的热辐射。发出热辐射与吸收热辐射过程的综合结果就造成了以辐射方式进行的物体间的热量传递——辐射换热。当物体与物体或周围环境处于热平衡时，辐射换热量等于零。这是一种动态平衡，即物体向外发出的热辐射和吸收的热辐射相等，但是该物体与其他物体或环境之间的辐射与吸收过程仍在不停地进行。高温物体通过辐射换热将热量传给低温物体实际上是由于高温物体给低温物体的辐射能大于低温物体给高温物体的辐射能的综合结果。

与导热和对流换热相比，辐射换热具有如下特点：

① 辐射能可以通过真空自由地传播而无需任何中间介质；

② 一切物体温度高于 $0K$ 的物体均能够持续地发射出辐射能，同时也能持续地吸收来自其他物体的辐射能；

③ 热辐射不仅具有能量的传递，而且具有能量形式的转换。发射时从热能转换为辐射能，而被吸收时又从辐射能转换为热能。

2.1.3　制冷原理基础

压缩机制冷原理（图2-2）：压缩机将气态的制冷剂压缩为高温高压的气态，并送到室外冷凝器，经冷却变成高温高压的液态制冷剂，液态的制冷剂经节流部件节流降压，变成低温低压的气液混合体进入室内蒸发器吸收室内空气中的热量而汽化，变成气态，然后再回到压缩机继续压缩，继续循环进行制冷。

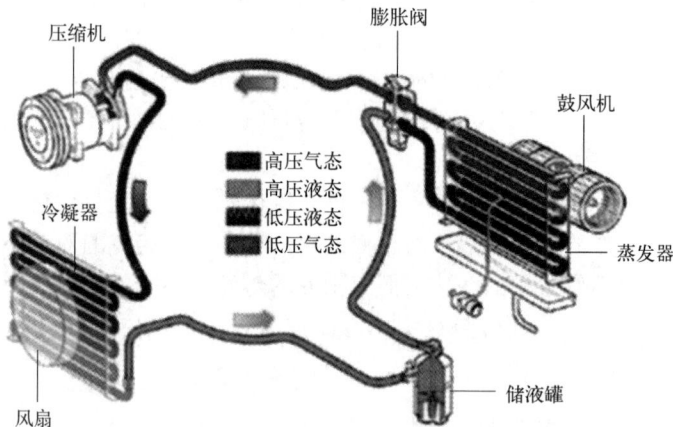

⋀图2-2　空调制冷原理

压焓图是制冷工程中常用的热力图（图2-3），用以表达压缩式制冷的制冷剂循环过程，横坐标为比焓值h，纵坐标为绝对压力的对数值$\lg p$。

压焓图的组成，可以简单地理解为一点、两线、三区、五态、六线。

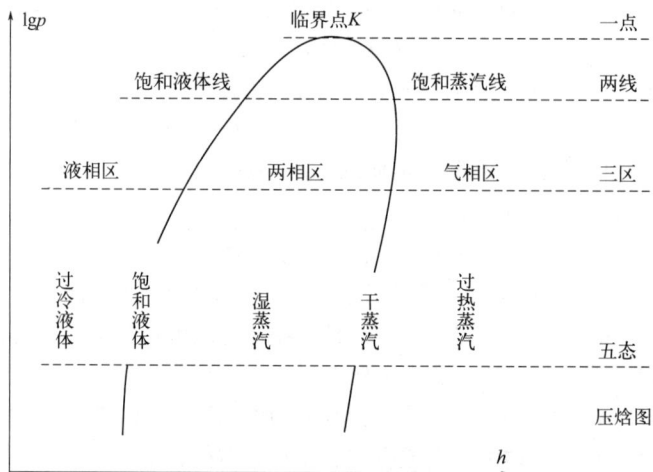

⋀图2-3　压焓图

一点，气液的临界点K，图2-3中两根粗实线顶部的交点。在该点，制冷剂的液态和气态差别消失。

两线，临界点K的左边实线为饱和液体线，其上任意一点为相应压力下的饱和液体；临界点K的右边实线为饱和蒸汽线，其上任意一点为相应压力下的饱和蒸汽，或称干蒸汽。

三区，饱和液体线的左侧区域为液相区，饱和蒸汽线的右侧区域为气相区，中间区域为两相区。

液相区内，制冷剂为过冷液体，制冷剂温度低于同压力下的饱和温度。

气相区内，制冷剂为过热蒸汽，制冷剂温度高于同压力下的饱和温度。

两相区内，制冷剂为气液共存的湿蒸汽，处于饱和状态，压力和温度为一一对应关系。

五态，分别为液相区的过冷液体状态、饱和液体线上的饱和液体状态、两相区的湿蒸汽状态、饱和蒸汽线上的干蒸汽状态、气相区的过热蒸汽状态。

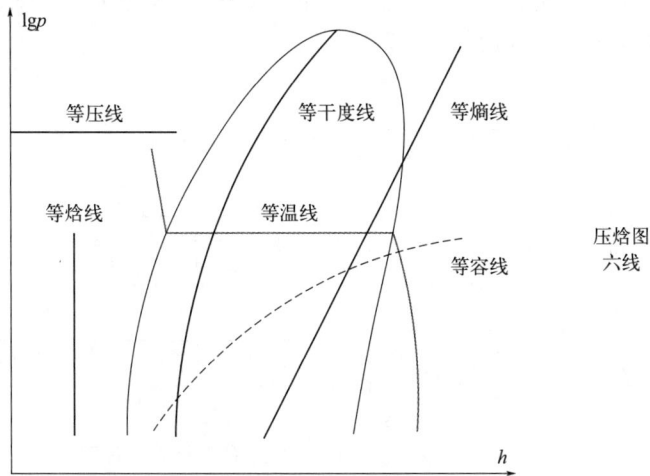

∧图2-4　压焓图六线

六线，如图2-4所示，除饱和液体线、饱和蒸汽线外，还有等压线、等焓线、等温线、等熵线、等容线、等干度线，称为六线。

等压线，与横坐标轴平行的水平线。制冷剂的蒸发过程沿等压线向右进行，焓增加；冷凝过程沿等压线向左进行，焓减少。

等温线，在过冷区内近于垂直h轴，在湿蒸汽区为水平线，在过热区弯曲向下。

等焓线，与纵坐标轴平行的垂直线。制冷剂的节流过程沿等焓线向下进行，高压降为低压。

等熵线，向右上方倾斜的实线。制冷剂的压缩过程沿等熵线向右上进行，低压升为高压，焓略有增加。

等容线，向右上倾斜的虚线。

等干度线，湿蒸汽区域内，近似平行于饱和液体线或饱和蒸汽线的线。

2.2
新能源汽车产热原理

2.2.1 发动机产热原理

发动机产热模型主要用于计算冷却系统热负荷以及缸体、冷却液、箱体等部件温度。该模型通过发动机转矩、转速、机体主要参数计算发动机有效功率和平均有效压力，以发动机万有特性MAP图为基本数据信息，用插值确定发动机燃油消耗量、总燃烧产热量以及发动机散热系数，从而求解冷却系统热负荷。具体计算流程如图2-5所示。

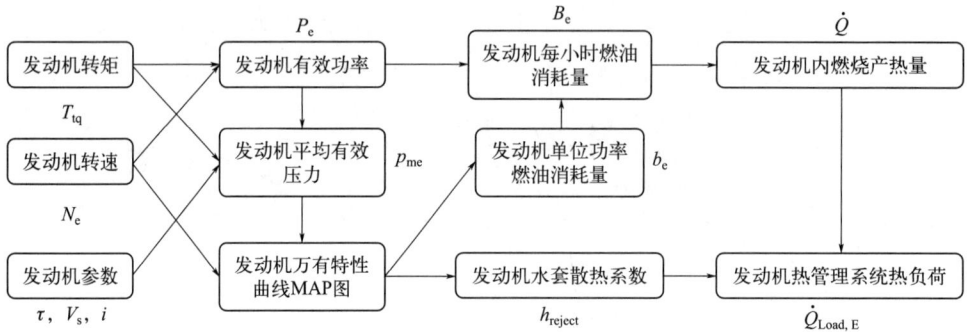

⌃图2-5　冷却系统热负荷计算流程图

发动机有效功率和平均有效压力的计算如式（2-3）和式（2-4）所示：

$$P_e = \frac{T_{tq} N_e}{9550} \qquad (2-3)$$

式中　P_e ——发动机有效功率，kW；

　　　T_{tq} ——发动机转矩，Nm；

　　　N_e ——发动机转速，r/min。

$$p_{me} = \frac{30 P_e \tau}{V_s N_e i} \qquad (2-4)$$

式中　p_{me} ——发动机平均有效压力，MPa；

　　　τ ——发动机冲程数；

　　　V_s ——发动机排量，L；

　　　i ——发动机气缸个数。

通过发动机万有特性MAP图插值确定发动机单位功率燃油消耗率 b_e ，计算发动机燃油消耗量 B_e ：

$$B_e = \frac{P_e b_e}{1000} \tag{2-5}$$

式中　b_e ——发动机单位功率燃油消耗率，g/（kWh）；

　　　B_e ——发动机每小时燃油消耗量，kg/h。

通过燃油消耗量确定机内总燃烧产热率 $\dot{Q}$ ，其中发动机冷却系统的水套散热负荷 $\dot{Q}_{Load,E}$ 由发动机水套散热系数 h_{reject} 计算：

$$\dot{Q} = \frac{B_e H_u}{3600} \tag{2-6}$$

式中　$\dot{Q}$ ——发动机总燃烧产热率，kW；

　　　H_u ——燃油热值，采用低位发热量43960kJ/kg。

$$\dot{Q}_{Load,E} = \dot{Q} h_{reject} \tag{2-7}$$

$\dot{Q}_{Load,E}$ ——发动机冷却系统热负荷，kW；

h_{reject} ——发动机水套散热系数，%。

根据缸体、水套冷却液、发动机箱体之间的热量传递过程，建立各部件能量平衡方程。机内冷却水套各部件间热量传递过程如图2-6所示，其中忽略缸体和发动机箱体的温度梯度分布以温度平均值表示，认为水套内冷却液进出口之间温度分布满足线性规律，由进出口水温平均值表示水套内冷却液温度。

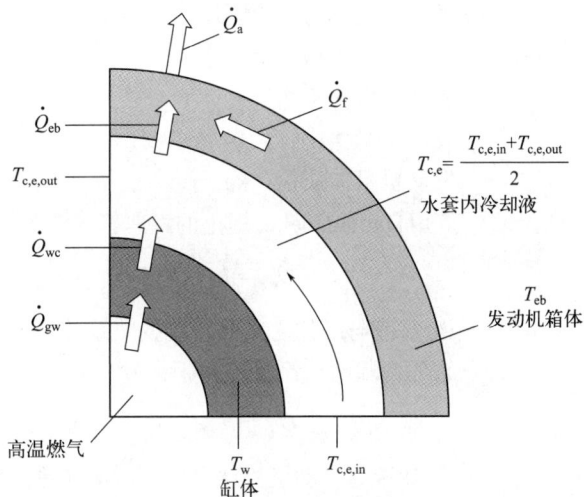

∧图2-6　机内冷却水套热量传递过程

缸体能量平衡方程：

$$\dot{Q}_{gw} - \dot{Q}_{wc} = m_1 c_1 \times \frac{dT_w}{dt} \tag{2-8}$$

式中　$\dot{Q}_{gw}$——高温燃气与缸体之间的换热量，可近似认为 $\dot{Q}_{gw} = \dot{Q}_{Load,E}$，kW；

　　　$\dot{Q}_{wc}$——缸体与冷却液的换热量，kW；

　　　T_w——缸体平均温度，℃；

　　　c_1——缸体比容，J/（kg·℃）；

　　　m_1——缸体质量，kg。

水套冷却液能量平衡方程：

$$\dot{Q}_{wc} + \dot{m}_c c_c (T_{c,e,in} - T_{c,e,out}) - \dot{Q}_{eb} = m_{c,e} c_c \times \frac{dT_{c,e}}{dt} \tag{2-9}$$

式中　$\dot{Q}_{eb}$——冷却液也与发动机箱体的换热量，kW；

　　　$T_{c,e,in}$——发动机进口冷却液温度，℃；

　　　$T_{c,e,out}$——发动机出口冷却液温度，℃；

　　　$T_{c,e}$——发动机平均冷却液温度，℃，$T_{c,e} = (T_{c,e,in} + T_{c,e,out})/2$；

　　　c_c——冷却液比容，J/（kg·℃）；

　　　$\dot{m}_c$——水套内的冷却液质量流量，kg/s；

　　　$m_{c,e}$——水套内冷却液质量，kg。

发动机箱体能量平衡方程：

$$\dot{Q}_{eb} + \dot{Q}_f - \dot{Q}_a = m_{eb} c_{eb} \times \frac{dT_{eb}}{dt} \tag{2-10}$$

式中　$\dot{Q}_a$——发动机箱体与外界环境的换热量，kW；

　　　$\dot{Q}_f$——由于部件机械运动产生的摩擦热，kW；

　　　T_{eb}——发动机机体平均温度，℃；

　　　c_{eb}——发动机箱体比容，J/（kg·℃）；

　　　m_{eb}——发动机机体质量，kg。

$\dot{Q}_{wc}$、$\dot{Q}_{eb}$ 应用Dittus-Boelter提出的经典管内液体对流传热方程计算：

$$\dot{Q}_{wc} = h_{wc} A_1 (T_w - T_{c,e}) \tag{2-11}$$

式中　h_{wc}——冷却液与缸体之间的对流换热系数，W/（m²·℃）；

　　　A_1——缸体冷却液对流换热面积，m²。

$$\dot{Q}_{eb} = h_{eb} A_{eb} (T_{c,e} - T_{eb}) \tag{2-12}$$

式中　h_{eb}——冷却液与发动机机体之间的对流换热系数，W/（m²·℃）；

　　　A_{eb}——发动机机体对流换热面积，m²。

$$h_{wc} = 0.023 Re_{wc}^{0.8} Pr_{wc}^{0.4} \times \frac{\lambda_c}{D_{wc}} \tag{2-13}$$

式中　　Re ——冷却液雷诺数；

　　　　Pr ——普朗特数；

　　　　λ_c ——冷却液导热系数，W/（m²·℃）；

　　　　D_{wc} ——缸体当量水力直径，m；

$$h_{eb} = 0.023 Re_{eb}^{0.8} Pr_{eb}^{0.4} \times \frac{\lambda_c}{D_{eb}}$$ （2-14）

式中　　D_{eb} ——机体当量水力直径，m。

由于机体表面与环境空气之间的自然对流换热仅占到冷却液的 1% ~ 2%，因此在系统能量平衡方程中可以忽略 $\dot{Q}_a$ 。$\dot{Q}_f$ 表示由于活塞机械运动产生的摩擦散热，可通过 $FMEP$（friction mean effective pressure）计算：

$$\dot{Q}_f = FMEP V_s \times \frac{2N_e}{i}$$ （2-15）

式中　　$FMEP$ ——摩擦平均有效压力，MPa。

2.2.2　电机产热原理

纯电动汽车的电驱动系统主要由驱动电机、电机控制器组成。电驱动系统工作时会产生大量的热，如不能及时将这些热量散掉，将会对电驱动系统的正常工作和使用寿命造成不良影响。电机运行时产生的损耗是电机产热的主要原因，包括绕组损耗、铁芯损耗、机械损耗和杂散损耗。

（1）绕组损耗

电机的绕组损耗是指当电机在运行状态时，由动力电池输入的电流经过电机控制器的转换变成三相交流电通过驱动电机的绕组，产生了焦耳热导致的损耗，绕组损耗又称为铜损耗。电机转速较低时的铜损耗 P_{Cu} 的计算公式为：

$$P_{Cu} = mI^2 R$$ （2-16）

式中　　m ——绕组相数；

　　　　I ——有效电流，A；

　　　　R ——平均电阻，Ω。

当电机转速较高时，应考虑集肤效应带来的影响，引入损耗系数。

（2）铁芯损耗

铁芯损耗由磁滞损耗、涡流损耗和异常损耗组成。当电机运行时，电机控制器转换的三相交流电与转子永久磁铁不断发生相互作用，使磁导率不断发生变化，产生了磁滞损耗。在铁磁材料的厚度方向截面产生的损耗被称为涡流损耗。异常损耗是由于铁磁物质有自发磁化的性质，其内部形成磁畴，一旦对铁磁性物质施加外部磁场的作用，在铁磁性物质内部就会引起畴壁移动，这就会导致涡流因分布不均产生损耗，同时铁磁性物质磁密局部波动也会损耗，这两种损耗统称为异常损耗。

意大利学者Berttotti提出了铁耗分离模型，铁芯损耗 P_{Fe} 计算公式为：

$$P_{Fe} = P_h + P_e + P_c = k_h f B_m^\alpha + k_e f^2 B_m^2 + k_c f^{1.5} B_m^{1.5} \qquad (2\text{-}17)$$

式中　P_h ——磁滞损耗，W/m^3；

　　　　P_e ——涡流损耗，W/m^3；

　　　　P_c ——异常损耗，W/m^3；

　　　　k_h ——磁滞损耗系数，W/kg；

　　　　k_e ——涡流损耗系数，W/kg；

　　　　k_c ——异常损耗系数，W/kg；

　　　　f ——交变电流频率，Hz；

　　　　B_m ——磁幅密度，T；

　　　　α ——常数。

（3）机械损耗

电机的机械损耗由电机的轴承损耗和风磨损耗组成。电机在运行时轴承内部发生摩擦产生的损耗称为轴承损耗；转子转动时与空气发生摩擦产生的损耗称为风磨损耗。机械损耗 P_m 的经验计算公式为：

$$P_m = P_z + P_f = k_m G_R n \times 10^{-3} + 2 D_R^3 n^3 l_R \times 10^{-6} \qquad (2\text{-}18)$$

式中　P_z ——轴承损耗，W；

　　　　P_f ——风磨损耗，W；

　　　　k_m ——轴承摩擦系数，取值在 $1 \sim 3$；

　　　　G_R ——电机转子重量，kg；

　　　　n ——电机转子转速，r/min；

　　　　D_R ——电机转子直径，m；

　　　　l_R ——电机转子长度，m。

（4）杂散损耗

杂散损耗 P_s 的经验计算公式为：

$$P_s = \frac{I_x}{I_N} P_{sN} \qquad (2\text{-}19)$$

式中　I_x ——电机运行时的相电流，A；

　　　　I_N ——电机运行在额定功率下的相电流，A；

P_{sN}——电机运行在额定功率下的杂散损耗，W。

假设电机运行时绕组损耗和铁芯损耗全部以热量的形式存在，通过以上分析可以计算出电机产热量。电机产热量也可通过实验测得，具体方法是用电机运行时总损耗减去空载时机械损耗得到电机近似产热量，得到产热量与电机转矩、转速MAP图，仿真时通过MAP图得到电机模拟产热量。

2.2.3　电池产热原理

锂离子电池对温度十分敏感，温度太高或太低都会使其工作性能受到影响。锂离子电池产生的热量来源主要有两部分，一部分热量是其工作时内部发生化学反应产生的，另一部分热量是由于电流流过而产生的。

一般情况下，电池生成的热量由以下四部分构成：由于化学反应造成的反应热 Q_r、由于电池内部存在的欧姆内阻而产生的焦耳热 Q_j、由于电池极化现象而产生的极化热 Q_p 以及一般较少考虑的副反应热 Q_s。

故电池的总生热量 Q_z 表示为：

$$Q_z = Q_r + Q_j + Q_p + Q_s \qquad (2\text{-}20)$$

反应热 Q_r 是指电池内部发生化学反应时产生的热量，由吸热过程和放热过程组成。其计算公式如下：

$$Q_r = \frac{nmQ_e I}{MF} \qquad (2\text{-}21)$$

式中　n ——单体电池的个数；

　　　m ——电池的质量，kg；

　　　Q_e ——电池化学反应热，J；

　　　I ——充放电电流，A；

　　　M ——摩尔质量，g/mol；

　　　F ——法拉第常数，通常取值为 96484.5 C/mol。

焦耳热 Q_j 是指电池工作时电流流经电池内部产生的热量。其计算公式如下：

$$Q_j = I^2 R_e \qquad (2\text{-}22)$$

式中　R_e ——电池的欧姆内阻，Ω。

极化热 Q_p 是指电池在充放电时正负两极电位失去平衡，产生的极化内阻生成的热量。极化热和电池的SOC[1]值以及温度密切相关。其计算公式如下：

$$Q_p = I^2 R_p \qquad (2\text{-}23)$$

---

[1] SOC（state of charge），电池荷电状态，即电池中剩余电荷的可用状态，通常用一个百分比来表示。

式中　R_p——极化内阻，Ω。

副反应热 Q_s 是指电池发生自放电使电极材料发生分解而生成的热量。一般副反应热很小，通常可以忽略不计。

综上所述，电池的总生热量 Q_z 也可以表示为：

$$Q_z = Q_r + Q_j + Q_p \tag{2-24}$$

由于电池单体结构复杂，体积较小，在实际的工程应用中难以直接测量电池的生热速率，通常使用理论计算与实验测量相结合的方法来确定电池生热速率。

1985 年，Bernadi 等人提出电池在不同工况下的生热速率计算公式，如下所示：

$$q_{cell} = \frac{I}{V} \left[(U_0 - U) + T \frac{\partial U_0}{\partial T} \right] \tag{2-25}$$

式中　q_{cell}——生热速率，W / m^3；

　　　V——电池体积，m^3；

　　　I——充放电电流，A；

　　　U_0——开路电压，V；

　　　U——端电压，V；

　　　T——电池温度，K；

$\dfrac{\partial U_0}{\partial T}$——温度影响系数，温度 $20 \sim 50℃$ 时一般取值 $0.5 \ mV / K$。

由于 $U_0 - U = IR$，所以生热速率 q_{cell} 公式可简化为：

$$q_{cell} = \frac{1}{V} \left(I^2 R + IT \frac{\partial U_0}{\partial T} \right) \tag{2-26}$$

影响生热速率的因素有电池体积 V、电流 I、电池内阻 R 以及温度系数 $\dfrac{\partial U_0}{\partial T}$。其中温度系数对电池生热影响较小，环境温度和 SOC 值会对电池内阻造成主要影响。

2.2.4　电控系统产热原理

为了更加方便地对电机控制器进行热分析，需要对复杂的控制器结构进行简化。电机控制器主要热源为开关器件，因此需要尽可能保留与开关器件相关的电路，并且在不影响电路整体功能的情况下删除 DSP 控制模块、数据传输线路以及某些保护电路等细节部分，方便展开对开关器件的功率损耗数学模型的建立。最终采用由电源、整流器、逆变器组成的简化拓扑结构进行热分析，具体结构如图 2-7 所示。

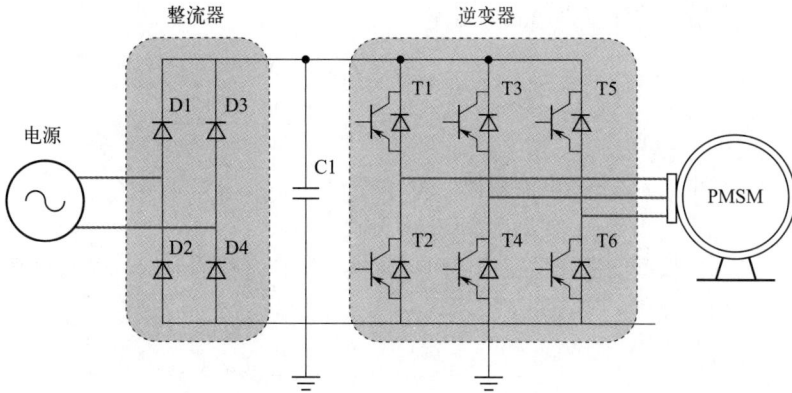

△图2-7　电机控制器的简化拓扑图

逆变器作为开关器件的代表，通常由六个IGBT模块组成，每个IGBT模块分为IGBT和反并联二极管，两者都周期性地处于开通或关断状态。一个控制周期内，IGBT和反并联二极管产生的功率损耗分为通态损耗和开关损耗，两者的功率损耗如式（2-27）和式（2-28）所示：

$$P_{T-Tr} = P_{DC-Tr} + P_{SW-Tr} \tag{2-27}$$

式中　P_{T-Tr}——IGBT 的总功耗，W；

　　　P_{DC-Tr}——通态损耗，W；

　　　P_{SW-Tr}——开关损耗，W。

$$P_{T-Dio} = P_{DC-Dio} + P_{SW-Dio} \tag{2-28}$$

式中　P_{T-Dio}——反并联二极管的总功耗，W；

　　　P_{DC-Dio}——通态损耗，W；

　　　P_{SW-Dio}——开关损耗，W。

IGBT 和反并联二极管的通态压降 V_T 和电流 I 可以近似为线性关系，表达式如下所示：

$$V_T = V_{T0} + Ir_T \tag{2-29}$$

式中　V_{T0}——阈值电压，V；

　　　r_T——通态内阻，Ω；

　　　I——通态电流，A。

在一个载波周期内，能量损耗的计算表达式如下所示：

$$E = V_T I D T_C \tag{2-30}$$

式中　D——导通占空比；

　　　T_C——载波周期。

根据正弦脉宽调制控制方法（sinusodial pulse width modulation,SPWM），

I 和 D 的计算表达式如下所示：

$$\begin{cases} I = I_{\mathrm{m}} \sin(\omega t) \\ D = \dfrac{1 + M \sin(\omega t + \theta)}{2} \end{cases} \tag{2-31}$$

式中　I_{m}——电流幅值，A；

　　　M——调制比。

根据能量守恒定律，可以转换为微分方程的形式，表示功率在整个周期内均匀分布，公式如下所示：

$$\begin{cases} \mathrm{d}t = \dfrac{T}{2\pi} \mathrm{d}\omega t \\ P = \dfrac{1}{T} \Sigma E \end{cases} \tag{2-32}$$

综上可得，IGBT 和反并联二极管的通态损耗如式（2-33）和式（2-34）所示：

$$P_{\mathrm{DC-Tr}} = \left(\frac{1}{8} + \frac{M}{3\pi} \right) r_{\mathrm{T-Tr}} I_{\mathrm{m}}^2 + \left(\frac{1}{2\pi} + \frac{\pi}{8} \cos\theta \right) V_{\mathrm{T0-Tr}} \tag{2-33}$$

式中　$r_{\mathrm{T-Tr}}$——IGBT 的通态内阻，Ω；

　　　$\cos\theta$——功率因数；

　　　$V_{\mathrm{T0-Tr}}$——IGBT 的阈值电压，V；

$$P_{\mathrm{DC-Dio}} = \left(\frac{1}{8} - \frac{M}{3\pi} \right) r_{\mathrm{T-Dio}} I_{\mathrm{m}}^2 + \left(\frac{1}{2\pi} - \frac{\pi}{8} \cos\theta \right) V_{\mathrm{T0-Dio}} I_{\mathrm{m}} \tag{2-34}$$

式中　$r_{\mathrm{T-Dio}}$——反并联二极管的通态内阻，Ω；

　　　$V_{\mathrm{T0-Dio}}$——反并联二极管的阈值电压，V。

IGBT 和反并联二极管的开关损耗如式（2-35）和式（2-36）所示：

$$P_{\mathrm{SW-Tr}} = \frac{f_{\mathrm{s}}}{2\pi} (E_{\mathrm{on}} + E_{\mathrm{off}})(1 + \cos\theta) \tag{2-35}$$

式中　f_{s}——开关频率，Hz；

　　E_{on}，E_{off}——IGBT 的开通能量损耗和关断能量损耗，J；

$$P_{\mathrm{SW-Dio}} = \frac{f_{\mathrm{s}}}{2\pi} E_{\mathrm{rr}} (1 + \cos\theta) \tag{2-36}$$

式中　E_{rr}——反并联二极管的开关能量损耗，J。

因此，IGBT 模块的总损耗功率为：

$$P_{\mathrm{T}} = P_{\mathrm{T-Tr}} + P_{\mathrm{T-Dio}} \tag{2-37}$$

IGBT 模块的温升 ΔT 的表达式为：

$$\Delta T = P_{\mathrm{T}} R_{\mathrm{T}} \tag{2-38}$$

式中　R_{T}——IGBT 模块的热阻，Ω。

根据上述数学模型可知，影响开关器件热量变化的主要因素包括调制比 D、开关频率 f_{s} 以及电流幅值 I_{m}。

2.3
热管理基础部件介绍

2.3.1　压缩机

压缩机是汽车空调系统的主要部件之一，是空调制冷系统的心脏，它是制冷系统中低压和高压、低温和高温的转换装置。

压缩机可分为两类：一类是依靠压缩腔的内部容积缩小来提高气体或蒸汽压力的容积式压缩机；另一类是通过高速运转的叶轮，提高速度继而转换为压力进行压缩的离心式压缩机。容积式压缩机又可细分为：往复式（活塞式）、旋转式（转子式）、涡旋式、螺杆式四种。

汽车制冷系统的压缩机按其工作时工作容量是否变化可分为定排量式和变排量式。变排量压缩机可根据空调系统的制冷负荷自动改变排量，使空调系统运行更加经济。

电动变排量涡旋式制冷压缩机包含一对螺旋线缠绕的固定蜗形管和可变蜗形管、无刷电动机、油挡板和电动机轴，如图 2-8 所示。冷媒❶通过动涡盘旋转进入压缩室（动涡盘和静涡盘之间的空间），随着动涡盘旋转，冷媒便可在压缩室区域逐渐被压缩，如图 2-9 所示。

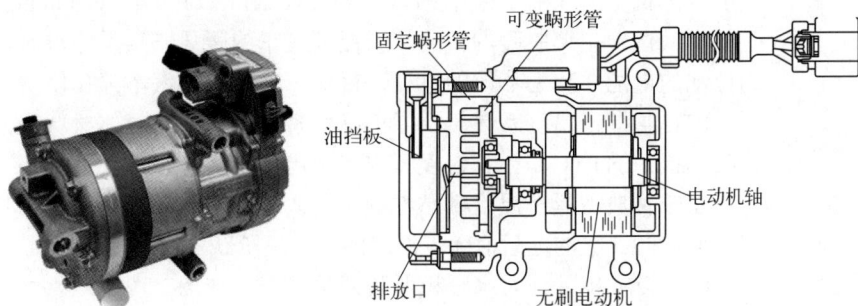

⌃图 2-8　电动压缩机结构

---

❶ 制冷系统中用于传递热量的工作介质，可以是气态、液态或气液混合态。

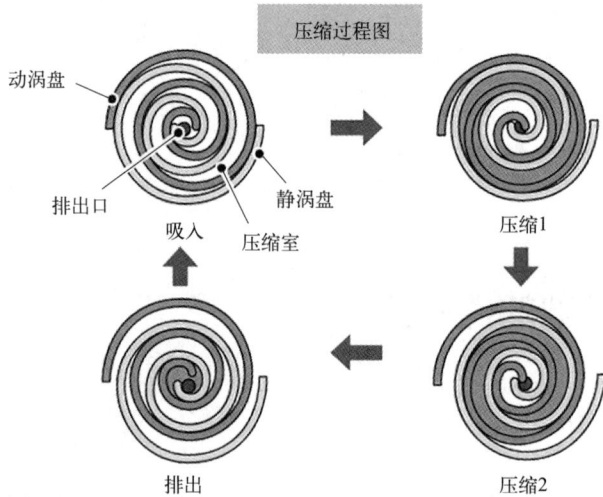

图2-9 电动变频可旋压缩机工作原理

① 吸入过程：在固定蜗形管和可变蜗形管间产生的压缩室的容量随着可变蜗形管的旋转而增大，这时，气态制冷剂从进风口吸入。

② 压缩过程：吸入步骤完成后，随着可变蜗形管继续转动,压缩室的容量逐渐减小，这样，吸入的气态制冷剂逐渐压缩并被排到固定蜗形管的中心，当可变蜗形管旋转约两周后，制冷剂的压缩完成。

③ 排放过程：气态制冷剂压缩完成而压力较高时，通过按压排放阀，气态制冷剂通过固定蜗形管中心排放口排出。

2.3.2 PTC

传统内燃机汽车，空调的热源主要是发动机的冷却水，但是电动汽车并没有内燃机，所以需要采用PTC（positive temperature coefficient）系统来产生热量，达到空调制暖的目的。新能源汽车的暖风其实是通过暖风装置将动力电池的电能转化为热能的过程，目前多数新能源汽车都在使用PTC暖风装置。PTC意指正温度系数，泛指正温度系数很大的半导体材料或元器件。通常我们提到的PTC是指正温度系数热敏电阻，简称PTC热敏电阻。PTC热敏电阻是一种典型具有温度敏感性的半导体电阻，当温度超过某一特定值（居里温度）时，它的电阻值随着温度的升高呈阶跃性的增高。

PTC暖风装置分为水暖和风暖两种结构，如图2-10所示。水暖PTC是通过利用PTC的热量加热冷却液，冷却液再流经驾驶室内的暖风芯体，在鼓风机的作用下加热驾驶室内的空气。水暖PTC往往和电池冷却水路连在一起，也可以用于加热电池。风暖PTC是直接将PTC安装在驾驶室的暖风芯体处，直接加热驾驶室内的空气，结构相对简单。PTC技术具有成本低、制造工艺简单、加热迅速等优点，但是采用PTC对电动车供暖会严重削减汽车的续航里程，并且PTC技术的COP（能效比）小于1，效率较低。

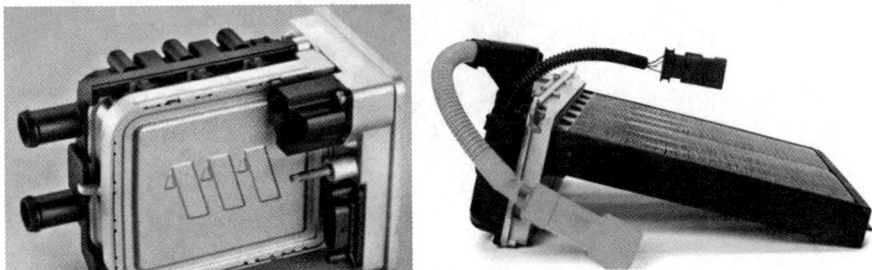

∧图2-10 水暖PTC（左）/风暖PTC（右）

2.3.3 热交换器

汽车热交换器是一种能够在两种不同温度的介质之间传递热量的装置，在传统内燃机汽车上非常普遍，主要用于汽车发动机冷却系统、空调系统、废气回收系统等，比如散热器（俗称水箱）、中冷器、机油冷却器、空调冷凝器和蒸发器、暖风散热器、尾气再循环系统（EGR）冷却器、液压油冷却器等，它们在汽车上分别属于发动机、变速箱、车身和液压系统。新能源汽车由于新增了电机、电池等驱动系统部件，在保留燃油车热交换器品类和数量基础上，主要新增了电池冷却器和电池液冷板，如图2-11、图2-12所示。其余电机散热器和空调系统蒸发器、冷凝器等基本可沿用传统内燃机汽车系统。

电池冷却器是热交换器的一种，是耦合电池液冷回路和座舱空调回路的关键部件，也是采用液冷方案下的新能源汽车热管理系统的增量部件之一。它的作用在于引入空调系统中的冷媒，在热膨胀阀节流后蒸发，吸收电池冷却回路中冷却液的热量，此过程冷媒通过热交换将冷却液的热量带走，起到给电池降温的作用。冷却器融合了蒸发器和换热器的功能，其内部主体由一层层的板式换热片堆叠组成，分为冷媒回路（蒸发器）和冷却液回路（换热器），冷却液和冷媒以对流的形式在其内部流动。在换热器主体中，冷却液和冷媒隔层间隔开，相互形成一种类似三明治的结构。对流过程中热量从冷却液转移到冷媒上，以实现换热。

电池液冷板工作的原理是利用电池工作产生的多余热量，通过与板型铝质器件表面接触的方式进行传递，液冷系统利用液体流动换热系数较大的特性，依靠液体流动转移热量，最终热量被器件内部流道中通过的冷却液带走。

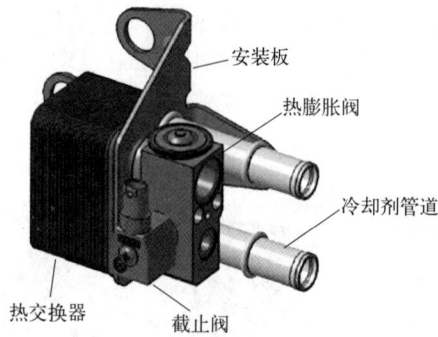

︿图 2-11　电池冷却器

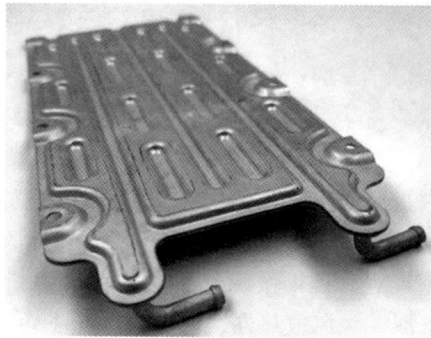

︿图 2-12　电池液冷板

电池液冷板需要满足散热功率大、密封性能好、散热设计精准、轻量化等核心要求，生产工艺复杂程度较高。液冷板生产工艺复杂程度远高于风冷散热器，包括原材料冲压—清洗—涂钎剂—铆接—钎焊—检测—封胶等主要过程，生产技术工艺一般有埋管工艺、型材+焊接、机加工+焊接以及压铸+焊接等方法。目前新能源汽车市场的液冷板类型主要有口琴管式液冷板、冲压式液冷板、吹胀式液冷板、平行流管式液冷带和型材加搅拌摩擦焊液冷板等。

2.3.4　水泵

新能源汽车上水泵主要应用于驱动系统及动力电池热管理系统，一般为电子水泵（又称"电动水泵"），如图2-13所示，也应用在内燃机的主冷却系统、涡轮增压器冷却回路及进气中冷系统。大部分燃油汽车采用的是机械水泵，一些燃油汽车发动机技术含量较高，采用的电子水泵。电子水泵通过电机驱动，一般采用直流无刷电机、水泵轴与电机轴设计成一体的方式，由内嵌的控制模块控制电机转速，从而调节冷却液循环速度。

△图2-13　电子水泵

2.3.5　阀件

　　新能源汽车热管理冷却阀包括两通截止阀、三通切换阀、三通比例调节阀、四通换向阀等，两通截止阀通常应用在回路需要切断的场合，如汽车空调加热回路，当回路需要切断热流体时，通过截止阀将流动截止。三通切换阀和三通比例调节阀应用场合比较多，通常用在回路需要旁通冷却液或者切换冷却液流向的场合。在典型的新能源汽车热管理系统中，它们可将冷媒从室外冷却水箱旁通，或者切换放热元件。在新能源汽车电池冷却中，四通换向阀的应用比较常见，通过冷却液四通换向阀可切换电池的冷却模式：较低散热量条件下可向环境放热，较大散热量条件下可由制冷剂回路提供冷却。

　　从驱动方式来看，冷却阀分为电磁驱动和电机驱动两种。根据控制精度和驱动力的不同要求，电机驱动可以采用步进电机驱动或者直流电机驱动。从阀芯结构方式来看，冷却阀芯可分为活塞式、滑片式和圆柱式。

　　相较于传统燃油车，由于新能源汽车动力来源的差异及热管理需求的提升，通常新能源汽车空调系统用电动压缩机替代传统压缩机、电子膨胀阀替换热力膨胀阀等核心零部件，如图2-14所示。电子膨胀阀由控制器、执行器和

△图2-14　热力膨胀阀（左）和电子膨胀阀（右）

传感器三部分组成，利用被调节参数产生的电信号，控制施加于膨胀阀上的电压或电流，进而达到调节制冷剂的目的。相较于传统的热力膨胀阀，电子膨胀阀流量控制范围大、调节精细，更适合新能源汽车热管理精细化管控。

2.3.6 集成热管理模块

新能源汽车热管理技术逐渐朝着高度集成化、智能化的方向发展，热管理系统耦合程度的加深提高了热管理的效率，但新增的阀件与管路使系统更为复杂，为简化管路流程，降低热管理系统空间占用率，集成化热管理模块应运而生。

特斯拉在Model Y车型上采用了八通阀，以代替传统系统中的冗余管路和阀件，如图2-15所示。比亚迪e平台3.0一体化热管理（冷媒）系统（图2-16），是以热泵电动空调压缩机为基础，一体化热管理控制模组为核心，对产生的"冷量"或"热量"再分配至不同需求单位（驾驶舱、刀片电池、电驱动）。

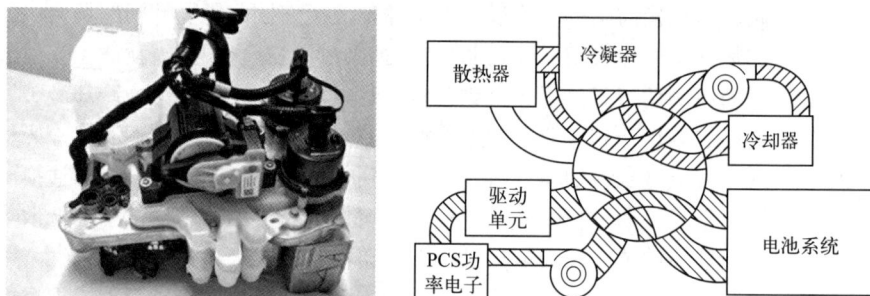

⌃图2-15　特斯拉八通阀模块

⌃图2-16　比亚迪综合热管理（基于冷媒）模块

2.3.7　管件与密封

　　冷却液管路作为新能源汽车上的重要零部件，需要满足耐水解、耐高温、轻量化等多种要求。主流管路材料可以分为三大类，分别是TPV、橡胶（EPDM）和尼龙（PA）。TPV全称热塑性弹性体共混物（thermoplastic vulcanizate），是PP（热塑性塑料）+EPDM的共混体系，是一种结合了热塑性塑料和橡胶弹性的高分子材料，密度低于单纯的EPDM和PA，硬度和拉伸强度都在EPDM和PA之间。TPA与PA一样具有热塑加工性，这使得其具有可持续循环利用性，节省了能耗，提升了加工效率。同时，TPV又具有优异的回弹及压缩形变性能，可满足高回弹且压缩形变小的要求。

　　从管路结构上来看，由于EPDM硬度小，一般只使用EPDM编织管路。而PA的硬度大，支撑性好，因此使用单层结构就可以满足要求，为了降本或者其他特殊原因，PA管也可能采用多层结构。而由于TPV材料的性能在EPDM和PA之间，在管路结构选择上也可以根据要求的不同切换不同的结构。目前市场上最常见的还是TPV编织管。

　　由于电动车耐温要求较低，TPV作为新型的弹性体材料，与EPDM相比，其轻量化、可回收的特性优势明显，而其他性能也并不逊色甚至更优。因此，TPV替代EPDM是大势所趋。PA管的壁厚可以做得更薄，从而最大限度实现轻量化，再加上其优异的机械性能和耐老化性能，使其能够保持一定的优势地位，尤其是在电池包内，PA波纹管的使用占比已达100%。然而，由于PA管必须通过快插连接，波纹管开发成本过高，生产加工及整车装配维修的质量风险较高，这些劣势导致其不能完全替代弹性体材料。短期内，TPV+PA管的组合形式会较为普遍，而随着TPV的管材结构进一步优化［比如单层管的使用、冷插接（取消卡箍）］，以及材料成本进一步降低，长期来看，TPV有可能全面取代PA管。

　　汽车空调管路安装在发动机舱内，连接汽车空调中的压缩机、冷凝器、膨胀阀、蒸发器等关键部件。汽车空调管路一般由铝管、高压橡胶管、空调波纹管、接头等其他管路附件组成。

　　对于二氧化碳热泵空调系统，由于二氧化碳制冷剂的运行压力远高于R134a制冷剂空调系统，高达14MPa，因此对系统管路（管接头、软管和硬管部分）提出了耐高压要求，需要重新设计高压管路。低压软管部分仍然可以采用带尼龙内衬的多层橡胶管，高压软管部分则与R134a制冷剂空调系统有很大区别，只能采用耐高压金属波纹管。至于硬管部分，则可以采用不锈钢管或者双层卷焊管，以保证耐压30MPa以上。

参考文献

[1] ukushige T, Tanaka D, Shibukawa Y. Influence of the coil pitch and the slot/pole number

combination upon the performance of permanent magnet motors[J]. SAE International Journal of Passenger Cars-Electronic and Electrical Systems, 2012, 5: 177-186.

[2] 刘蕾. 纯电动汽车水冷永磁同步电机多工况热特性及冷却系统研究 [D]. 合肥: 合肥工业大学, 2015.

[3] Bertotti G. General properties of power losses in soft ferromagnetic materials[J]. IEEE Transactions on magnetics, 1988, 24(1): 621-630.

[4] 夏应琪. 基于模型预测的纯电动汽车集成热管理系统控制研究 [D]. 合肥: 合肥工业大学, 2020.

[5] 吴艾蔓. 电动汽车动力锂电池组液冷散热系统的研究与优化 [D]. 成都: 西华大学. 2020.

[6] 胡锐鸿. 电动汽车用锂离子电池热特性及散热装置的数值模拟 [D]. 广州: 华南理工大学, 2014.

[7] 汪峰, 李茂德. 电池热效应分析 [J]. 电池技术, 2010, 34(3): 288-291.

[8] 张辉明. 新能源汽车用锂电池热管理系统研究 [D]. 济南: 山东大学. 2017.

[9] Valente A, Morais R, Sero Dio C, et al. A Zig Bee Sensor Element for Distributed Monitoring of Soil Parameters in Environment Monitoring[C]. Sensors. IEEE,2007:135-138.

[10] Bernardi D, Pawlikowski E,Newman J. A general energy-balance for battery systems[J]. Journal of the Electrochemical Society,1985,132(1): 5-12.

新能源汽车热管理系统设计

NEV New Energy Vehicles

新能源汽车热管理系统根据座舱与主要系统部件的工作环境需求，进行温度控制，提供舒适的乘坐环境和合理的零部件工作温度。与传统燃油汽车相比，新能源汽车动力系统的改变给其热管理系统设计提出了一系列新的要求：

① 纯电动汽车没有发动机余热可以利用，插电混动汽车则没有一直持续的发动机余热可以利用，因此新能源汽车热管理系统需要具备制热功能；

② 动力电池的运行温度对其性能影响较大，为保证其高效安全运行，动力电池的温度控制是热管理系统的重要内容；

③ 为保证电机及其控制器高效可靠运行，需要对其进行有效冷却。

因此，新能源汽车热管理系统主要包括座舱热管理系统、发动机热管理系统（针对插电混动和增程式）、动力电池热管理系统、电机电控热管理系统等部分，其系统复杂程度显著增加。

3.1
座舱热管理系统

3.1.1 座舱热管理系统概述

空调系统是座舱热管理系统的关键部分，其主要功能是通过调节汽车座舱内的温度、湿度和风速，使座舱达到一个舒适的驾驶和乘坐环境。汽车空调的工作原理是通过蒸发吸热和冷凝放热的热物理原理，使车厢内温度变冷或变热。在外界温度较低时能够向车厢内输送加热后的空气，使驾驶员和乘客感觉不到寒冷；在外界温度较高时能够向车厢内输送低温空气，使驾驶员和乘客感觉凉爽。所以汽车空调对车厢内空气调节和乘员的舒适性起着非常重要作用。

在传统燃油车中，由于冬季可以采用发动机余热进行供暖，因此空调系统仅考虑夏季制冷即可。传统制冷空调系统普遍采用的蒸汽压缩式制冷系统通常由①压缩机、②冷凝器、③储液干燥器、④膨胀阀、⑤蒸发器及相应的连接管等组成，如图3-1所示。

新能源汽车空调的原理与传统车相同，但在结构上与传统车不同，新能源汽车的空调压缩机是由电机进行驱动的，而非发动机。而电动压缩机的工作需要消耗电能，因此在进行系统设计时需考虑其功耗，以确保整车的续航不受影响。而且，对于新能源汽车而言，发动机余热的缺失（或者减少）导致车辆冬季供暖需求尤为紧迫，目前主流的供热方式是电加热技术（PTC）。

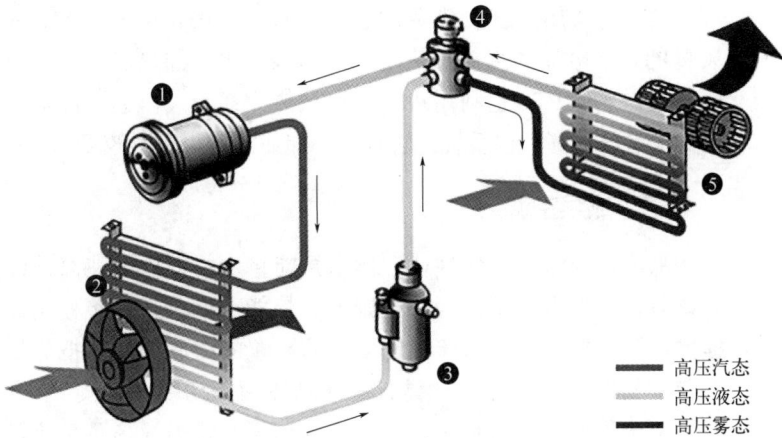

↑图3-1　汽车空调系统基本组成

（1）单冷空调 +PTC

单冷空调 +PTC 是较为简单的新能源汽车座舱冷热供应方式，基本可沿用燃油车系统，是目前新能源汽车应用较为普遍的空调系统形式。其与传统燃油车较为相似，图3-2为单冷空调系统匹配电加热PTC供暖方式的系统结构原理图。PTC 电加热的最大优点是结构与控制简单、成本较低，但加热效率小于1，冬季制热时需要消耗大量的电池能量，导致续航里程的严重衰减。

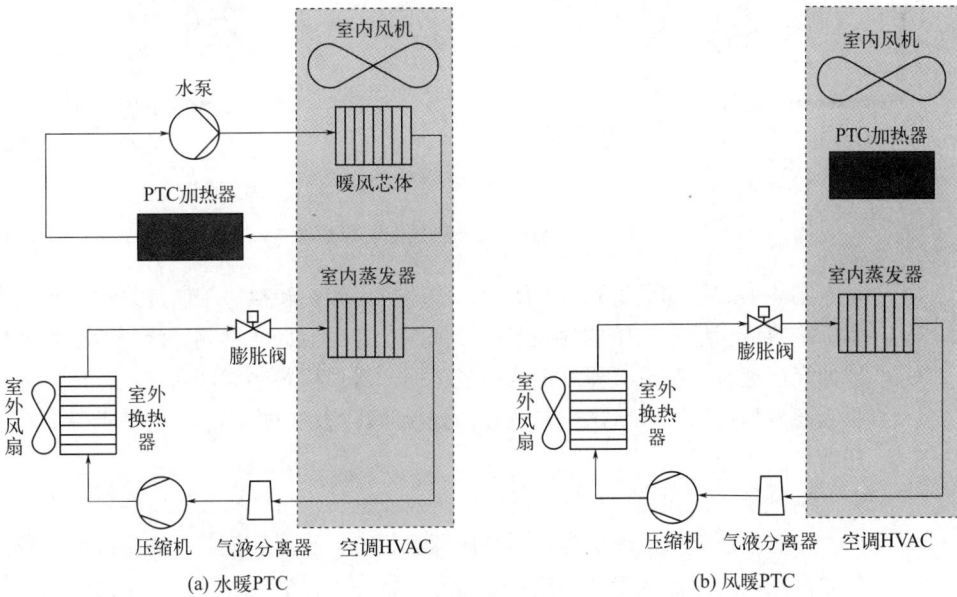

(a) 水暖PTC　　　(b) 风暖PTC

↑图3.2　单冷空调 +PTC 结构原理

PTC电加热系统按使用方法可分为水暖PTC和风暖PTC两种形式。其中风暖PTC是电加热直接加热空气，结构简单、加热温度高，但具有一定的安全隐患；水暖PTC是利用PTC模块加热冷却液，再通过冷却液加热空气，虽然安全系数较高，但系统比较复杂，加热温度也相对较低。

（2）热泵空调系统

水往低处流是自然规律，但水泵能将水由低处送往高处；同样热能由高温物体传向低温物体，而热泵则能将热能由低温物体转移至高温物体，从而提供采暖功能。热泵系统通过多个阀和泵的控制，能够把热量从温度低的地方转移到温度高的地方，具有制冷制热两种功能。其实热泵热管理系统中，并没有一种部件称为热泵，其被称为热泵，是因为热泵系统具有类似水泵将水从低处搬运到高处的特性。例如在夏季，热泵系统并不是把车外的低温空气送进来，而是把车内的热量转移到车外，从而达到制冷效果。相应地，在冬季制热时，热泵系统把车外的热量转移到车内。热泵具体结构原理如图3-3所示。

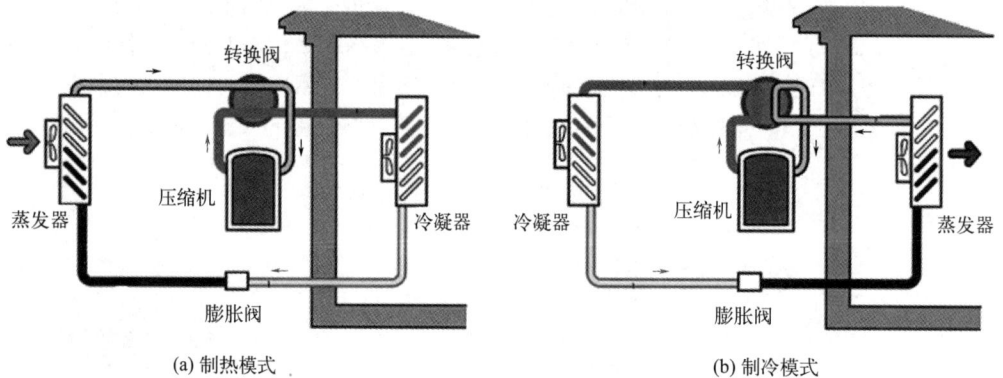

(a) 制热模式　　　　　　　　　　(b) 制冷模式

⌃图3-3　热泵空调原理图

制热模式：如图3-3（a）所示，压缩机运转，转换阀控制冷媒循环流动方向。冷媒经压缩机加压成为高温高压蒸汽状态，流经转换阀，流经冷凝器散热成为高压液态，在冷凝器处形成高温环境，鼓风机将热风吹入车厢，冷媒流经膨胀阀成为低压蒸汽状态，在蒸发器处吸收环境空气中热量，继续循环流动至压缩机。

制冷模式：如图3-3（b）所示，压缩机运转，转换阀控制冷媒循环流动方向。冷媒经压缩机加压成为高温高压蒸汽状态，流经转换阀，流经冷凝器散热成为高压液态，流经膨胀阀成为低压蒸汽状态，在蒸发器处形成低温环境，鼓风机将冷风吹入车厢，冷媒继续循环流动至压缩机。

热泵的系统形式呈现多样性，主要通过阀件和换热器的组合等形式实现，近年也逐渐产生了四通换向阀以及阀岛等的实现形式。不同车型、车企的热泵实现形式也不尽相同，但最终目的都是实现空调箱内换热器功能的转化，如图3-4所示。

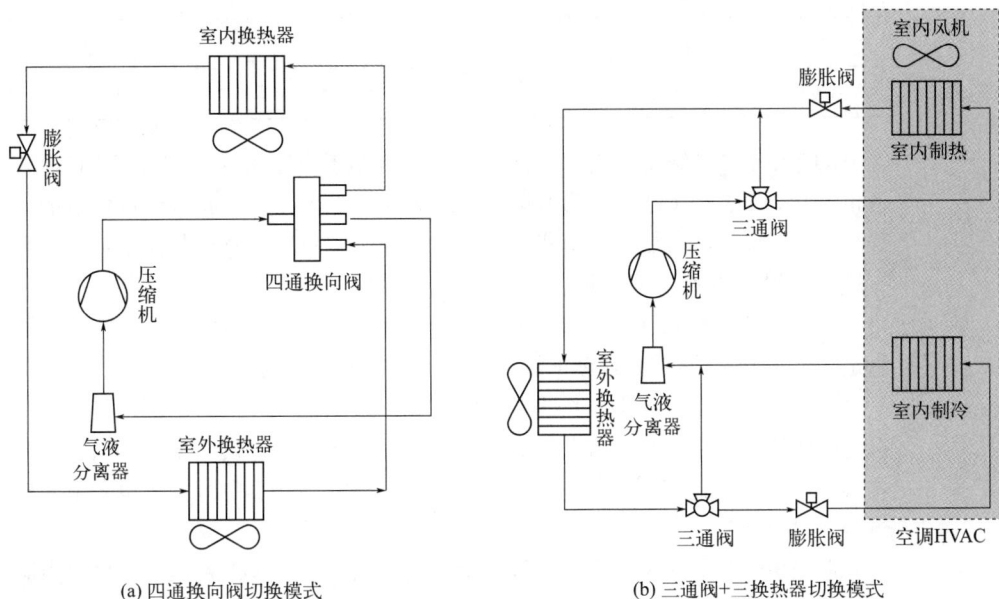

(a) 四通换向阀切换模式　　　　　　(b) 三通阀+三换热器切换模式

⌃图3-4　热泵空调系统形式

客车等商用车中通常采用四通换向阀等进行模式切换，而乘用车空调目前主要采用三通阀的三换热器系统，通过电动二通阀或电动三通阀实现制冷、制热、除湿和蒸发器除霜模式的切换。冬季制热运行时，车外换热器（蒸发器）温度可能低于室外空气的露点温度，从而导致结霜现象，当霜层太厚时需要进入除霜模式，除霜模式的系统流程与夏季制冷模式一致。乘用车除湿工况时，空调风系统先经过车内蒸发器降温，将空气中的水蒸气凝结排出，再经过车内冷凝器加热回温后送回车室内，达到除湿的目的。

（3）CO_2热泵和R290热泵

大部分车企采用传统R134a制冷剂热泵空调系统用于新能源汽车的冬季制热，但是其冬季低温制热性能差，低于−10℃的环境温度时R134a汽车空调的制热能力已达不到行业标准，无法在北方较寒冷的地区广泛推广。并且R134a制冷剂的温室效应指数高达1300，环保性较差，在车用空调制冷剂中即将面临淘汰。2016年《基加利修正案》将氢氟碳化物纳入管控范围，车用空调制冷剂替代成为行业的共性痛点。潜在替代制冷剂的研究应用主要集中于

R1234yf、CO_2与R290，上述制冷剂主要物理性质如表3-1所示。

表3-1　三种典型制冷剂的物理性质

制冷剂	标准沸点/℃	临界压力/MPa	ODP（臭氧消耗潜能）	GWP（全球增温潜能）
R1234yf	−29.5	3.38	0	4
CO_2	−78.4	7.38	0	1
R290	−42.2	4.25	0	20

R1234yf与传统制冷剂R134a热力学性能相近，容易实现制冷剂的替换，但价格相对较高。CO_2和R290作为天然环保制冷剂，具有价格相对低廉的优势。CO_2无毒、不可燃、具有优良的热稳定性，并且在超临界状态下放热时具有较大的温度滑移，因此具有优异的制热性能。R290热泵系统具有优异的制冷、制热性能，但由于R290是易燃性制冷剂，解决R290可燃性带来的安全隐患是实现R290热泵系统在新能源汽车上应用的关键问题。

典型的CO_2汽车空调系统与R134a汽车空调系统一样，主要部件包括压缩机、换热器、节流机构以及气液分离器。此外为了利用蒸发器出口的低温气体对气冷器出口的高温气体进一步冷却，CO_2汽车空调系统中一般还设有中间换热器（回热器）。

但是由于CO_2热泵运行压力较大，需要使用耐高压零部件，例如使用耐高压管路、耐高压电子膨胀阀、耐高压的空气压缩机等，使得系统成本大幅度增加。

3.1.2　座舱热负荷模型

目前计算座舱热负荷的方法主要包括经验估算法和理论计算法。经验估算法，需要有大量理论基础和实际经验的人才可做出准确的估算；理论计算法，充分考虑了座舱热负荷的各种影响因素，并且作了合理简化，可以在很大程度上满足计算要求。

（1）座舱制冷负荷分析

高温环境下，座舱生热量受到诸多因素影响：首先是外部高温环境通过车身结构进入座舱内的热量；再者是通过车窗玻璃的太阳辐射热和进入座舱的新风热负荷；另外车内使用的电子设备、乘坐人员以及动力舱内的电机驱动系统和电池也会向座舱产生热量。因此座舱制冷负荷应该能够抵消这部分热量，这样才能将座舱维持在合适的温度下。座舱热负荷模型图如图3-5所示。由上述分析，座舱的总热负荷可由下式表示：

$$Q_{\mathrm{C}} = Q_{\mathrm{M}} + Q_{\mathrm{G}} + Q_{\mathrm{V}} + Q_{\mathrm{P}} + Q_{\mathrm{E}} + Q_{\mathrm{D}} \qquad （3\text{-}1）$$

式中　Q_{C} ——座舱总热负荷，W；

$\quad\quad Q_{\mathrm{M}}$ ——通过车身结构进入座舱的热负荷，W；

$\quad\quad Q_{\mathrm{G}}$ ——通过车窗玻璃进入座舱的热负荷，W；

$\quad\quad Q_{\mathrm{V}}$ ——通过新风传入座舱的热负荷，W；

$\quad\quad Q_{\mathrm{P}}$ ——为车内人员产生的座舱热负荷，W；

$\quad\quad Q_{\mathrm{E}}$ ——车内电子设备产生的座舱热负荷，W；

$\quad\quad Q_{\mathrm{D}}$ ——动力舱进入座舱的热负荷，W。

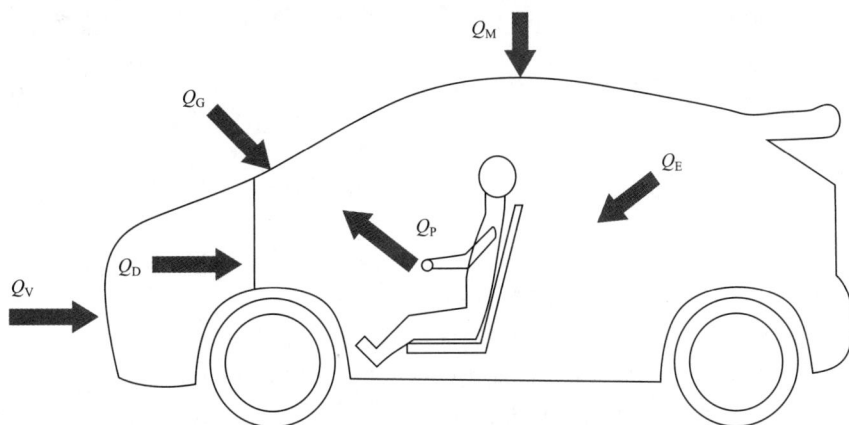

△图3-5　座舱热负荷模型图

夏季高温环境下，车身外表面温度一般远高于环境温度，因此在座舱热负荷的计算过程中通常会引入车外综合温度来表示环境温度和太阳辐射对车身外表面的影响，其计算公式如下：

$$T_{\mathrm{Z}} = T_0 + \frac{\beta\gamma}{\alpha_0 + K} \qquad （3\text{-}2）$$

式中　T_{Z} ——车外综合温度，K；

$\quad\quad T_0$ ——环境温度，K；

$\quad\quad \beta$ ——外表面对太阳光的吸收系数，与车身颜色和使用年限有关（表3-2）；

$\quad\quad \gamma$ ——太阳光光照强度，W/m²；

$\quad\quad \alpha_0$ ——车身外表面的对流交换系数，W/(m²·K)；可用车速近似估算，$\alpha_0 = 1.163(4 + 12\sqrt{v})$；

$\quad\quad v$ ——汽车行驶速度，m/s；

$\quad\quad K$ ——传热系数，W/(m²·K)。

表3-2 不同颜色与使用年限下的外表面太阳光吸收系数

不同使用	颜色				
年限的车	黑、深色	浅色	白色	淡黄	深红
新车	0.9	0.5	0.4	0.45	0.85
旧车	0.98	0.92	0.9	0.91	0.97

在计算车身各部分传热系数时，考虑到各部分结构和材料的差异，为了简化计算，可将车身各部分按多层均匀平壁考虑，传热系数基本计算公式如下：

$$K_i = \frac{1}{\frac{1}{\alpha_i} + \sum \frac{\delta_j}{\lambda_j} + \frac{1}{\alpha_0}} \tag{3-3}$$

式中　α_i——车身内表面的传热系数，$W/(m^2 \cdot K)$；

　　　δ_j——车身不同材料的厚度，m；

　　　λ_j——车身不同材料的导热系数，$W/(m \cdot K)$；

　　　α_0——车身外表面的传热系数，$W/(m^2 \cdot K)$。

① 通过车身结构进入座舱的热负荷　受太阳辐射和外界环境温度影响，车身表面温度明显高于座舱内部温度，通常在理论计算过程中，通过车身结构进入座舱的热负荷主要分为车顶传热、车侧传热和车底传热，传热基本公式如下：

$$Q_M = \sum Q_i = K_i F_i (T_{zi} - T_i) \tag{3-4}$$

式中　Q_i——各部分的传递热量，W；

　　　K_i——传热系数，$W/(m^2 \cdot K)$；

　　　F_i——传热面积，m^2；

　　　T_i——座舱温度，K；

　　　T_{zi}——各部分综合温度，K。

其中车底温度由于受到路面的反射辐射，因此其温度要高于水平温度2～3℃。

② 通过车窗玻璃进入座舱的热负荷　太阳光照射在汽车玻璃上，一部分热量由玻璃吸收，使其自身温度升高，另外一部分透过玻璃以辐射形式传递热量。因此通过车窗玻璃进入座舱的热负荷包含温度升高后的玻璃与车厢的温差传热和太阳辐射热。

温差传递的热量用下式表示：

$$Q_{Gl} = F_G K_G (T_o - T_i) \tag{3-5}$$

式中　F_G ——玻璃窗面积，m^2；

　　　K_G ——玻璃窗传热系数，$W/(m^2 \cdot K)$；

　　　T_o ——外界环境温度，K；

　　　T_i ——座舱内部温度，K。

太阳辐射热用下式表示：

$$Q_{Bl} = CF_G q_b \mu \tag{3-6}$$

式中　C ——玻璃窗遮阳系数，取 0.6；

　　　μ ——非单层玻璃修正系数，取 1；

　　　q_b ——通过玻璃的太阳辐射强度，W/m^2；其中 q_b 表达式如下：

$$q_b = \tau_G Y_G + \tau_S Y_S \tag{3-7}$$

式中　τ_G ——通过玻璃窗的太阳直射透射率，取 0.84；

　　　τ_S ——通过玻璃窗的太阳散射透射率，取 0.08；

　　　Y_G ——太阳直射辐射强度，W/m^2；

　　　Y_S ——太阳散射辐射强度，W/m^2。

所以通过车窗玻璃进入座舱热负荷可以由下式表示：

$$Q_G = Q_{Gl} + Q_{Bl} \tag{3-8}$$

③ 通过新风传入座舱的热负荷　为保证座舱乘员的安全和乘坐舒适性，供风系统需向座舱内提供一定的新鲜空气以维持座舱的充足氧气浓度，这一过程也会有一定的热量被带入座舱内，该热量计算公式如下：

$$Q_V = G_1 \rho (h_o - h_i) / 3.6 \tag{3-9}$$

式中　G_1 ——进入座舱的新风量，m^3/h；

　　　ρ ——室外空气密度，m^3/kg；

　　　h_o ——车外空气的焓值，kJ/kg；

　　　h_i ——车内空气焓值，kJ/kg。

④ 车内人员产生的座舱热负荷　车内乘员自身会产生一部分热量，可以由下式表示：

$$Q_P = 170 + 108nn' \tag{3-10}$$

式中　n ——除司机以外乘员数；

　　　n' ——群集系数。

⑤ 车内电子设备产生的座舱热负荷　在计算座舱热负荷时也需考虑车内相关电子设备产生的热量，如照明设施、空调鼓风机等，该部分热量计算一般由经验公式得到，即：

$$Q_E = (0.6 \sim 0.7)Q_e \tag{3-11}$$

式中　Q_e——车内设备的使用功率，W。

⑥ 动力舱进入座舱的热负荷　纯电动汽车在实际运行过程中，动力舱中电机等部件工作时会产生大量热量，其中部分热量会以热传导方式通过座舱隔板传递到座舱中，该热量表达式为：

$$Q_D = K_d F_d \Delta T_d \tag{3-12}$$

式中　K_d——动力舱与座舱隔板的传热系数，$W/(m^2 \cdot K)$；

　　　F_d——动力舱与座舱隔板的传热面积，m^2；

　　　ΔT_d——动力舱与座舱隔板两侧温差，K。

（2）座舱制热负荷分析

冬季低温环境下，太阳辐射强度较弱，在理论计算过程中，通常不考虑由于太阳辐射热对座舱热量的影响，因此座舱总散热量计算只考虑座舱与外界低温环境的对流换热。座舱制热负荷需要抵消座舱总散热量，根据上文座舱热负荷分析，座舱总散热量可表示为：

$$Q_H = Q_{Mh} + Q_{Gh} + Q_{Ph} + Q_{Vh} \tag{3-13}$$

式中　Q_H——座舱总散热量，W；

　　　Q_{Mh}——座舱通过车身结构的散热量，W；

　　　Q_{Gh}——座舱通过车窗的散热量，W；

　　　Q_{Ph}——座舱乘员自身散热量，W；

　　　Q_{Vh}——座舱通过新风的散热量，W。

冬季座舱通过车身结构散失到外界环境中的热量由车顶、车身和地板散失热量共同构成，其计算公式如下：

$$Q_{Mh} = \sum Q_i = K_i F_i (T_{Zi} - T_i) \tag{3-14}$$

由于冬季太阳辐射强度较弱，其对座舱热量影响很小，因此在计算冬季车辆通过车玻璃散失到外界环境中的热量时，通常只考虑行驶时与外界环境对流换热所造成的热量损失，其计算公式如下：

$$Q_{GH} = F_G K_G (T_i - T_o) \tag{3-15}$$

对于座舱总散热量计算而言，冬季乘员散热量属于外界输入热源，其热量不予考虑，Q_{Ph}通常取0W。

座舱通过新风的散热量与夏季新风热负荷计算方式相同，其计算表达式为：

$$Q_{Vh} = G_l \rho (h_i - h_o) / 3.6 \tag{3-16}$$

3.1.3　座舱热管理系统设计

（1）压缩机参数匹配

压缩机作为空调系统中的动力元件，驱动制冷剂在整个系统中循环流动，对于压缩机的参数匹配主要是考虑其轴功率、排量等参数。

轴功率是指压缩机轴可以输出的最大功率，其计算公式如下：

$$P_0 = \frac{(h_2 - h_1)Q_1}{(h_1 - h_4)\eta} \tag{3-17}$$

式中　h_1、h_2、h_4——1、2、4 状态点的焓值，kJ/kg；

η——机械效率，一般取值为 0.9；

Q_1——制冷负荷，kW。

制冷负荷计算需同时满足座舱制冷需求和电池制冷需求，工程应用上为保证压缩机能够提供足够的制冷量，通常制冷负荷需乘以一个比例系数即：

$$Q_1 = 1.1 \times (Q_c + Q_b) \tag{3-18}$$

式中　Q_c——座舱制冷需求，kW；

Q_b——电池制冷需求，kW。

排量是指单位时间内，压缩机排出的气体体积换算成吸气状态下的容积，其计算公式如下：

$$V_{disp} = \frac{60Q_1 v_1 \times 10^6}{N(h_1 - h_4)} \tag{3-19}$$

式中　N——转速，r/min；

v_1——压缩机进口处制冷剂比容，m^3/kg。

（2）换热器参数匹配

① 冷凝器　一般采用平行流式冷凝器，该结构的冷凝器具有换热效率高、结构紧凑、冷媒充注量低等优点。平行流式冷凝器主要由椭圆形扁管和散热翅片组成，在工作过程中，制冷剂平行分流进入椭圆形扁管中利用散热翅片与外界环境快速换热。

为确保冷凝器的对外环境换热量能够同时满足座舱和电池的散热要求，通常将空调系统总制冷量与冷凝器的劣化系数相乘得到最终换热量结果，其表达式如下：

$$Q_k = kQ_1 \tag{3-20}$$

式中　Q_k——冷凝器换热量，kW；

k——冷凝器劣化系数，取值 1.3。

冷凝器的热交换过程向外界环境散发大量热量，其表达式如下：

$$Q_k = KF\Delta T_m \tag{3-21}$$

式中　F ——换热面积，m^2；

　　　K ——换热系数，$W/(m^2 \cdot K)$；

　　　ΔT_m ——对数平均温差，K。

其中对数平均温差 ΔT_m 计算公式如下：

$$\Delta T_m = \frac{|T_{in} - T_{out}|}{\ln\dfrac{T_{in} - T_e}{T_{out} - T_e}} \tag{3-22}$$

式中　T_{in} ——入口温度，K；

　　　T_{out} ——出口温度，K；

　　　T_e ——冷凝温度，K。

② 蒸发器　蒸发器一般选用层叠式结构，相比于其他结构的蒸发器，层叠式蒸发器结构最为紧凑，其主要是由铝板制成的制冷剂通道和各通道间的散热铝带构成，在工作过程中，制冷剂与外界环境换热效率最高。蒸发器参数计算过程与冷凝器计算类似，此处不做重复说明。

（3）膨胀阀参数匹配

膨胀阀是空调系统的一个重要部件，其主要功能是通过节流作用将高温高压的液态制冷剂转化为低温低压的雾状制冷剂，以便制冷剂在蒸发器中吸热蒸发，同时通过气态制冷剂的过热度调节膨胀阀开度的大小，进而控制流入蒸发器的制冷剂流量，使蒸发器在各种工况下均能正常工作。

在空调回路中制冷剂流量受膨胀阀开度影响，其计算公式如下：

$$dm = C_D A k \sqrt{p_1 - p_2} \tag{3-23}$$

式中　C_D ——流量系数；

　　　A ——阀体流通面积，m^2；

　　　k ——比例系数；

　　p_1、p_2 ——分别为膨胀阀进出口压力，Pa。

流量系数计算公式如下：

$$C_D = 0.02005\sqrt{\rho} + 0.634v_2 \tag{3-24}$$

式中　ρ ——进口制冷剂密度，kg/m^3；

　　　v_2 ——出口制冷剂比容，m^3/kg。

（4）PTC参数匹配

水暖PTC为纯电动汽车集成热管理系统中的加热元件，当电流通过PTC

时，其内部电阻会发生焦耳反应进而产生热量为管路中的冷却液加热，其发热原理如下公式所示：

$$Q_{ptc} = I_{ptc}^2 R_{ptc} \qquad (3\text{-}25)$$

式中　Q_{ptc} ——水暖 PTC 产热量，J；

　　　I_{ptc} ——流经 PTC 电流，A；

　　　R_{ptc} ——PTC 电阻，Ω。

3.2
电池热管理系统

3.2.1　电池热管理系统概述

电池热管理系统（battery thermal management system，BTMS）使动力电池工作在合适的温度范围内，维持最佳的使用状态，用以保证电池系统的性能和寿命。首先，电池系统的能量和功率性能直接受到温度的影响。当温度较低时，电池的可用容量将会发生衰减，如果在过低的温度下（低于 0℃）对电池进行充电，可能会引发瞬间的电压过冲现象，造成电池内部析锂进而引发短路。其次，如果在温度过高的情况下持续充放电，则会导致电池的局部过热，并进而引起连锁放热反应，最终造成冒烟、起火甚至爆炸等严重的热失控现象。电池的适宜温度一般为 10 ～ 30℃，过高或过低的温度都会加速电池寿命的衰减。电池包内单体电池的最大温差要求不超过 5℃，在这种条件下有利于提高动力电池的使用性能和延长电池系统的循环寿命，并且可以降低动力电池发生安全事故的可能性。因此对电池热管系统提出如下要求：

① 保证单体电池在最适宜的工作温度范围，避免电池单体、电池模块和电池组整体或者局部温度过高，能够使电池在高温环境中有效散热、低温环境中迅速加热或者保温；

② 减小单体电池尤其是大尺寸单体电池内部不同部位的温度差异，保证单体电池温度分布均匀；

③ 减小电池组内部不同电池模块之间的温度差异，保证电池组整体内部的温度分布均匀。

电池热管理系统基于不同的冷却介质主要分为风冷、液冷、制冷剂直接冷却、相变材料和热管冷却。不同的冷却方式其原理和系统结构不同。

① 风冷：通过空气的流动使电池组与外界空气进行对流换热。风冷一般

分为自然风冷和强制风冷，自然风冷是当汽车行驶过程中外界空气对电池组进行冷却，强制风冷是加装一个风机对电池组进行强制冷却。根据流经通道的差异，风冷可以分为串行和并行两种结构，如图3-6所示。风冷的优点是成本较低、便于商业化应用，缺点是散热效率较低、空间占用比大、噪声问题严重。

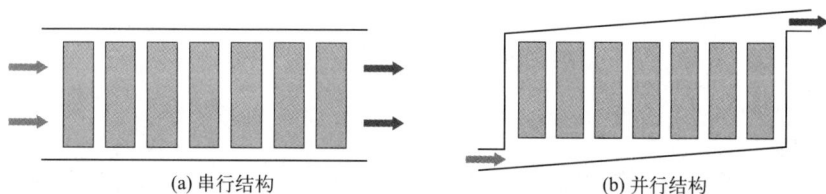

(a) 串行结构　　　　　　　　(b) 并行结构

へ图3-6　风冷系统的不同结构形式示意图

② 液冷：通过液体的流动使电池组的热量被带走。液冷技术可分为直接接触式和间接接触式。直接接触式是将电池组浸泡在工程冷却液中（图3-7），利用工程液体液-气相变的潜热吸收电池热量。将电池组浸泡在冷却液中，可以提高电池表面的换热面积，具有较好的温度均匀性；但冷却液存在泄漏的风险，工艺要求和成本费用较高。间接接触式液冷采用泵送循环系统驱动冷却液流过电池表面的液冷管或冷板的内部通道（图3-8），利用强制对流换热的方式

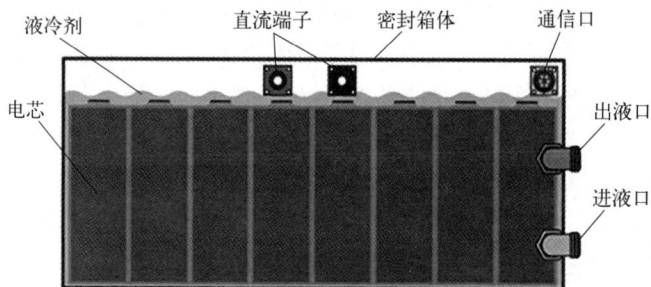

へ图3-7　直接接触式液冷结构示意图

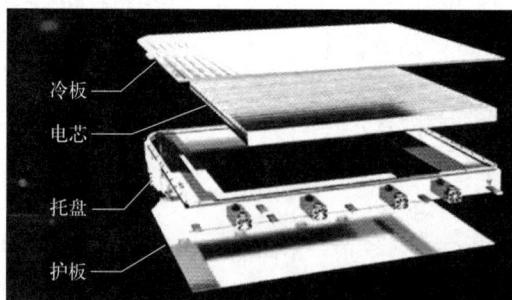

へ图3-8　间接接触式液冷结构示意图

对电池进行散热或加热。由于液体的比热容比空气的比热容大，所以液冷的冷却效果要优于风冷的冷却效果，冷却速度也快于风冷，对电池组散热后的温度分布也比较均匀，因此液冷也在商业应用中得到了广泛使用。但是液冷存在漏液风险，复杂性相对较大，维护成本高。

③ 制冷剂直接冷却：直接冷却是利用R134a等制冷剂蒸发吸热原理，将空调系统的蒸发器安装在电池包中使电池快速冷却的一种方式（图3-9）。直冷系统冷却效率高、制冷量大、降温效果较好。但制冷剂直接冷却技术最大的技术难点是电池蒸发器的均温设计困难，需要满足电池的均温要求。

∧图3-9　制冷剂直接冷却示意图

④ 相变材料冷却：相变材料（phase change material，PCM）在发生相变时可以吸收或释放大量潜热而自身的温度保持不变。因此，PCM具有较大的热能储存容量，同时也无需额外的能量消耗，被广泛应用于手机等电子产品的电池散热中（图3-10）。然而，相变材料存在导热率低的问题，导致PCM与电池接触的面融化，而其他的部位未融化，降低了系统的换热性能，不适合用于大尺寸的动力电池。如果能解决这些问题，PCM冷却可能会成为新能源汽车热管理最具潜力的发展方案。

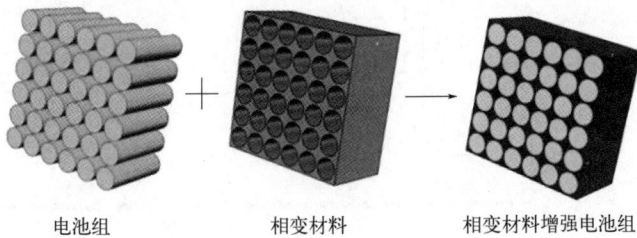

电池组　　　　　　相变材料　　　　相变材料增强电池组

∧图3-10　相变材料冷却系统示意图

⑤ 热管冷却：热管是一种基于相变传热的装置，是一个充满饱和状态工作介质（水、乙二醇或丙酮等）的密封容器或密封管道（图3-11）。热管的一端

为蒸发端，一端为冷凝端，既可以吸收电池组的热量又可以对电池组进行加热。

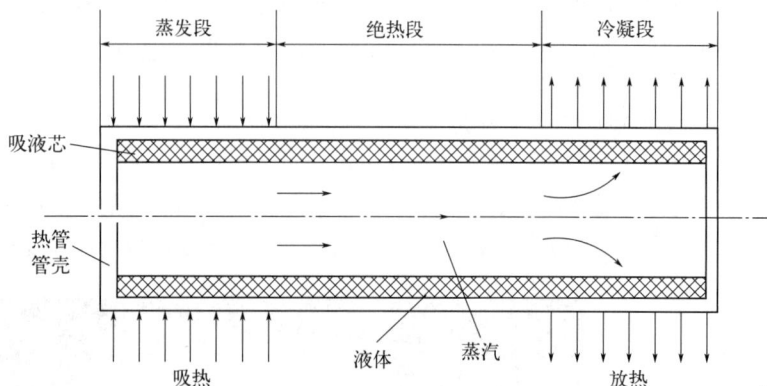

△图3-11　热管系统工作原理图

电池热管理系统的加热方法，可分为外部加热法和内部加热法。

（1）外部加热方法

该方法依托车用热管理技术，通过在动力电池包或动力电池模块外部添加液体/气体、加热膜、相变材料及利用珀尔贴效应等手段来实现热量由外向内的热传导，主要有以下几种加热方式。

① 气体加热法是指以空气作为介质直接穿过动力电池模块而达到加热动力电池组的目的，如图3-12所示。一般采用强制空气对流的方式，即通过外加风扇等装置将热空气送入动力电池箱，与动力电池进行热交换。热空气可由加热片产生，也可利用电机散发出来的热量和车内功率较大的电子电器加热装置获取。对于混合动力汽车，还可通过发动机提供加热空气的热量。这种方式要求尽可能增加空气与动力电池的热接触面积，具有成本低的优势。但动力电池的封装、安装位置和热接触面积需要重点设计来提高能量利用率和加热均匀性。

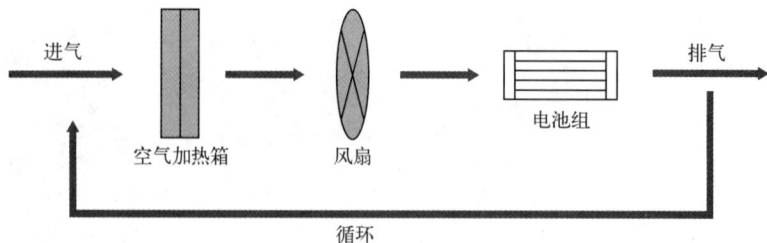

△图3-12　气体加热示意图

② 液体加热法利用了液体边界层较薄，导热率高，在相同流速下，直接接触式液体的热传导速率远高于空气的优势，如图3-13所示。且在较为复杂

的工况下，液体可更好地满足动力电池的热管理要求。目前主要的方式是采用液体与外界进行热交换把热量送入动力电池组，可在模块间布置管线或围绕模块布置夹套，或把模块沉浸在液体中。

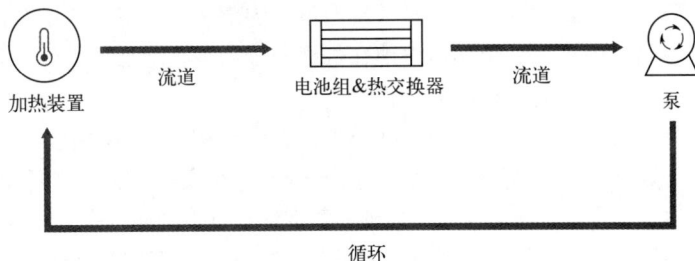

❯图3-13　液体加热示意图

③ 电热膜加热法是指在动力电池顶部或底部或之间添加电加热膜，加热时电加热膜通电，加热板的一部分热量通过热传导方式直接传给动力电池的方法，如图3-14所示。该方法的温度均匀性较好、加热效率较高，但需要精确的温度控制系统，且高温时，在一定程度上会影响动力电池单体的散热。

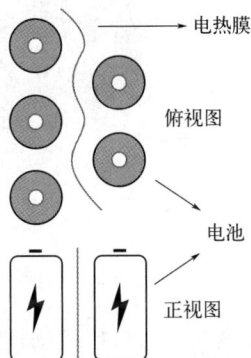

❯图3-14　电加热膜示意图

④ 相变材料加热法利用在低温环境下，PCM从液态转变为固态过程中释放存储的热量特性，对动力电池进行加热和保温。在相变过程中，PCM温度维持在相变温度，利用这个特性可有效解决动力电池在低温环境下温度过低的问题。但PCM的导热系数普遍较低，需要加入高导热材料如膨胀石墨、碳纳米管等增加其导热能力。

⑤ 珀尔贴效应是指电流流过两种不同导体的界面时，将从外界吸收热量，或向外界放出热量。利用珀尔贴效应这种特殊性质，通过改变电流的方向，可实现加热和制冷两种功能。加热和制冷的强度可通过调节电流的大小达到精确控制的目的。

（2）内部加热方法

内部加热方法是利用电流通过有一定电阻值的导体所产生的焦耳热来加热动力电池，导体为动力电池本身。动力电池内部电解液在低温下黏度增加，阻碍了电荷载体的移动，导致动力电池内部阻抗增加，极端情况下电解液甚至会冻结。但是，利用动力电池在低温条件下阻抗增加的特性，可采用阻抗生热的方式来保持动力电池的工作温度。

① 自加热方法，如图3-15所示。该结构在电池内部嵌入了具有一定电阻的薄镍箔。镍箔有两个凸耳，其中一个连接到负极，另一个延伸到外面形成第3个端子，也称为激活端子。此外，激活端与负极端通过开关连接，由电池表面温度控制。当开关打开时，电池处于自热过程，电子流过镍箔，从而产生大量的欧姆热，使电池温度迅速上升。一旦电池表面温度达到阈值，开关关闭并停止自热。

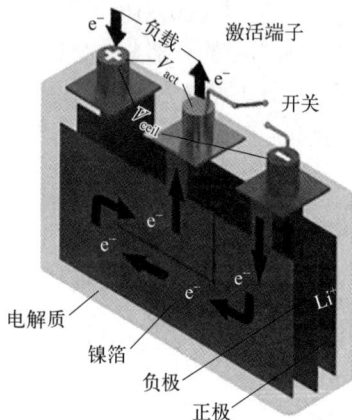

へ图3-15　自加热锂离子电池结构

② 激励电流加热方法，包括激励直流电预热、激励交流电预热、激励脉冲电流预热等。激励直流电预热是电池通过短时大电流自放电以产生焦耳热，提高电池温度的方法。激励交流电预热是在电池正极和负极上施加一定频率的交流电，通过电池的内阻抗产生热量。锂在电池内发生嵌锂反应后立即发生脱嵌锂反应。这样就避免了激励直流电预热造成的锂沉淀和容量损失。激励脉冲电流预热是指将脉冲电流信号施加到电池上，通过内部阻抗产生热量。与恒定的激励直流/交流电预热相比，激励脉冲电流预热可以降低电池容量的损失，同时在相同截止电压的条件下，升温速率更快。

3.2.2　液冷电池热管理系统设计

典型的液冷电池热管理系统如图3-16所示，主要包括水泵、加热器、电池包、电池散热器、电池冷却器等。电池冷却系统包含两个循环，电池冷却器制冷循环和液冷散热器循环，其通过电磁阀调节循环回路。当电池需要冷却时，液冷散热器支路打开，水泵对水做功，使水循环流动，冷却液流经高温液冷板会吸收热量，从而降低电池的温度，冷却液流出液冷板后，转而流向散热器，冷却液的热量经散热器散发到大气中，带走电池产生的热量，以达到冷却的目的。当电池温度过高，散热器无法冷却时，冷却液流经电池冷却器，此时，空调压缩机工作，压缩机出口的高温高压制冷剂进入冷凝器，制冷剂在冷凝器中把热量散发到空气中，制冷剂温度和压力降低，形成液体，液体经过膨胀阀节流成为两相流进入电池冷却器，此时与进入电池冷却器的高温冷却液发生热交换，制冷剂吸收冷却液热量，冷却液温度下降，进入电池液冷板给电池降温。

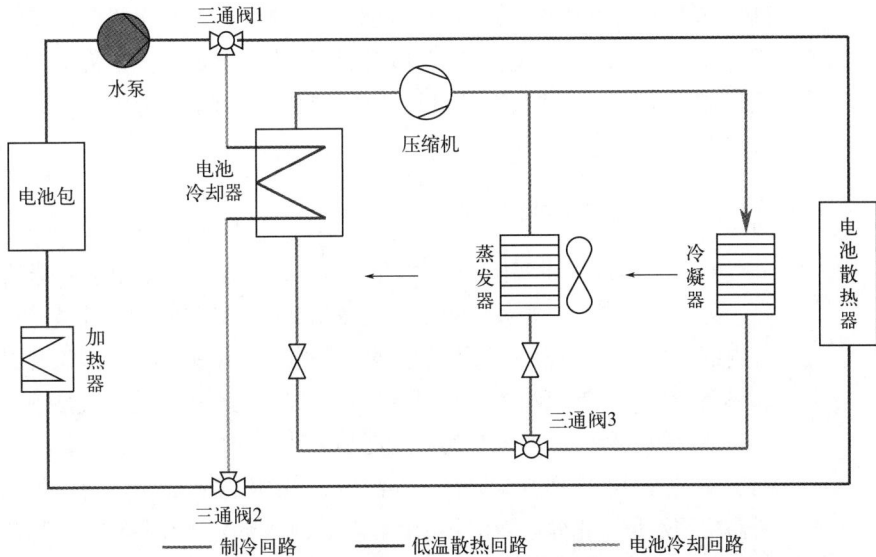

△图 3-16 典型的液冷电池热管理系统结构

确定了电池热管理系统结构以后，需要对电池热管理系统关键部件进行计算和初步选型，主要涉及到对电池组散热或制冷需求的计算，以及关键部件散热器和压缩机的选型；对电池组低温加热需求的计算和 PTC 的选型；以及对整个系统中水泵的选型。

（1）散热或制冷需求计算

首先根据车辆目标销售地区的最高环境温度和持续时间，以及最低环境温度和持续时间，确定电池组的热管理目标，主要包括最高、最低工作温度范围和最大温差。

计算汽车运行工况中的电池组最大发热功率和持续时间，以及汽车持续最高速运行的最大发热功率和持续时间。具体计算公式见2.2.3小节电池产热原理。

电池冷板的形式多种多样，需要根据单片冷板承担的散热量，设计冷板与电池组的接触面积和冷板与液冷回路的热交换面积。冷板的接触面形状，需要根据电池单体的形状以及电池组内电芯的布置情形确定，一方面希望冷板获得与电池之间最大的散热面积，另一方面，不同位置的电芯需要保持与冷板具有相同的接触面积。根据应用环境和温度范围确定冷却液型号。确定电池包冷却系统内，总共使用了多少冷板，其散热能力之和，是对冷却液循环系统的最低要求。

计算得到最大散热能力需求之后，要根据热管理系统架构和控制方式，确定哪些工况的制冷能力需要散热器进行散热实现，哪些工况下的散热能力需要压缩机制冷来实现，从而确定散热器的需求参数，并将电池制冷对压缩机的需求，加入到空调系统设计的压缩机制冷功率需求中，从而完成压缩机的选型。

（2）加热需求计算

低温加热过程中实际进行着两个热传递过程，一个是加热器给电池包加热，另一个是电池包箱体向周围环境散热。在加热过程中，需要分别计算电池包内部各种材质的部件从低温加热至理想温度需要的热量。在散热过程中，当加热器加热，电池包箱体吸热温度上升，同时又在向周边环境散热，这是一个动态散热的过程，高温部分的温度连续上升，低温环境温度维持不变。散热过程主要以两种热传递方式进行：对流传热和热辐射。需要计算电池包部件升温所需全部热量、箱体散发的热量之和，得到加热总体热量。再根据加热时间的具体要求，求得相应加热功率。

（3）水泵选型

水泵的主要功能就是加快冷却液在冷却管道中流动，以促进冷却液循环散热。水泵的选型，首先要计算冷却系统水阻，水阻是冷却水流经各个部件的阻力之和，主要包括水泵、冷却管路、冷板、散热器等。一般根据企业提供的相应零部件水阻测试结果确定。

由上可知，水泵选型主要依据流量和冷却系统水阻，确定水泵扬程。

冷却液循环量可根据冷却系统散热量算出，其计算公式为式（3-26）

$$V_a = \frac{Q_w}{\Delta t_a Y_a C_p} \tag{3-26}$$

式中　Δt_a ——冷却液在电池包循环时的容许温升，℃；

　　　Y_a ——冷却液密度，kg/m^3；

　　　C_p ——冷却液比热容，$J/（kg \cdot ℃）$。

对于高压泵，可以用泵进出口的压力差（$p_2 - p_1$）表示扬程的大小，扬程 H 的计算公式为：

$$H = \frac{10^4 (p_2 - p_1)}{\gamma} \tag{3-27}$$

式中　p_2 ——泵出口的压力，Pa；

　　　p_1 ——泵的进水口压力，Pa；

　　　γ ——泵输送液体的重度，kg/m^3；　$\gamma = \rho g$。

水泵轴功率：

$$N = \frac{\gamma QH}{10^2 \eta} \tag{3-28}$$

（4）散热器选型

散热器的等效面积为：

$$S = \frac{Q_{wm}\varphi}{3.6 K \Delta t_m} = \frac{nQ\varphi}{3.6 K \Delta t_m} \tag{3-29}$$

式中　Q_{wm} ——散热器散发热量，W；

　　　φ ——散热器的储备系数；

　　　K ——散热器的传热系数，$W/(m^2 \cdot k)$，根据液体侧面积进行计算；

　　　Δt_m ——冷却介质对流平均温差，℃。

工程应用中，通常根据散热器空间布置、散热要求等级等选取适合的散热器，散热器散热量要大于电池总的产热功率。

（5）保温方案设计

针对南方夏季高温天气，车辆在长时间高温热辐射作用下，热量会进入到电池箱内部，导致电池箱体内部温度过高。针对北方冬季严寒天气，车辆停放时间较长之后，电池箱体内部温度会快速下降，影响车辆的再次充电和启动；或者在对动力电池系统进行加热过程中，由于电池箱散热速度太快，也会影响加热速度和效果。因此，需要通过保温设计减少外部夏季高温或者冬季低温环境对电池箱内部电池的影响。

通常采用保温材料起到隔热的作用，减少外部环境因素的影响。保温系统通常是配合冷却系统和加热系统完成工作的，优良的保温系统不仅可以提高冷却和加热的效率，而且还可以降低能耗。保温设计主要包括：保温材料选择、箱体保温材料的布置方案设计等。

3.3
电驱动热管理系统

3.3.1　电驱动热管理系统概述

电驱动系统为新能源汽车提供动力，驱动整车适应各种行驶工况，因而需要具备高功率密度、较大范围的输出电压、较强的过载能力、较高工作效率以及良好冷却性能等。电驱动系统由电机和电机控制器等部件构成，其在高功率工作过程中会发出大量的热量。如果这些热量不能及时散去会使驱动系统温度不断升高，制约系统的工作性能、使用寿命和运行的可靠性等。

目前新能源汽车上应用最广泛的电驱动热管理系统方式包括风冷、液冷和油冷三种方式。

① 风冷：是将电机的外壳或散热片暴露在流动的空气中，利用空气的自然对流或强制对流将电机热量带走。具有结构简单、维护方便、成本低等优点，适用于中低功率的电机。在高温、高湿的环境下，风冷方式的效果会受到影响。

② 液冷：液冷系统就是围绕电机布置一条封闭的管道，利用冷却液的流动将电机热量带走，采用循环流道的方式持续对电机散热（图3-17），其中冷却液一般为水和乙二醇混合液（体积分数50%）。液体冷却方式是一种高效的冷却方式，适用于大功率电机和高转速电机。

△图3-17　电机内部液冷系统结构

③ 油冷：是通过将冷却油注入电机的内部，将电机热量带走。油冷方式具有冷却效果好、降温速度快等优点，油冷技术的应用还可以使电机的尺寸更紧凑，降低对部分零件的要求，如轴承、油封，使其设计开发难度及成本大大

降低，让产品更具竞争力。但是需要使用特殊的冷却油，成本较高，维护也不方便。

　　风冷结构简单，成本低，但散热能力差，适用于低功率电机的冷却。驱动电机发展的趋势是高功率和超高转速，以及结构集成化和体积小型化（如驱动电机与减速器结构集成化，HEV上发电机、驱动电机、变速器的结构集成化等）。目前高功率电机主要采用油冷或液冷，液冷电机在电机壳体内有冷却液流道进行冷却，绕组和磁钢与冷却液不直接接触，冷却效果相比油冷电机差。油冷电机，将冷却油直接喷淋到绕组和磁钢上，再将冷却油泵出，这样冷却能力更强，可以满足更大功率输出和更快速功率响应的电机冷却需求，同时电机油冷能够与减速器油冷实现集成化设计，系统集成更有优势，并可显著提升功率密度，被认为是下一代电机冷却系统的代表。

　　电驱动热管理系统包括驱动电机、电机控制器、散热器、水泵、风扇等，如图3-18所示。电驱动热管理系统主要依靠冷却水泵带动冷却液在冷却管道中循环流动，通过在散热器的热交换等物理过程，冷却液带走电机与控制器产生的热量。同时为使散热器热量散发更充分，通常还在散热器后方设置风扇，强制空气对流。

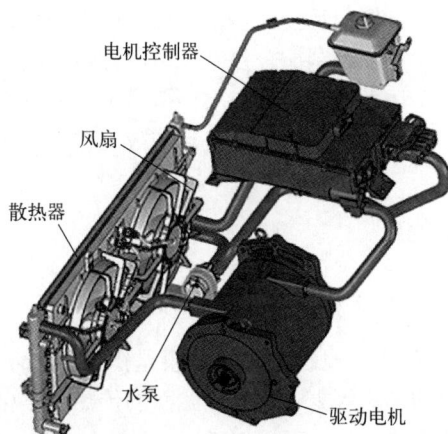

△图3-18　电驱动系统冷却示意图

　　电机和电机控制器是电驱动系统最主要的产热部件，随着电驱动系统的集成化程度越来越高，当电动汽车在恶劣环境和恶劣工况下运行时（如长时间处于爬坡、加速等状态），电驱动系统的温升会更迅速，散热能力要求更高。低温散热器通常位于汽车前端模块的冷凝器之后，在运行时，冷却液从散热器的上水室流入，流入散热器内部的冷却水在散热水管内流动，与散热水管内壁进行换热，内壁吸收热量后传导至水管外壁以及翅片处，与外界大气进行对流换热，从而带走热量。

现有的电驱动热管理系统方案有两种布置形式（图3-19）：一种是电机和控制器并联冷却方案，另一种是电机和控制器串联冷却方案。

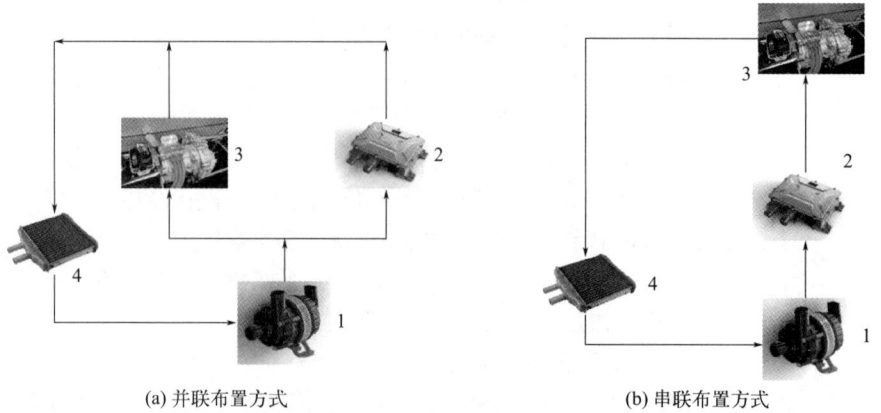

(a) 并联布置方式　　　　　　　　　　　　　(b) 串联布置方式

∧图3-19　电驱动热管理系统布置方式
1——水泵　2——电机控制器　3——驱动电机　4——散热器

其中，并联方案电机和控制器进水温度相同，电机冷却效果较好，但系统管路较多、布置不方便，且接口多，泄漏可能性较大，而且管路阻力加大，沿程损失增加，流量分配控制比较复杂。串联方案结构简单、布置方便，接口较少、可靠性较高，压力沿程损失较小；但是电机的进水温度等于电机控制器的出水口温度，相较于并联方案，电机冷却效果较差。

3.3.2　系统部件匹配选型

（1）电机散热效果和压力损失校核

① 散热效果校核　电机的散热效果是衡量电机水道设计优良与否的重要指标。散热效果的影响因素主要为接触面的传热系数和接触面积。

电机水道的散热量可以通过以下公式计算：

$$Q = hA\Delta T \tag{3-30}$$

式中　Q——散热量，W；

　　h——水道的传热系数，W/(m²·℃)；

　　A——水道的表面积，m²；

　　ΔT——冷却液与水道壁的温差，℃；

传热系数计算公式为：

$$h = Nu \times \frac{\alpha}{d_e} = \frac{0.021 P^{0.8} Pr^{0.43} a(a+b)^{0.2}}{2^{0.2} \tau^{0.8} (\rho c_p)^{0.8} \Delta T^{0.8} ab} \tag{3-31}$$

式中　α——水的导热系数，$W/(K \cdot m)$；

　　　Nu——努赛尔系数；$Nu = 0.021 \times Re^{0.8} \times Pr^{0.43}$；

　　　Pr——水的布朗克常数；

　　　a——水道宽度，mm；

　　　b——水道宽度，mm；

　　　c_p——水的比热容，$J/kg \cdot K$；

　　　ρ——水的密度，kg/m^3；

　　　τ——水的运动黏性系数，m^2/s。

② 压力损失校核　冷却液在水道流动存在水道阻力，会产生压力损失，主要表现为局部压力损失和沿程压力损失，压力损失的大小是衡量水道设计是否合理的一个重要指标。

水道沿程阻力的影响因素有流速、流体流程、截面的尺寸形状等。其计算公式为：

$$h_{沿} = \lambda \frac{Lv^2}{d_e \times 2g} \tag{3-32}$$

式中　g——重力加速度；

　　　λ——沿程阻力系数，当 $2300 < Re < 10^5$ 时，$\lambda = \dfrac{0.3164}{Re^{0.25}}$；当 $10^5 < Re < 3 \times 10^6$ 时，$\lambda = 0.0032 + \dfrac{0.221}{Re^{0.237}}$。电机水道通常满足 $2300 < Re < 10^5$，即 $\lambda = \dfrac{0.3164}{Re^{0.25}}$。

将各参数带入式（3-32），可得沿程阻力：

$$h_{沿} = \frac{0.3164\tau^{0.25} p^{1.75} (a+b)^{1.25} \pi Dl}{2^{2.25} (\rho c_p)^{1.75} (ab)^3 (\Delta T)^{1.75} (a+m)} \tag{3-33}$$

水道的局部阻力主要与水道的结构有关，主要是由水道转角引起的，水道局部阻力系数与转折角度的关系如表3-3所示。

表3-3　局部阻力系数与折弯角度对应关系

$\theta/(°)$	30	40	50	60	70	80	90
ζ	0.2	0.3	0.4	0.5	0.6	0.7	0.8

局部阻力公式：

$$h_{局} = n\zeta \times \frac{v^2}{2g} \tag{3-34}$$

因此水道总阻力公式为：

$$h_{总} = h_{沿} + h_{局}$$ （3-35）

压强计算公式为：

$$p = \rho g h$$ （3-36）

式中 p ——进水口与出水口的压力差，Pa；

   h ——水柱高度，m。

通过以上分析结合电机水道设计参数，可以计算出电机水道的结果。

（2）散热器选型计算

散热器作为汽车冷却系统中重要的部件，其主要作用是将冷却液的热量通过热交换的形式将热量传递到周围空气中，以降低冷却液的温度，使其可以在下一循环中继续工作。

目前车辆上使用最为常见的类型为管带式散热器，其综合散热性能相较于管片式更为突出，通过扁平式水管和波浪形散热翘片整体焊接而成。在相同的条件下，相比于管片式散热器，管带式散热器的散热面积可以增加12%。而且翘片上的圆孔具有扰断气流、提高散热效率的作用。

散热器的技术参数主要包括以下几个：

① 散热面积 S：主要是指芯部的展开面积，此处对进水室和出水室的散热效果忽略不计，其计算公式为：

$$S = \frac{Q_w}{K_R \Delta t}$$ （3-37）

式中 Q_w ——需要散热器散发的热量，kJ/h；

   K_R ——散热系数；

   Δt ——冷却液和冷却空气的平均温差，℃。

$$t = t_w - t_a = \left(t_{w1} - \frac{\Delta t_w}{2} \right) - \left(t_{a1} - \frac{\Delta t_a}{2} \right);$$

式中 t_w ——冷却液的平均温度，℃；$t_w = t_{w1} - \dfrac{\Delta t_w}{2}$；

   t_a ——冷却空气的平均温度，℃；$t_a = t_{a1} - \dfrac{\Delta t_a}{2}$；

   t_{w1} ——散热器的进水温度，℃；

   Δt_w ——散热器冷却液进出口温度差，℃；

   Δt_a ——散热器冷却空气的进出口温度差，℃。

② 散热系数 K_R：单位外部空气流量所能带走的热量，主要影响因素为散热器的材料、管带型式、外形尺寸。其计算公式如下：

$$K_R = \cfrac{1}{\cfrac{1}{h_w} + \cfrac{\delta_c}{\lambda_c} + \cfrac{1}{h_a}}$$ （3-38）

式中　h_w ——冷却液与壁面的传热系数，$W / (m^2 K)$ ；

　　　h_a ——空气与壁面表面的传热系数，$W / (m^2 K)$ ；

　　　δ_c ——铝制散热管壁厚，mm ；

　　　λ_c ——散热管导热系数，$W / (m^2 K)$ 。

　　③ 散热器迎风面积 S_R ：即为散热器正面积，其计算公式为：

$$S_R = \frac{V_a}{u_a}$$（3-39）

式中　V_a ——空气需求量，m^3 ；

　　　u_a ——散热器正面空气流速，m / s 。

　　④ 散热器水管数 i ：散热器芯部扁平型水管的数量，其计算公式为：

$$i = \frac{V_w}{\mu_w f}$$（3-40）

式中　f ——单根水管的截面积，m^2 ；

　　　μ_w ——冷却因为在水管中的流速，m / s ；

　　　V_w ——冷却液的循环量，m^3 / s 。

（3）散热风扇选型计算

在新能源汽车冷却系统中冷却风扇发挥着至关重要的作用，它是保证电机正常工作必不可少的部件。其主要功能是加速散热器的热交换过程，促进散热。风扇的选型是指在冷却系统的总体设计中，根据电机及其控制器的产热功率，以及对冷却系统的散热需求，对散热风扇进行选型，使其性能、功耗、可靠性、经济性等与冷却系统乃至整车相匹配。

散热风扇的技术参数主要包括以下几个：

　　① 风量 V_a ：单位时间内风扇所能输出的体积风量，其计算公式为：

$$V_a = \frac{Q_w}{3600 \Delta t_a r_a c_p}$$（3-41）

式中　V_a ——风量，m^3 / s ；

　　　Q_w ——电机及控制器的产热量，kW ；

　　　r_a ——空气重度，kg / m^3 ；

　　　c_p ——空气定压比热容，$kW / (kg \cdot ℃)$ ；

　　　Δt_a ——进出散热器的空气温度差，$℃$ 。

　　② 静压 P_{st} ：风扇克服系统中空气流动阻力的能力，即风扇所消耗的功率，其计算公式为：

$$P_{st} = \Delta P_R + \Delta P_f$$（3-42）

式中　ΔP_R——散热器风阻，Pa；

　　　ΔP_f——散热器外的风道阻力，Pa。

③ 风扇直径 D：风扇外径，即风扇最边缘离风扇旋转轴线之间的距离，其求值公式：

$$D = \sqrt{\frac{2S_R}{\pi(1-s^2)}} \tag{3-43}$$

式中　S_R——散热器迎风面积，m^2；

　　　s——风扇轮毂比。

（4）水泵选型计算

水泵的性能参数主要有流量和扬程（压头）。

① 流量 V：单位时间内，水泵输出的液体体积，其计算公式为：

$$V = \frac{Q_w}{C_w \Delta t_w} \tag{3-44}$$

式中　V——水泵流量，L/min；

　　　Q_w——电机及控制器的产热量，kW；

　　　C_w——水的比热容，kJ/（kg·℃）；

　　　Δt_w——流经电机及其控制器时冷却液温差，℃。

② 扬程 H：单位质量冷却液经水泵加压后得到的能量，又称压头。主要用于克服冷却液在流通过程中的阻力及提供必要流速。虽然水泵自身的扬程可以借助流体力学里面的经验公式计算求得，但是由于冷却系统水道的复杂性，因此在选择扬程时通常参考经验和试验进行估算。

3.4
发动机热管理系统

3.4.1　发动机热管理系统概述

发动机热管理系统一般也称为发动机冷却系统。通过冷却系统调节发动机热状态是传统内燃机车辆主要的热管理方式。发动机冷却系统的诞生之初是为了带走多余的发动机热量，保证其运行安全，但如今其已不再以冷却发动机为唯一目标，而成为一个兼顾车辆运行需求、排放法规及用户使用需求的综合性系统，影响着发动机的动力性、经济性、排放性、可靠性及乘员舱的温度及噪声。

发动机冷却系统的核心功能是散去发动机因燃烧和摩擦所产生的热量，降低燃烧室的温度。发动机气缸内燃烧气体的温度最高可达2500℃，与高温气体直接接触的气缸壁、气缸盖、活塞、气门等零部件，随着吸收热量而过度增高，其工作状态将受到极大影响。当发动机温度超过其适宜温度范围时，称为发动机过热，即冷却不足。在这种情况下，气缸内零部件可能因受热膨胀过大而破坏正常的配合间隙，严重时运动零部件会出现卡死现象；气缸壁的润滑油膜因高温而遭到破坏，使得机油易变质。发动机过热，使气缸的充气效率下降、工作过程恶化等，导致发动机动力性、经济性、排放性能等下降。当发动机温度过低时，称为发动机过冷，即冷却过度。在这种情况下，发动机的热效率可能会降低，造成热损失，不利于可燃混合气的形成和燃烧同时因机油黏度大而造成供给不足。发动机过冷会产生与发动机过热相近的结果。因此，要确保发动机在任何负载条件下都能工作在许用温度范围以内，既不能过热，也不能过冷。

为了满足日益增长的发动机热管理需求，冷却系统结构也变得愈加复杂，如分体式冷却、多回路及多级冷却等。发动机冷却系统按冷却介质的不同，可分为水冷系统和风冷系统。

① 水冷系统如图3-20所示，水冷系统是通过冷却液在发动机水套中循环流动而吸收多余的热量，再将此热量散入大气而进行冷却的一系列装置。水冷系统因冷却强度大、易调节、便于冬季启动，而广泛用于汽车发动机上。采用水冷系统时，气缸盖内冷却液的温度应保持在80～90℃范围内，气缸壁的温度则应在197～277℃范围内。

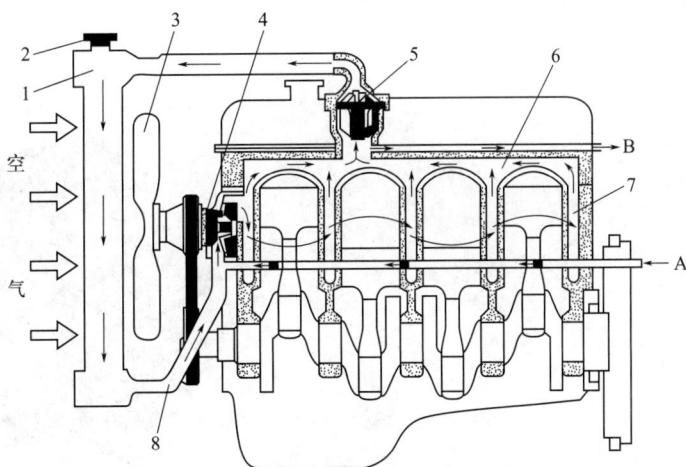

⌃图3-20 发动机水冷系统示意图

1—散热器；2—散热器盖；3—风扇；4—水泵；5—节温器；6—气缸盖水套；7—气缸体水套；
8—散热器出水软管；A—自暖风机出口；B—至暖风机进口

② 风冷系统如图3-21所示，风冷系统是将发动机中高温零件的热量，通过装在气缸体和气缸盖表面的散热片直接散入大气中而进行冷却的一系列装置。由于其散热效果差、噪声大、功耗大等，因此仅用于部分小排量及军用汽车发动机。缸体和气缸盖的允许温度分别为150～180℃及160～200℃。

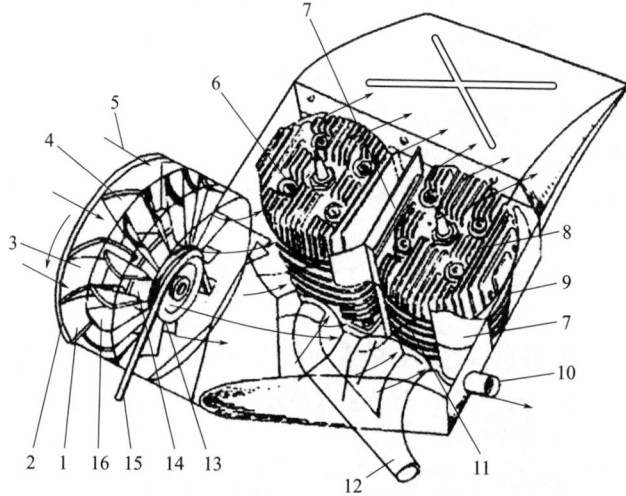

^图3-21　发动机风冷系统示意图

1—风扇；2—风扇壳体；3—风扇导流定子；4—风扇导流叶片；5—冷却空气；6—气缸盖；
7—导风板；8—气缸盖散热片；9—气缸体散热片；10—热风出口；11—气缸体；12—排气歧管；
13—风扇带轮；14—风扇叶轮；15—风扇平带；16—风扇叶片

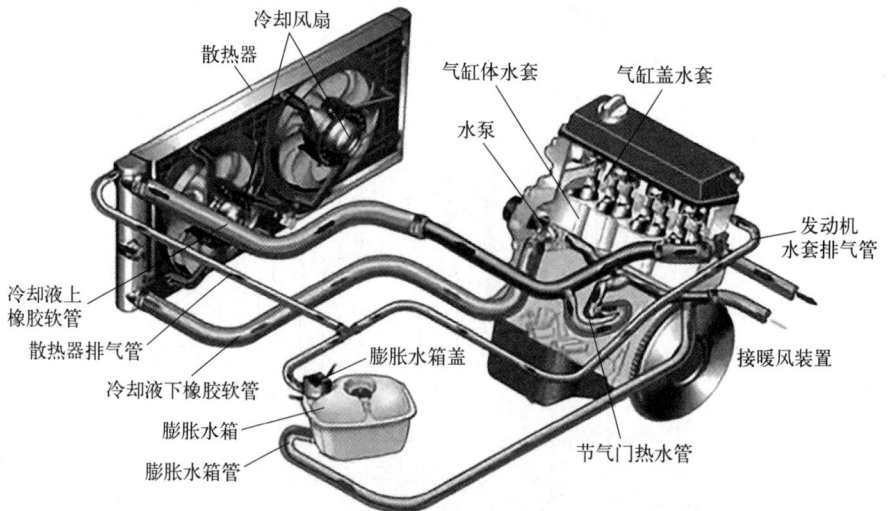

^图3-22　发动机强制循环式水冷系统

目前汽车发动机上普遍采用强制循环式水冷系统,如图3-22所示,主要由水泵、散热器、膨胀水箱、冷却水管、冷却风扇、气缸盖水套和气缸体水套等组成。随着发动机和整车技术的日新月异,发动机冷却系统包含的构件越来越多,EGR系统、暖风系统等也成为了冷却系统的组成部分。

在强制循环冷却系统中,发动机的气缸盖和气缸体中都铸有相互连通的水套,冷却液在水泵的作用下压力升高,流经气缸体及气缸盖的冷却水套而吸收热量,然后沿管路流入不同路径的封闭循环通路。此外利用汽车行驶的速度及风扇的强力抽吸,而使空气流体由前向后高速通过散热器,不断地将流经散热器的高温冷却液的热量散到大气中去而使冷却液温度下降。冷却后的冷却液流至散热器的另一侧后,被水泵再次压入发动机的水套中,如此循环而将发动机工作时产生的大量热量不断带走,保证发动机正常工作。

如果发动机的使用工况(如转速、负荷和环境温度等)发生变化,发动机冷却系统的散热能力必须随之改变,以保证发动机总是在适宜的温度状况下工作。发动机冷却系统散热能力调节的方式一般有两种:冷却液流量调节和空气流量调节。冷却液流量调节是通过改变流经散热器内的冷却液流量来加以调节的,空气流量调节则是通过改变流经散热器芯部的空气流量来加以调节的。

① 冷却液流量调节 冷却液流量调节是通过节温器来控制的,如图3-23所示,节温器安装在发动机气缸盖水套出口处,节温器如同冷却液流动路径上的阀门,控制着两条冷却液流动通道,一条通往散热器,另一条直接通往水泵的入口。当发动机冷启动时,冷却液温度低,为使发动机迅速达到适宜的温度,节温器将通往散热器的通道关闭,开启通往水泵入口的通道,使冷却液不流经散热器,而经旁通管流入水泵入口。这样,冷却液在发动机水套—节温器—水泵—水套之间循环,这种循环称为冷却液小循环。当发动机冷却液温度

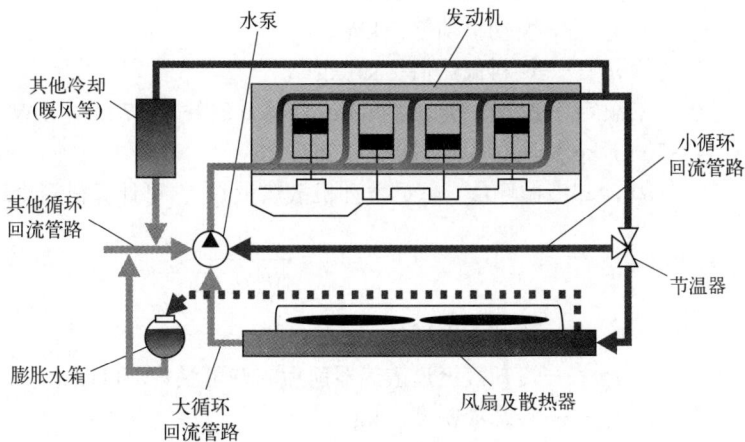

∧图3-23 发动机冷却液流量调节示意图

升高到一定值时，节温器关闭直接通往水泵入口的通道，将通往散热器的通道逐渐开启，使冷却液流经散热器冷却。此时，冷却液在发动机水套—节温器—散热器—水泵—水套之间循环，这种循环称为冷却液大循环。

② 空气流量调节 控制空气流量的方式有两种，一种是通过安装在散热器前端的百叶窗来调节空气流经散热器芯部的面积，另一种是利用风扇来加速空气的流速。在发动机冷启动或环境温度较低时，部分或全部关闭百叶窗，减少或遮挡散热器芯部的通风面积，以利于冷却液温度迅速上升或保证发动机在适宜的温度范围内工作。风扇用来加速流经散热器芯部的空气流速，从而降低冷却液温度。

3.4.2 发动机热管理系统设计

发动机热管理系统由冷却液循环系统和空气流通系统组成，散热器、冷却风扇和水泵是两个系统的核心部件，因此，冷却系统的设计主要是为了合理匹配散热器、冷却风扇和水泵，以达到散热要求。

（1）发动机冷却系统需求

① 发动机散热量 发动机散热量虽然可由2.2.1小节发动机产热原理中的公式计算，但实际由于受太多不确定因素的影响，在设计初期准确计算散热量非常困难，我们可根据下列经验公式估算。

$$Q_w = \frac{Ag_e N_e h_n}{3600} \tag{3-45}$$

式中 Q_w ——发动机散热量，kW；

     A ——发动机散热量占燃料热能的百分比；

     g_e ——发动机燃料消耗率，$kg \cdot kW^{-1} \cdot h^{-1}$；

     N_e ——发动机功率，kW；

     h_n ——燃料低热值，$kJ \cdot kg^{-1}$。

在额定工况时，柴油机的 g_e 可取 $0.21 \sim 0.27$ kg· $kW^{-1} \cdot h^{-1}$，h_n 可取 41870 $kJ \cdot kg^{-1}$，A 可取 $0.18 \sim 0.25$。

② 冷却液循环量 依据发动机散热量 Q_w，可计算得到冷却液循环量 V_w：

$$V_w = \frac{Q_w}{\Delta t_w \rho_w c_{pw}} \tag{3-46}$$

式中 V_w ——冷却液循环量，$m^3 \cdot s^{-1}$；

     Δt_w ——冷却液流过散热器前后的许可温差，可取 $6 \sim 12℃$；

     ρ_w ——冷却液密度，$kg \cdot m^{-3}$；

     c_{pw} ——冷却液比热，$kJ \cdot kg^{-1} \cdot ℃^{-1}$。

③ 冷却空气需求量　依据发动机散热量 Q_w，可计算得到冷却空气需要量 V_a：

$$V_a = \frac{Q_w}{\Delta t_a \rho_a c_{Pa}}$$ （3-47）

式中　V_a——冷却空气需求量，$m^3 \cdot s^{-1}$；

　　　Δt_a——冷却空气流过散热器前后的温差，可取 $10 \sim 30℃$；

　　　c_{Pa}——冷却空气定压比热，$kJ \cdot kg^{-1} \cdot ℃^{-1}$；

　　　ρ_a——冷却空气密度，$kg \cdot m^{-3}$。

（2）冷却系统核心部件选型

① 散热器选型　根据冷却空气需要量 V_a，可计算得到散热器芯子正面积 F_R：

$$F_R = \frac{V_a}{v_a}$$ （3-48）

式中　F_R——散热器正面积，m^2；

　　　v_a——散热器正面的冷却风速，可取 $8 \sim 10 \ m \cdot s^{-1}$。

根据发动机散热量 Q_w，可计算得到散热器散热面积 F：

$$F = \frac{Q_w}{K \Delta t}$$ （3-49）

式中　F——散热器散热面积，m^2；

　　　K——散热器传热系数，可取 $0.069 \sim 0.117 \ kJ \cdot S^{-1} \cdot m^{-1}$；

　　　Δt——平均液气温差，℃。

$$\begin{cases} \Delta t = t_w - t_a \\ t_w = t_{wl} - \Delta t_w \div 2 \\ t_a = t_{al} + \Delta t_a \div 2 \end{cases}$$ （3-50）

式中　t_w——冷却液平均温度，℃；

　　　t_a——冷却空气平均温度，℃；

　　　t_{wl}——散热器进水温度，可取 $98 \sim 102℃$；

　　　t_{al}——散热器进风温度，可取 $40 \sim 45℃$。

根据散热器散热面积 F 和正面积 F_R，可通过式（3-51）得到散热器芯子厚度 l_R：

$$l_R = \frac{F}{F_R \varphi}$$ （3-51）

式中　l_R——散热器芯子厚度，m；

　　　φ——散热器散热面积与芯子体积的比值，决定于芯子的结构设计，一般 φ 可取 $500 \sim 1000 \ m^2 \cdot m^{-3}$。

② 冷却风扇选型　风量和风压是衡量风扇气动性能的两个主要参数，与风扇外径、转速、叶片结构以及叶片数等因素有关。

风扇的扇风量 V_f 可依据冷却空气需要量 V_a 计算得到：

$$V_f = \frac{V_a}{\eta_f} \tag{3-52}$$

式中　V_f——风扇的扇风量，$m^3 \cdot s^{-1}$；

η_f——风扇容积效率，一般可取 $0.7 \sim 0.9$。

由于散热器芯子结构复杂，冷却空气流经散热器时会产生较大压降。为使冷却空气以一定速度流经散热器，风扇应提供冷却空气足够的压力，来抵消流通系统的阻力。空气流通系统阻力 Δp 决定风扇的风压 Δp_f。一般 $\Delta p_f = (1.5 \sim 2)\Delta p$。而 Δp 可由式（3-53）计算得到：

$$\Delta p = \Delta p_R + \Delta p_l \tag{3-53}$$

式中　Δp——空气流道阻力，Pa；

Δp_R——空气流过散热器的阻力，Pa；

Δp_l——除散热器以外的所有空气流道阻力，一般 $\Delta p_l = (0.4 \sim 1.1)\Delta p_R$。

3.4.3　发动机排气余热回收系统介绍

排气余热回收系统（exhaust heat recovery system，EHRS）既可以提高发动机的热效率，又可以改善整车的油耗和排放，是适应全球碳排放形势下的一种新的技术路线。目前汽车行业内对排气余热的利用有3种不同技术路线，分别是热导热技术、热导电技术（TEG）和有机郎肯循环技术（ORC）。热导热就是发动机排出的废气余热直接以热量的形式回收利用，也就是EHRS。热导电技术是利用塞贝克效应实现温差发电，当半导体两端有温差时，就会产生载流子，从而产生电能。有机朗肯循环是使用低沸点有机物为工质的朗肯循环，有机工质从尾气余热流中吸收热量，生成具有一定压力和温度的蒸汽，它的能量有两种输出形式，一种是将热能转化成机械能，另外一种是把机械能转化成电能输出。

虽然通过热电发电机直接将排气余热转化成电能已经开始应用于汽车行业，但此种方法热电转化效率低且成本高，使得它的投入和产出可能不成正比，到目前为止，大多数处于试验之中。有机朗肯循环的效率也比较低，目前主要在商用车上应用，如图3-24所示为马勒开发的eWHR电动废热回收系统。

车辆在冷启动条件下，车辆所排放的尾气状况非常恶劣，尤其是碳氢化合物（HC）的排放。排气余热经过冷却液以热量的形式带回发动机，就可以加快发动机暖机，有效降低油耗和排放。如果回收的热量用作座舱取暖，则可以

∧图3-24　马勒eWHR电动废热回收系统

迅速提高乘员舱的温度，改善整车的采暖舒适性。EHRS技术直接利用排气余热，其回收效率高，同时结合成熟且应用广泛的热交换器来回收排气余热，装置简单、轻便，极大地降低它的应用难度。如图3-25为博格华纳废热再回收系统（EHRS），博格华纳宣称EHRS会提高燃油效率达8.5%（冷车阶段），除了提高燃油效率和减少机械损失外，该技术还可进一步减少NOx、CO_2等排放物，显著降低尾气排放。鉴于汽车的废气余热能量占总能量比例很大，而且面对未来越来越严苛的汽车排放和油耗法规，汽车排气余热回收系统将会有广阔的应用市场。

∧图3-25　博格华纳废热再回收系统

参考文献

[1] 曹晓玉. 考虑整车运行工况的电动汽车空调控制策略研究[D]. 西安：长安大学，2020.

[2] 布皓冉. 某型纯电动乘用车整车热管理系统制冷控制策略研究[D]. 长春：吉林大学，2021.

[3] 周英杰. 电动汽车冬季负荷及制热调节特性研究 [D]. 合肥: 合肥工业大学, 2020.

[4] 韩光杰, 梁永林, 陶莹, 史正玉. 平行流冷凝器的设计计算 [J]. 汽车实用技术, 2017(10): 20-22.

[5] 靳永言. 汽车空调两器（冷凝器与蒸发器）与系统的建模与仿真 [D]. 西安: 长安大学, 2019.

[6] 王豪卓. 乘用车空调冷负荷计算及系统冷量校核模型研究 [D]. 上海: 东华大学, 2022.

[7] 王群. 液冷式电池热管理系统关键零部件设计和热管理策略研究 [D]. 重庆: 重庆理工大学, 2021.

[8] 张雷. 纯电动客车驱动电机冷却系统匹配及控制策略研究 [D]. 长春: 吉林大学, 2018.

[9] 朱彩帆. 发动机冷却系统匹配设计与性能优化 [D]. 镇江: 江苏大学, 2017.

[10] 姚仲鹏, 王新国. 车辆冷却传热 [M]. 北京理工大学出版社, 2001.

[11] 金磊. 重型商用车柴油发动机冷却系统数字建模及试验验证 [D]. 上海: 上海交通大学, 2010.

[12] 邵耀宗. 汽车冷却系统散热能力的计算: "河南省汽车工程科技学术研讨会" [C]. 2015.

第 4 章

新能源汽车集成热管理系统设计

NEV New Energy Vehicles

4.1

纯电动汽车热管理系统

4.1.1 独立式热管理系统

纯电动汽车的热管理系统主要包含三部分：空调系统、电机电控热管理系统和电池热管理系统，分别用于保障座舱内部、电机和电池处于一个适宜的温度，各个系统之间处于相对独立的状态，具体结构原理如图4-1所示。

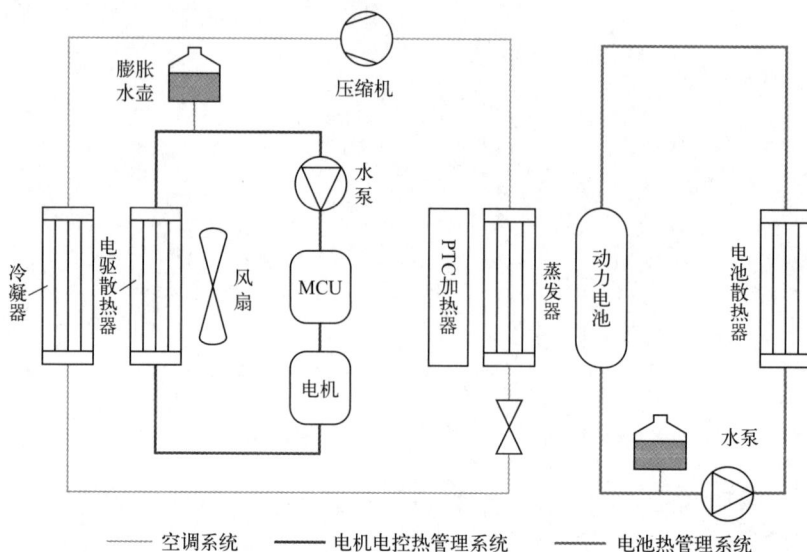

∧图4-1 纯电动汽车独立式热管理系统

纯电动汽车的空调系统与传统燃油车空调系统工作原理类似，主要差异在制冷系统中压缩机的驱动方式和供暖系统中暖风来源这两个方面。新能源汽车没有发动机可持续驱动空调压缩机的运行，因此使用电动压缩机替代传统机械式压缩机，并通过消耗动力电池的车载电能进行驱动。供暖系统一般通过采用电加热的PTC作为热量来源，主要有PTC空气加热器和PTC水加热器两种方案。采用PTC空气加热器时，其直接取代了传统燃油车上的暖风芯体，冷空气在流经加热器表面时被加热，这种方案成本相对比较低廉，但PTC直接接入乘员舱内存在一定的安全隐患。采用PTC水加热器方案时，其不仅保留了传统空调的暖风芯体，还外接了一套PTC加热循环回路，工作时PTC加热器先将冷却液进行加热，加热后的冷却液流入暖风芯体与冷空气进行换热。整套回路安全性相对较高，但同时也增加了 PTC、水泵管路等零部件。

电机电控热管理系统与燃油车的发动机冷却系统十分相似，主要包括电动水泵、散热器、冷却风扇、膨胀水壶和管路等零部件。一般会根据车内的电子功率器件（如电机控制器、DC/DC 转换器等）和电机的温度特性进行位置排布，并串联在一个回路之中。

早期的纯电动汽车电池能量密度相对较低，电池热管理系统普遍采用自然风冷和强制风冷技术，如日产聆风、丰田普锐斯、比亚迪 E6 等车型电池组均采用风冷形式。风冷技术具有成本低、系统结构简单的优势；但风冷技术存在散热能力低、集成性差，难以实现电池包预热的劣势。随着新能源汽车电池容量和能量密度的提高，产热量也逐渐增加，对于电池温控性能有了更高的要求，风冷方式已基本无法满足散热需求，因此液冷系统应运而生。

液冷系统主要包括电子水泵、换热器、电池散热板、PTC 加热器、补偿水箱等零部件。在液冷系统下，电池热管理系统不仅增加了加热功能，同时还可以通过增加换热器与空调制冷循环组合，利用制冷剂将电池的热量带走。

早期的新能源汽车通常采用传统的独立式热管理系统，即电池热管理系统、电机电控热管理系统和空调系统回路相互独立，各自拥有独立的温控系统和管路系统。然而，这种分散式结构存在着一些问题：

① 能量利用效率低：由于各个系统之间独立运作，可能会出现某一系统在加热的同时另一部件或系统在散热，导致能量利用不充分。

② 集成度低：系统结构分散、管路复杂、零部件众多，导致成本较高。

为了克服独立式热管理系统的缺点，集成式热管理系统应运而生。这种系统通过利用多通道阀门或管路，将电池热管理系统、电机电控热管理系统和空调系统中的一些或全部回路连接起来，形成一个大循环回路。其特点包括以下几个方面。

① 高集成度：减少了管路和零部件的数量，系统结构简化，但控制逻辑更为复杂，从而提高了集成度。

② 精细的热量管理：利用热管理控制器根据各部件的温控需求，控制相关部件的开启或关闭，改变循环回路，从而实现对热量的精细管理，减少能量浪费。

4.1.2　集成式热管理系统

（1）电机余热回收系统

电机在工作时会产生热量，虽然电机产生的热量不像发动机那么多，但是其热量可以用来加热电池或座舱，实现余热的回收和利用，有效增加整车续驶里程。

① 采用换热器的电机余热回收系统　在独立式热管理系统中，由于电池热管理回路和电机电控热管理回路相互独立，为了实现电机余热回收加热电池，可以将电池热管理回路与电机电控热管理回路通过换热器进行集成，通过换热器将电机的热量传递给电池，实现对电池的加热功能，具体结构原理如图4-2所示。该结构实现比较简单，只需要在电机电控热管理回路和电池热管理回路之间增加一个换热器就可以，不需要对原有的热管理结构做较大改动，控制也较为简单。缺点是电机热管理回路与电池热管理回路之间的热量传递，是通过两种不同温度的液体在换热器中的热传导来实现，换热效率较低，热量传递速度较慢，而且存在一定的热量损失，没有充分利用电机余热。

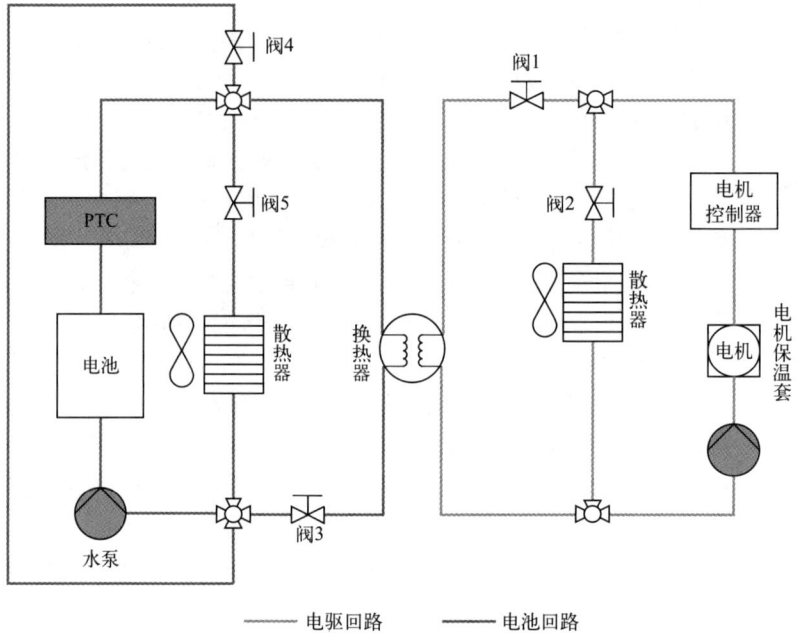

△图4-2　采用换热器的电机余热回收系统结构原理图

② 采用四通阀的电机余热回收系统　为实现电机余热的更高效回收和利用，可采用四通阀将电机电控热管理回路和电池热管理回路进行连接，这样吸收了电机电控系统热量的冷却液可以直接进入电池热管理回路，从而实现对电池包的加热，具体结构原理如图4-3所示。在低温环境下需减少对外换热，故增设三通比例阀用于调整冷却液流经散热器的比例。在电池包不需要进行加热时，电机电控热管理回路热量通过前端模块的电机散热器总成实现散热需求；电池包需要加热时，冷却液将电机电控系统的热量带出，并流经电池热管理回路。若热量不足，还可通过PTC进行辅助加热。

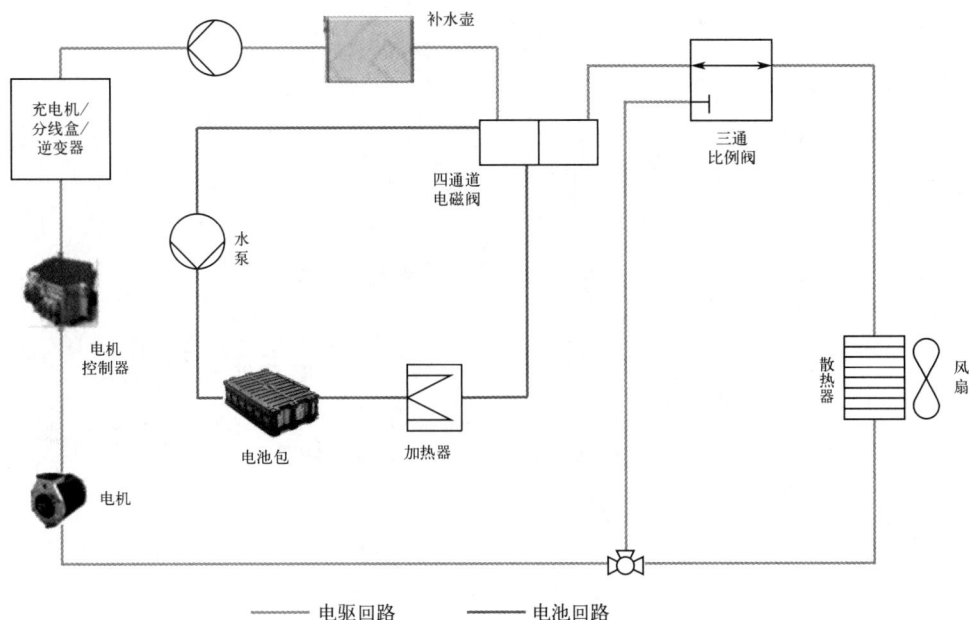

図4-3　采用四通阀的电机余热回收系统结构原理图

该余热回收架构具有如下优点：a. 电机电控热管理系统和电池热管理系统采用的均为50%的乙二醇与水混合的冷却液，四通阀简化了管路系统，且在余热回收模式下仅使用一个水泵，减少了系统能耗。b. 增加三通比例阀，能够根据电池包温度调整冷却液流经散热器的流量，降低热量损失，有利于提高系统的余热回收利用率。

③ 电机余热回收同时加热电池和座舱　电机余热除了可以用于加热电池，也可以用来加热座舱。小鹏P7采用四通阀结构实现了电机、电池和座舱热管理回路的集成，可以实现电机余热加热电池、电机电池余热加热座舱的功能，具体结构原理如图4-4所示。该方案使用了一体化储液罐设计，即电机、电池、座舱热管理回路三者的膨胀水壶一体化设计，变为一个膨胀水壶总成，减少了零部件数量，降低了成本。同时这种设计也使得余热能够循环利用，其通过一个四通阀将电机热管理系统与电池热管理系统串接，利用电机余热加热电池，降低系统能量损失。虽然该方案利用电机电池余热对座舱进行加热，但它仍保留了水暖PTC对座舱进行加热的功能，在没有电机和电池余热时，仍能很好地实现座舱加热。

④ 电机堵转发热技术　电机堵转发热技术是指在有加热需求时，通过主动控制驱动电机让其降低输出效率，并使电机产生的热量为有需求区域提供辅热的技术。该技术主要应用于需要为动力电池提供快速加热的环境场景中，例如在动力电池有充电需求时，通过系统的热量管理让电池提前预热以进入最佳

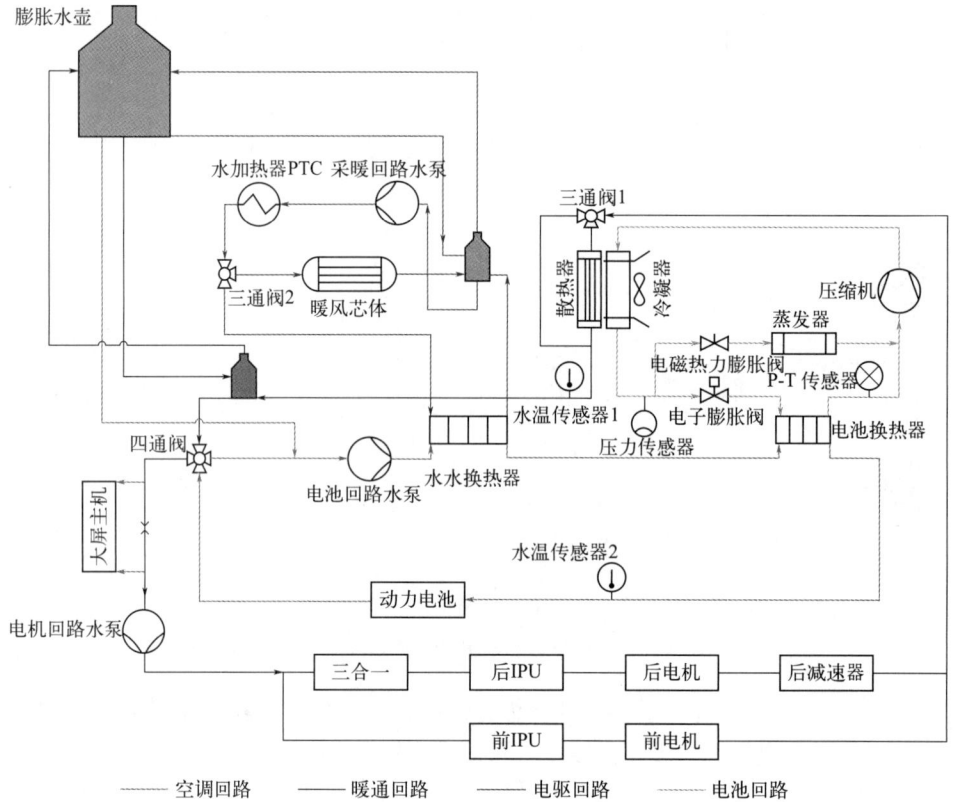

◇图4-4 电机余热回收同时加热电池和座舱结构原理

充电温度，以及在低温环境中行车时，采用电机堵转技术，以电机线圈绕组的阻丝为发热源，通过冷却液将产生的热量传递给动力电池，以实现为电池快速加热并让其进入正常工作温度的目的。

这里的电机堵转并不是把电机转子用物理的方式堵住，使其停止转动，而是在加大电流的同时保持电机转速不变。一般来说当电流加大时电机功率也会更大，导致电机效率更高，但可以通过控制电流的 d、q 矢量强度强行降低电机效率。电流 I 可以根据 Park 变换分成 i_d 和 i_q 两个矢量方向的分电流。通过分配 i_d 和 i_q 的大小，在降低等效电流值（$i_d^2+i_q^2$）的同时保持或者加大电机中的电流强度（I），使得电机效率相对降低但是提升发热量（$Q=I^2R_t$）。

借助电机堵转技术，就可以取消电池包中的PTC，从而降低电池热管理系统的成本，同时减少整车能耗，增加续航里程。

⑤ 采用热池的余热回收系统　以上余热回收系统，都是对电机电池热量的直接转移和利用，但是考虑到座舱和电池加热需求与电机和电池产热时刻，并不是完全对应的，如果两者刚好同时发生，以上系统结构可以很好地实现热

量的回收和利用，如果两者具有时差，就只能将多余的热量散失到空气中，不能实现能耗的最优化。因此有研究采用热池将多余的热能进行存储，并在需要的时刻释放出来，这有助于实现更好的能量利用效率。采用热池的余热回收系统结构原理如图4-5所示。

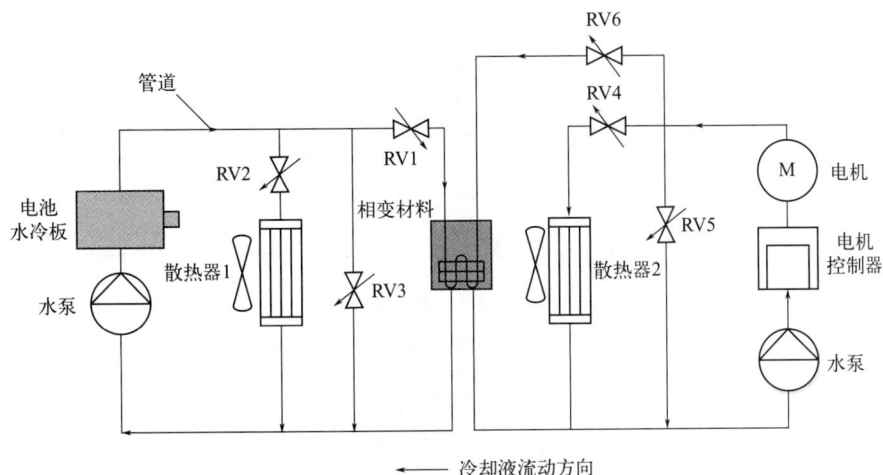

⌃图4-5　采用热池的余热回收系统结构原理

电池热管理系统和电机电控热管理系统通过热池进行耦合。常温时可利用热池通过相变材料吸热给电池进行散热，而当相变材料处于融化状态或者电池温度过高的情况下，则可以利用散热器给电池进行散热。低温时可将储存在热池中相变材料里的热量释放出来给电池加热，或将相变材料当作介质，将电机的热量传递给电池。

（2）电池冷媒直冷系统

为了实现对电池更好的温度控制，越来越多的厂家开始使用冷媒直冷技术。直冷（制冷剂直接冷却），是利用制冷剂（R134a等）蒸发潜热的原理，在电池中建立空调系统，将空调系统的蒸发器安装在电池系统中，制冷剂在蒸发器中蒸发并快速高效地将电池系统的热量带走，相比冷却液而言换热效率可提升三倍以上。

如果电池是液冷形式，引入空调系统中的冷媒，在膨胀阀处节流并蒸发，吸收动力电池热管理回路的热量，达到散热降温目的。如图4-6所示，电池温度过高需要冷却时，电池通过冷板与冷却液进行换热，加热后的冷却液被电子水泵送入换热器内，换热器内部一侧通入制冷剂，另一侧通入冷却液，两者在换热器内充分换热，热量被制冷剂带走，冷水流出换热器再流入电池，形成一个循环。而当电池需要加热时，制冷回路被关闭，PTC加热器打开，冷却液被加热后送入电池内部通过冷板对电池进行加热。

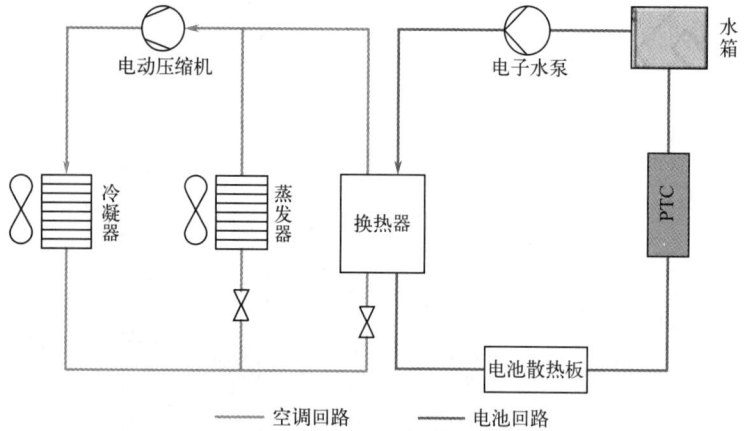

∧图4-6 电池冷媒直冷系统结构（电池冷板）

以上冷媒对电池热管理系统中的冷却液进行冷却，冷却液再冷却电池包，属于二次冷却，效率较低。如果冷媒直接对电池进行冷却，冷却效果更好更直接。如图4-7所示为比亚迪DM-i超级混动技术采用的直冷方案，其将冷媒管道连接至电池包直冷板，冷媒在电池包直冷板中蒸发，由液态变为气态，达到冷却目的。这种结构相比液冷更加简洁，有利于降本和轻量化，但内部压力高达三四百千帕，冷却板内毛细管路长，对技术要求高。而且温降时间短，温度下降速率很快，控制难度较大。

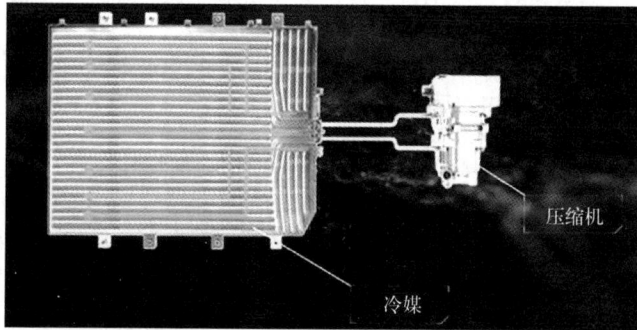

∧图4-7 冷媒管道连接至电池冷板

（3）基于热泵空调的集成热管理系统

PTC直接消耗电能进行采暖，其电能利用能效比小于1，电能的大量消耗会对续航里程产生较大影响。因此，为提高座舱空调能效比，热泵在座舱空调中逐步得到关注和应用，这加速了新能源汽车热管理系统集成化的趋势。

① 热泵空调 +PTC　面对严寒工况,传统的氟利昂类热泵制热量骤减,制热能力受限,难以满足座舱供暖需求,因此进一步发展出了热泵空调 +PTC 的热管理系统结构形式,以提升空调的低温性能。结构原理如图4-8所示。

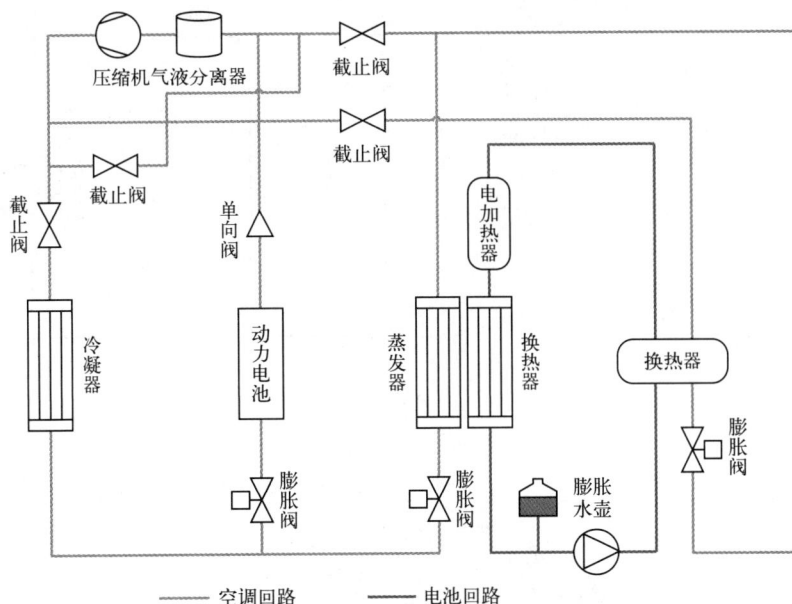

∧图4-8　热泵 +PTC加热座舱结构原理

热泵空调一定程度上解决了PTC能耗高的问题,而热泵 +PTC 的方案又弥补了热泵低温效率低的缺陷。不同空调技术路线对比如表4-1所示。新能源汽车空调的发展趋势是高效地解决乘员舱舒适性需求,并与三电系统的精确温度管理进行深度耦合。未来,新能源汽车空调将朝着更加集成化的程度发展,进一步提升效率、降低能耗。

表4-1　不同空调技术路线对比

制热方式	优点	缺点
PTC加热	结构简单,加热温度高,成本低	对续航里程有较大影响
普通热泵	制热效率高、节能效果明显、提高续航能力	低温环境效率低
热泵 +PTC	利用PTC辅助加热,低温性能较好	系统更复杂,能耗较普通热泵增加

电动汽车热泵空调可分为直接式热泵系统(图4-9)和间接式热泵系统(图4-10)。在直接式热泵系统中,车内换热器取代了传统的暖风芯体,来自压缩机排气的高温高压制冷剂与舱内循环空气进行热量交换。间接式热泵空调系统将空调箱内部冷凝器拿掉,将其布置在机舱内,我们称之为外部板式换热器。

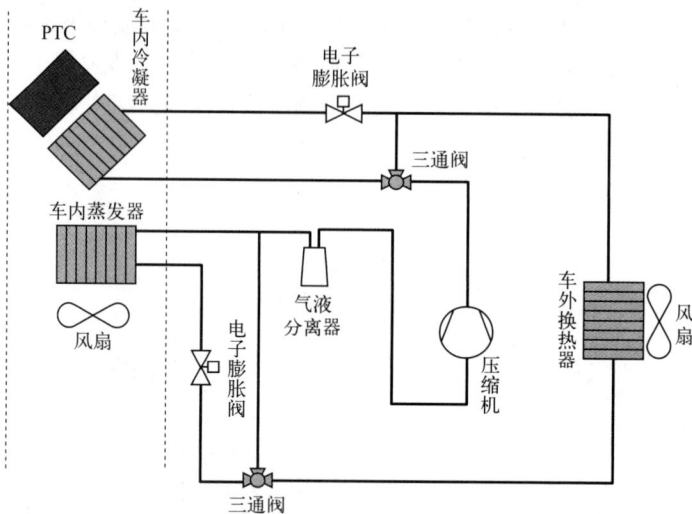

△图4-9　直接式热泵系统

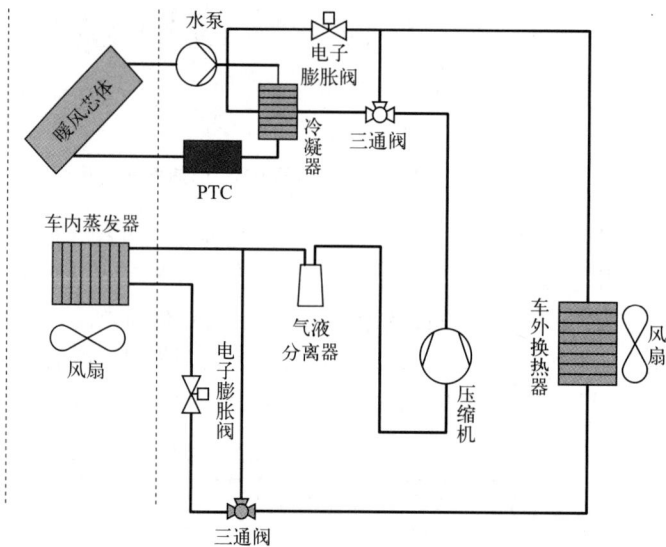

△图4-10　间接式热泵系统

　　补气增焓直接式热泵空调系统是指压缩机采用两级节流中间喷气技术，采用闪蒸器进行气液分离，实现增焓效果。它通过中低压时边压缩边喷气混合冷却，然后高压时正常压缩，提高压缩机排气量，达到低温环境下提升制热能力的目的。具体原理如图4-11所示。补气增焓技术的压缩机多了一个吸气口，通过产生蒸汽来冷却主循环的制冷剂，蒸汽从第二个吸气口进入压缩机，其压缩过程被补气过程分割成两段，变为准二级压缩过程。补气降低排气温度，同时降低其排气过热度，减少冷凝器的气相换热区的长度，增加两相换热面积，提高冷凝器的换热效率，蒸发温度和冷凝温度相差越大越会产生好的效果，所以在低温环境下效果更明显。

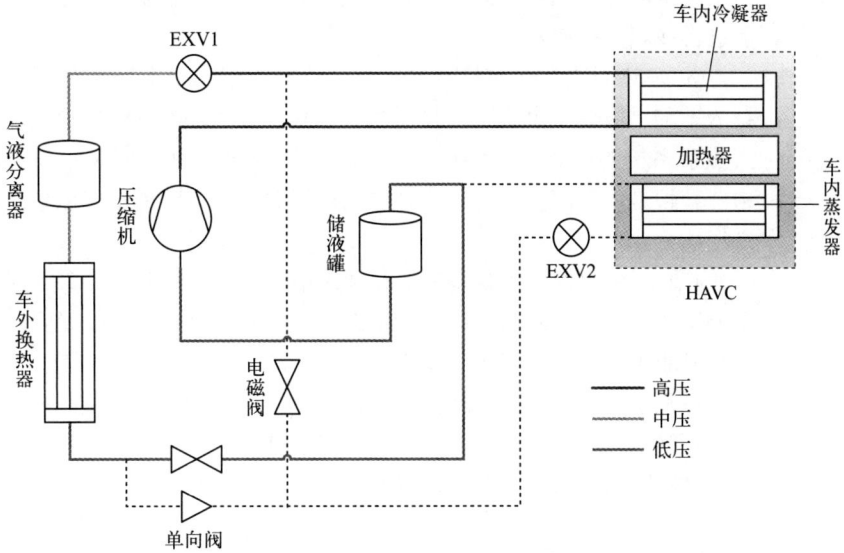

︿图4-11　补气增焓直接式热泵空调系统

② 热泵耦合电池热管理系统　热泵耦合电池热管理系统结构原理如图4-12所示，当需要同时给座舱采暖和电池加热时，热泵空调系统开启电动

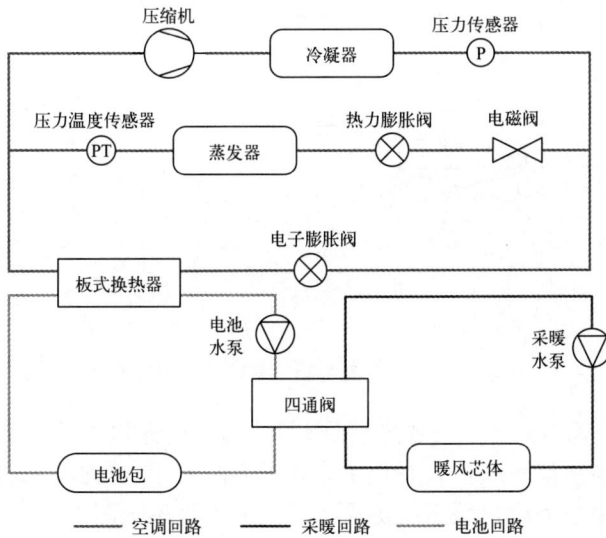

︿图4-12　热泵耦合电池热管理系统结构原理

压缩机，吸收高压系统余热进行冷媒直接采暖和电池加热，必要时可以开启HVAC（heating ventilation air conditioning）总成的PTC空气加热器。当同时有乘员舱制冷及电池冷却需求时，为保证乘员舱制冷及电池包的充电工作状态，防止充电时电池温度过高，限制其充电功率，热泵空调系统会对电池包及成员舱进行冷媒直接冷却。

③ 余热回收型热泵空调系统　余热回收型热泵空调系统是在上述热泵系统的基础上增设一个余热回收通道用于回收电池、电机电控等部件的废热，增大热泵系统的制热量和供热效率。回收的热量可以通过两种方式耦合到系统中：一种是用这部分热量直接对空气进行加热，另一种是与热泵系统内的冷媒进行耦合。

并联式余热回收热泵系统即在系统中增设一个支路，使余热回收换热器与车外换热器并联。制热工况下，制冷剂在车内冷凝器中被冷凝后分作两路，一路经膨胀阀节流后流向车外换热器中同环境中的低温空气换热，另一路经膨胀阀节流后流向余热回收换热器中同载冷剂进行换热，而后两条支路汇入系统中。并联式余热回收系统两个支路分别通过两个膨胀阀进行调节，其两个支路的耦合影响较复杂，对控制策略要求较高，如图4-13所示。

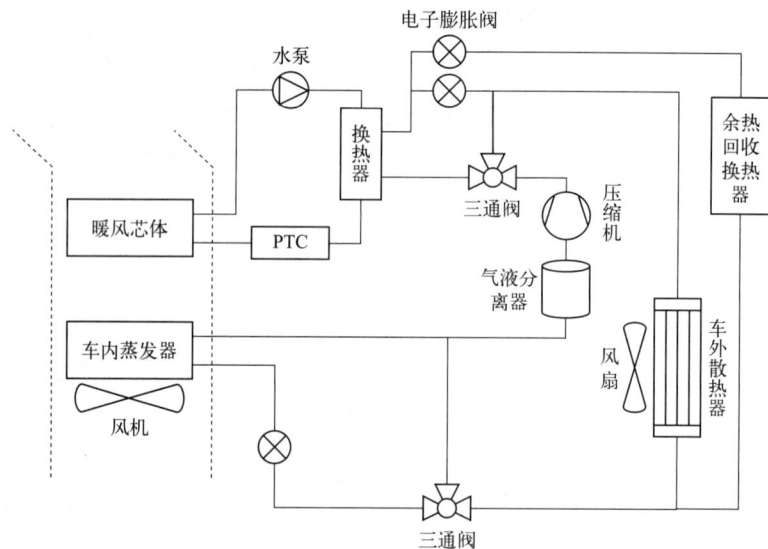

△图4-13　并联式余热回收热泵系统

串联式余热回收热泵系统即在气液分离器前增设一个余热换热器，使余热换热器串联接入系统中，如图4-14所示。与并联式热泵系统比较，串联式余热回收热泵系统更简单，但缺点是系统阻力明显增大，对系统的影响较大。

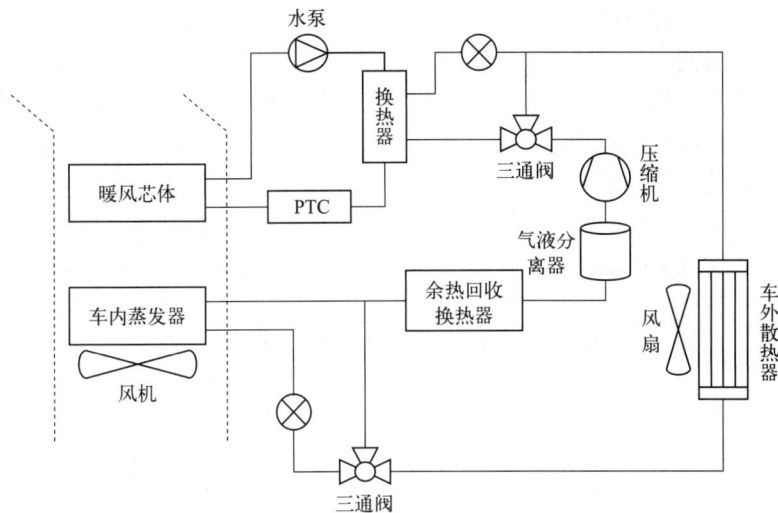

∧图 4-14　串联式余热回收热泵系统

4.1.3　高度集成式热管理系统

（1）特斯拉集成热管理系统

特斯拉热管理系统经历了四代发展，在结构集成上不断创新。特斯拉第一代车型传承于燃油车热管理的传统思路，各个热管理回路相对独立。第二代车型中引入四通换向阀，实现电机回路与电池回路的串并联，开始结构集成。第三代 Model 3 开始进行统一的热源管理，引入电机堵转加热，取消水暖 PTC，并采用集成式储液罐，集成冷却回路，简化热管理系统结构。第四代 Model Y 在结构上采用高度集成的八通阀，对多个热管理系统部件进行集成，以实现热管理系统工作模式的切换。从特斯拉车型的演进来看，其热管理系统集成度不断提升。如图 4-15 所示为特斯拉第四代集成热管理系统原理图。

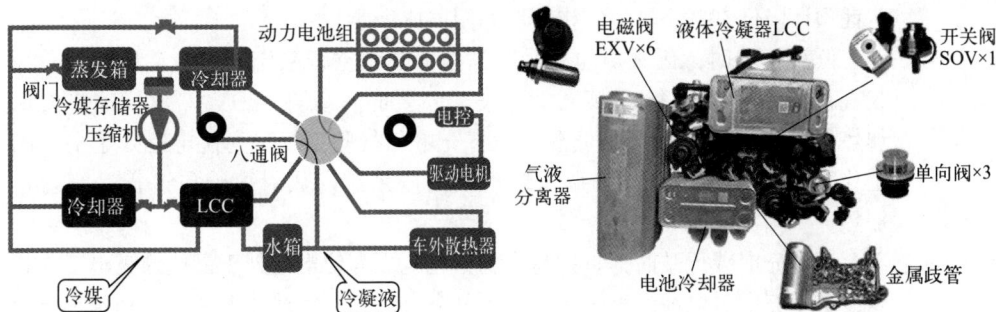

∧图 4-15　特斯拉集成热管理系统结构原理

特斯拉第四代集成热管理系统使用了一个八通阀（图4-16），通过控制八通阀旋转产生多种工作模式。总共具有15种模式，其中12种为制热模式，3种为制冷模式。其可根据环境温度与电池温度自动规划热泵系统的加热程度，启用不同的加热模式。应用该方案后，在低温环境下，可以通过电机堵转的方式为整个系统提供启动所需的低温热源，从而彻底取代PTC。并且在运行过程中，也可以保证热量的高效利用，提升效能。该热管理系统还对动力系统增加了电驱回路换热器，可以在冬天将三电系统废热回收利用到热泵系统为乘员舱服务。控制系统还可以对风机的转速、风门的开度以及压缩机输出的功率进行调节，使热管理系统更加高效和热能利用更加合理。

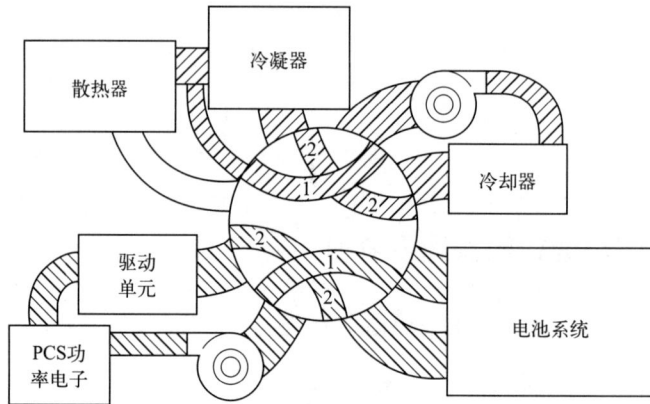

△图4-16　特斯拉集成八通阀结构原理

（2）比亚迪集成式热管理系统

比亚迪E3.0集成热管理（冷媒介质）技术以热泵空调和集成热管理模块为核心（图4-17），将产生的"冷"或"热"再分配到不同的需求单元。在极低温环境下，其辅以电机无功和低效产热，提升热泵工作温度范围。电池采用直冷+直热，在非极低环境温度下，其通过板换模块吸收驱动系统热量，空调能耗预计降低50%。具体结构原理如图4-18所示。

低温行驶时，因乘员舱有采暖需求，热泵空调系统开启电动压缩机，吸收高压系统余热进行冷媒直接采暖，必要时可以开启HVAC总成的PTC风加热器，确保采暖效果；低温环境下充电和行驶工况，为使电池处于最佳的工作状态，其利用热泵空调压缩机及高压系统发热对电池包进行冷媒直接加热。

高温充电或行驶时，特别是大功率充电，为使电池处于最佳的充电工作状态，防止充电时电池温度过高，限制其充电功率，集成热管理系统利用热泵空调系统对电池包进行冷媒直接冷却。在行车过程，同时有座舱制冷及电池冷却

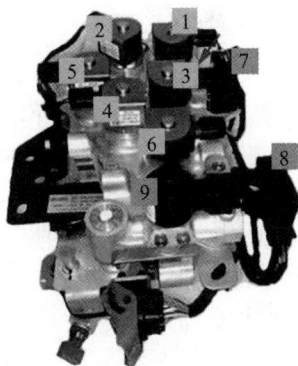

∧图4-17　比亚迪集成热管理模块

1—电池加热电磁阀；2—电池加热电磁阀；3—空气换热电磁阀；4—水源换热电磁阀；5—空调采暖电磁阀；
6—空调制冷电磁阀；7—制冷电子膨胀阀；8—采暖电子膨胀阀；9—电池电子膨胀阀

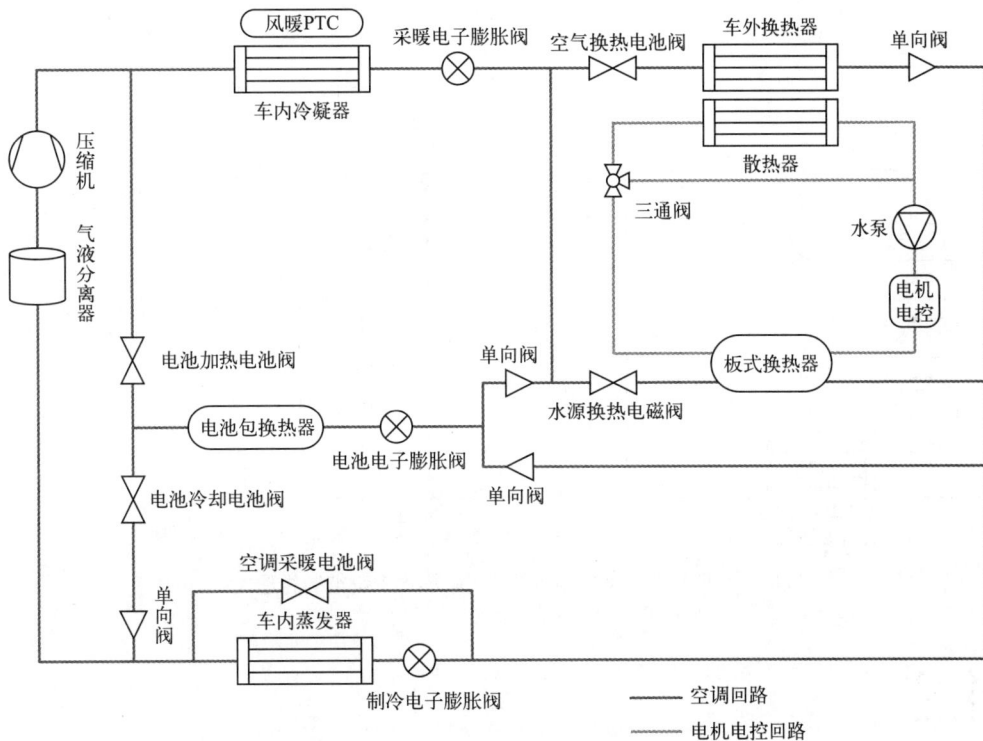

∧图4-18　比亚迪集成热管理系统结构原理

需求，为保证座舱制冷及电池包的充电工作状态，防止充电时电池温度过高，限制其行车动力，集成热管理系统利用热泵空调系统对电池包及成员舱进行冷媒直接冷却。

（3）大众ID.4搭载二氧化碳热泵

大众汽车在ID系列车型上搭载了二氧化碳热泵空调，其结构设计沿用了普通热泵的结构，架构主要采用直冷直热架构，制冷蒸发器与热泵冷凝器直接进入座舱，并采用电磁阀和双向电子膨胀阀的组合方式对制冷剂回路进行控制，配合舱内PTC使用。制冷剂回路使用CO_2冷媒水路循环使用三通阀、水路热力阀连接电池和电机，利用电机余热加热电池，降低电池制热下水路高压PTC需求，但制冷剂回路与冷却水路之间的交互较少，相对独立，未采用热泵加热电池的模式。具体结构原理如图4-19所示。

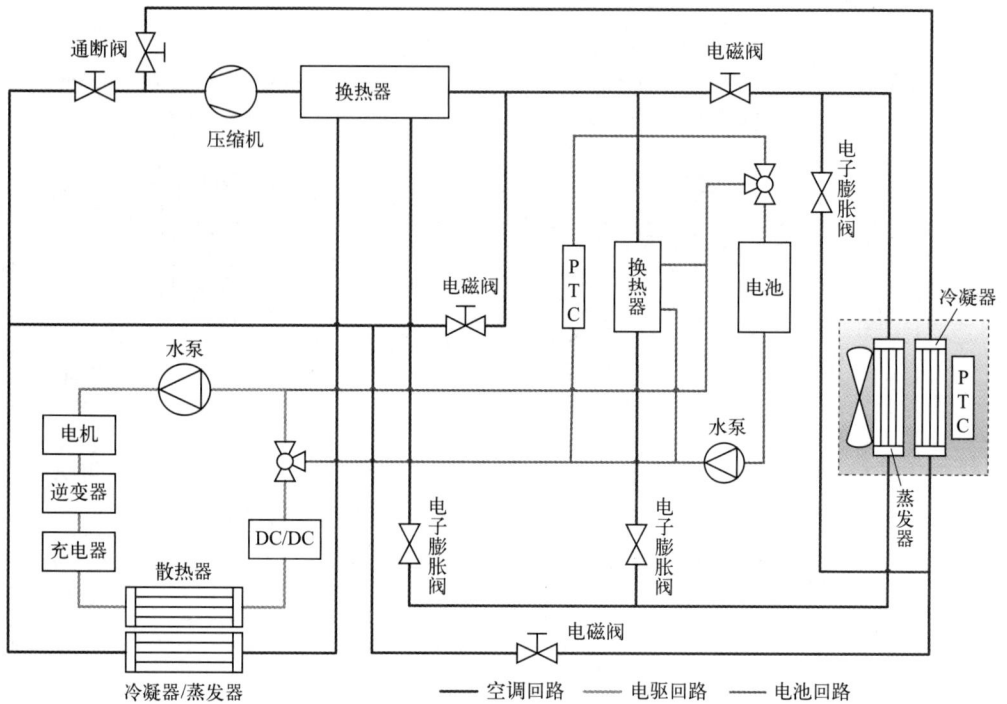

︿图4-19　大众ID.4二氧化碳热泵系统结构原理

4.2
混合动力汽车热管理系统

混合动力是指两种不同形式的动力组合在一起，共同驱动汽车前进的动力系统。通常所说的混合动力汽车，是指采用燃油发动机与电机两种动力组合的汽车，简称"油电混合"。如果不能外接电源充电，称为"常规混合动力汽车（HEV）"；而采用外接电源充电的混合动力汽车，被称为"插电式混合动力汽车（PHEV）"。插电式混合动力汽车的内燃机既可以辅助电动驱动，也可以直接驱动车轮，电池容量相对较小，但可以满足一定里程的纯电行驶需求。而增程式电动车（REEV），是基于纯电动车的设计，配备有大容量的电池组，提供较长的纯电行驶里程。增程式电动车的特点是小型的内燃机充当发电机，只为电动机提供额外的充电能量，不直接驱动车轮。这种设计使得增程式电动车在电池电量耗尽时，仍能通过内燃机发电继续行驶。

基于混合动力汽车的动力系统结构，热管理系统的架构依据车型和冷却模式的不同，具有多种形式。传统内燃机通过内燃机温度制热，其散热系统进入大循环后，燃油车的制热系统本质上是"内燃机散热器"的一部分。这个散热器后方搭载鼓风机，打开后能将热风引入车内。因此，PHEV 和 REEV 由于搭载内燃机本质上并不需要热泵空调，因为内燃机的发热量已经足够通过散热系统加热座舱。然而，当考虑到 PHEV 和 REEV 车型的纯电续航能力时，情况发生了变化，其纯电续航能力常常超过 100km。在日常驾驶中，如果每天的行驶里程仅在 20 ～ 30km，内燃机是可以不介入工作的。此时，座舱加热要么需要PTC，要么需要热泵。考虑到 PTC 效率较低，因此 PHEV 和 REEV 车型也纷纷搭载热泵空调系统。

4.2.1　独立式混合动力热管理系统

与纯电动汽车相似，早期的混合动力汽车热管理系统结构较为简单，多采用独立式的热管理系统，发动机热管理系统、电池热管理系统、电机电控热管理系统和空调系统相对独立，如图 4-20 所示。考虑到纯电驱动时，不能采用发动机热量加热座舱，一般增加风暖 PTC 加热座舱。

独立式的混合动力热管理系统，结构相对简单，通过将纯电动热管理系统和发动机热管理系统叠加就可以实现，而且各热管理回路之间独立控制，相互之间的影响较小。根据混合动力主要的三种驱动模式：纯电动行驶模式、混合动力行驶模式、发动机直驱模式，各热管理系统回路通过独立控制即可实现不同的热管理功能：

① 纯电动行驶模式：整车热管理系统只需开启电机电控热管理系统、电池热管理系统和空调系统即可，暖风采用 PTC 供给。

② 发动机直驱行驶模式：整车热管理系统只需开启发动机热管理系统和空调系统即可，暖风由发动机供给。

③ 混合动力行驶模式：发动机热管理系统、电机电控热管理系统、电池热管理系统和空调系统需全部开启，座舱制热采用发动机热量供给，不需要使用 PTC。

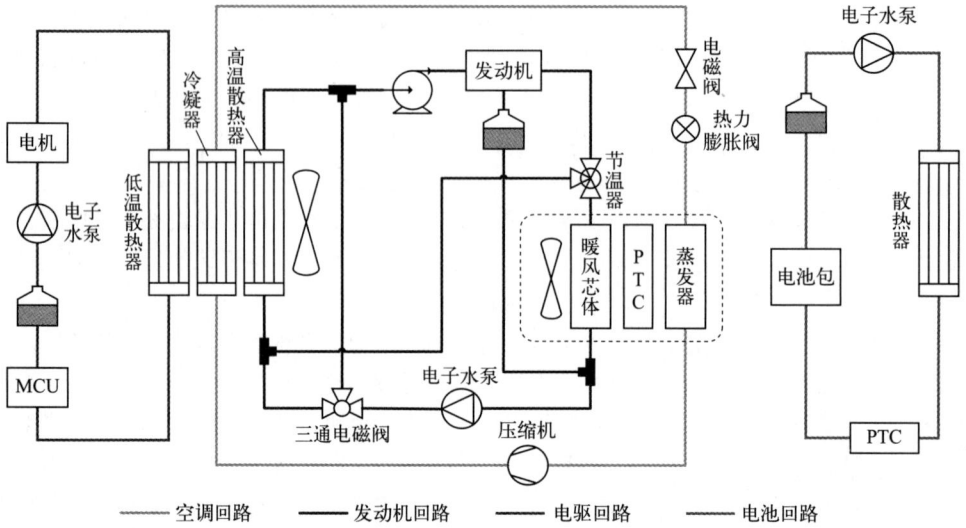

∧图4-20 独立式混合动力热管理系统结构原理

4.2.2 集成式混合动力热管理系统

为了更好地对混合动力系统各部件进行温度管理，并有效利用车载余热，提高系统能效，混合动力热管理系统也逐渐开始向集成化发展。如图4-21所

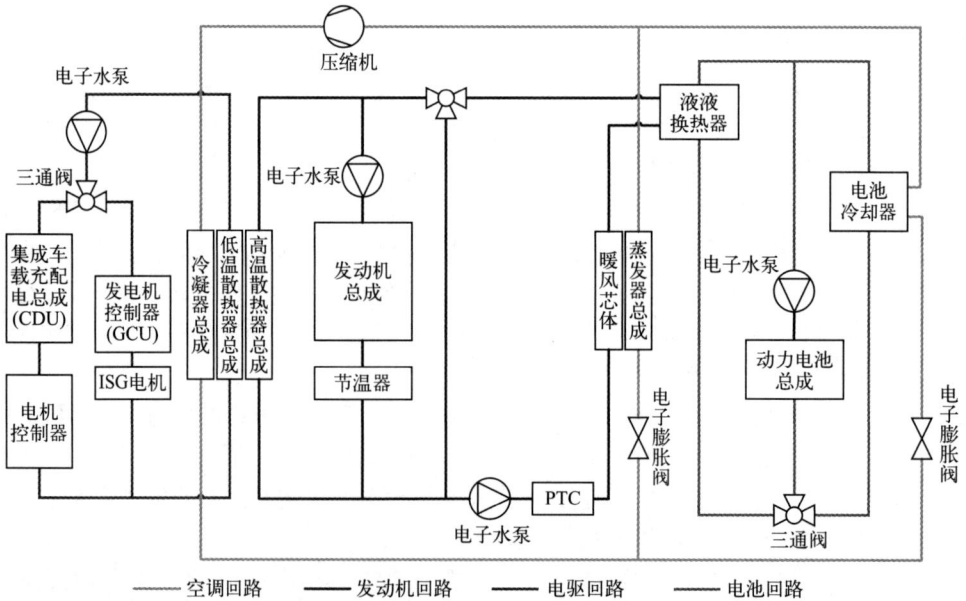

∧图4-21 集成式混合动力热管理原理图

示为典型的集成式混合动力热管理系统结构。

其中除电池热管理系统外，其余子系统都有独立的散热器与外界进行热量交换，电池热管理系统主要通过电池冷却器与空调系统换热进行强制冷却，电池管理系统（BMS）有加热请求时，整车控制系统（VCU）发出指令控制流量三通阀，电池热管理系统通过板式换热器进行热量交换为电池包加热。

高温散热系统的工作原理与传统燃油车一致，发动机冷却主要通过前端冷凝模块的高温散热器进行散热。发动机水温较高时，若散热器迎面风速无法满足散热需求时，VCU会发出指令打开电子散热风扇增加进风量，加快高温散热器的散热速率。冷启动条件下节温器关闭，冷却液不经过高温散热器，通过小循环使冷却液快速升温，当水温达到节温器开启的阈值时才会打开节温器，冷却液通过大循环经过高温散热器向外散热。同时当座舱有采暖需求时，VCU控制三通阀打开水暖芯体和发动机冷却液串联回路，利用发动机的余热供给座舱加热。当整车工作在纯电模式时，无发动机热量可利用，该模式下座舱采暖由PTC加热器加热冷却液，通过水暖芯体给座舱加热。

低温散热系统主要是给驱动电机、发电机、车载充电器以及相关电控单元散热，由于该子系统水温一般不超过80℃，所以称为低温散热系统。低温散热器的进风温度需求相较于高温散热器进风温度需求要低很多，故前端冷凝模块的布置将低温散热器布置在高温散热器之前以满足进风温度需求。

空调系统主要是为座舱和电池包降温。当AC控制面板或BMS发出降温请求时，压缩机开始工作，将低压气态冷媒压缩为高压气态泵入冷凝器与外界空气换热，经过冷凝作用的冷媒变为高压液态，再经过膨胀阀的降压降温作用变为低压液态进入蒸发器进行吸热，从而达到为座舱降温的目的。电池冷却器相当于一个液液交换的紧凑蒸发器，空调侧的制冷剂吸收电池回路侧的冷却液所携带的热量，从而实现电池冷却液的降温。

以上结构方案，只是进行了简单的集成，主要增加了发动机余热加热电池和利用空调给电池进行制冷的功能。为了更好地协调整车各部件的热量，并简化热管理结构，也有采用多通阀结构进行集成的混动热管理系统，如图4-22所示。

如图4-22所示为整车集成化热管理系统方案，上半部分为热泵空调系统回路，回路中使用R134a制冷剂；下半部分为冷却液回路，回路中加注水-乙二醇型冷却液。

此系统可应用于座舱，电池包、发电机、驱动电机、发电机、逆变器、电机控制器等各种元件的冷却、保温、加热工况。

整个方案由多个子系统耦合而成。首先是座舱空调系统，制冷剂回路中电动压缩机出口连接四通换向阀，四通换向阀再分别连接车外换热器和车内换热器，在车内换热器与车外换热器之间接有电子膨胀阀1，压缩机进气口接有一个气液分离器。然后通过三通阀1、三通阀2、三通阀3增加一个电驱热泵回

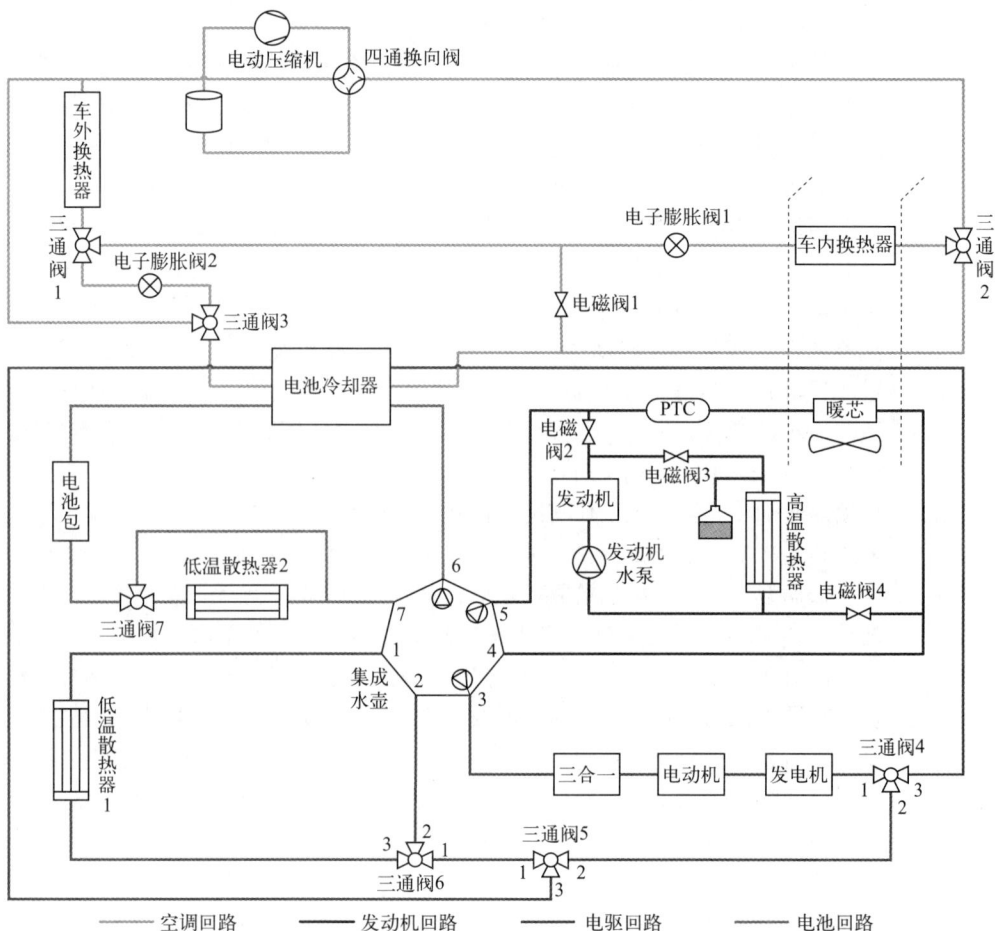

图4-22 采用多通阀的集成式混合动力热管理系统

路，布置一个电驱热泵换热器和电子膨胀阀2，通过空调系统对电驱、电池回路冷却液进行加热冷却。

电池循环回路是通过电池包循环回路输出口与集成水壶七通阀7号输入阀口相连，七通阀6号输出阀口与电池回路输入口相连，通过电池冷却器相连回到电池包构成电池包循环回路。电池冷却器实现制冷剂与冷却液之间的冷热交换，利用热泵空调实现电池包的制冷制热。在电池冷却循环回路布置三通阀7和低温散热器2，根据电池包状态选择是否经过散热器散热。

电驱循环回路首先经过电机控制器、逆变器、充电模块三合一系统，然后经由发电机、驱动电机后通过三通阀4分为两条支路，当三通阀4阀口1、3打开，三通阀5阀口1、3打开时，可通过空调对电驱回路加热或冷却。主回路通过三通阀6分为两条回路，三通阀6阀口1、3打开时连接低温散热器1，通过此回路实现电驱系统冷却；三通阀6阀口1、2打开时连接七通阀2口，此回路可实现电驱系统的保温或余热利用功能。

暖通循环回路是通过PTC与暖芯相连，暖芯出口与七通阀4号输入阀口相连，七通阀5号输出阀口与暖通回路入口相连，主要为乘员舱和整个冷却系统提供热源。除此外暖通回路通过电磁阀2和电磁阀4与发动机冷却回路并联，发动机冷却回路由发动机 冷却水泵和高温散热器组成，当发动机有余温可用时，关闭电磁阀3与散热器开关，打开电磁阀2和电磁阀4，实现发动机余温利用。

右上侧为通风进气模块，其内包含空调系统回路中车内换热器和冷却液回路中暖通系统暖芯，通过车内换热器可以给箱体内循环空气制冷，也可以通过换热器或暖芯给空气加热，再通过鼓风机将热空气或冷空气送入乘员舱，达到乘员舱制热或制冷目的。

4.2.3　采用尾气余热回收的混合动力热管理系统

采用尾气余热回收装置和热池组成的余热回收系统，如图4-23所示，其与发动机回路、座舱回路分别串联。当与发动机回路串联时，利用尾气余热加热冷却液来加快发动机暖机速度；当余热回收回路自循环时，利用热池存储多余的尾气余热能作用于下一工况循环；当与座舱回路串联时，利用热池对进入PTC的冷却液进行预热以减小PTC开启功率，缩短PTC开启时间。

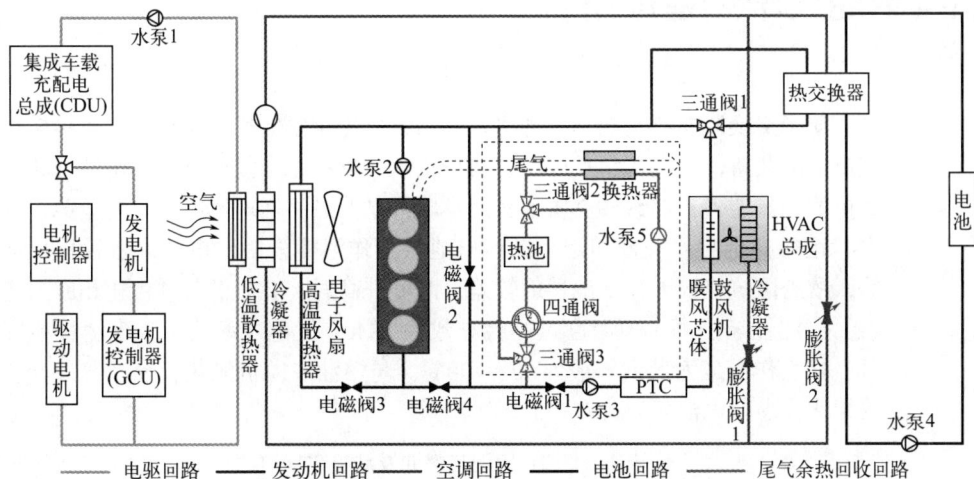

∧图4-23　采用尾气余热回收的混合动力热管理系统

该集成热管理系统在低温环境下通过切换电磁阀状态，共分为以下7种工作模式。增程模式下默认PTC关闭。

① 纯电模式下，热池未储能或储能较少，开启电磁阀1和电磁阀2，PTC

单独为座舱及电池加热。

② 纯电模式下，热池已充分蓄能，开启电磁阀1，三通阀3开启到1、2口相通状态，余热回收系统中冷却液经四通阀1、3口流入，再经过三通阀2的1、3口和四通阀2、4口流出，此时PTC和相变蓄能箱共同为座舱及电池加热。

③ 纯电模式下，电池及座舱温度均达到适宜温度区间，PTC关闭。

④ 增程模式下，发动机冷启动时，热池蓄能未储能或储能较少，此时打开电磁阀1、电磁阀2和电磁阀4，三通阀3开启到1、3口相通状态，余热回收系统中冷却液经四通阀1、3口流入，再经过三通阀2的1、2口和四通阀2、4口流入，此时尾气余热加速暖机。

⑤ 增程模式下，发动机冷启动时，热池已充分蓄能，阀状态同模式④，仅三通阀2状态切换为1、3口相通。

⑥ 增程模式下，发动机处于暖机状态下，开启电磁阀1、电磁阀2和电磁阀4，三通阀2切换到1、2口相通状态，四通阀切换到1、2口相通状态，发动机冷却液加热座舱及电池，尾气余热加热热池。

⑦ 增程模式下，电池及座舱均达到适宜温度区间，关闭电磁阀1，四通阀切换到1、2口相通状态，发动机回路自循环，尾气余热加热热池。

4.3
燃料电池汽车热管理系统

质子交换膜燃料电池是一种将氢气和氧气的化学能通过电极反应直接转化成电能的装置，其电化学反应将生成热和水，燃料化学能通过燃料电池堆转化的电能和热能各占约50%。质子交换膜燃料电池热平衡对燃料电池的性能、寿命和运行安全起着关键作用。燃料电池的工作温度低时，电池内各种极化增强，欧姆阻抗也较大，电池性能较差；温度升高时，会降低各种极化和欧姆阻抗，电池性能提高，但温度过高会导致膜脱水，使电导率下降，电池性能降低。其工作温度为范围一般为60～90℃，与燃油发动机的热管理系统设计要求相比，燃料电池更为苛刻。

表4-2 燃料电池与燃油发动机热量对比

发动机类型	燃料电池	燃油发动机
排气系统带走的热量	3%～5%	50%
辐射带走的热量	1%	3%
冷却系统带走的热量	95%	50%
散热器环境温度	65℃	100℃

燃料电池排气的温度约70℃，远远低于汽油发动机排气温度，只能带走大概3%热量。辐射带走的热量在燃料电池和汽油发动机中的占比都很小。燃料电池95%热量都需要通过冷却系统带走，并且需要增加另外的低温散热器对电堆控制器进行冷却。燃料电池与燃油发动机热量对比如表4-2所示，燃料电池汽车中的热管理的设计要求更高。

丰田Mirai燃料电池热管理系统布置方案如图4-24所示。丰田Mirai燃料电池的功率比较大，其电堆的散热需求较大，为了满足电堆的散热需求，电堆的散热器分为了主、副散热器。中冷器与电堆冷却回路并联，冷却系统回路中安装有去离子器，以满足进入电堆冷却液绝缘的要求。

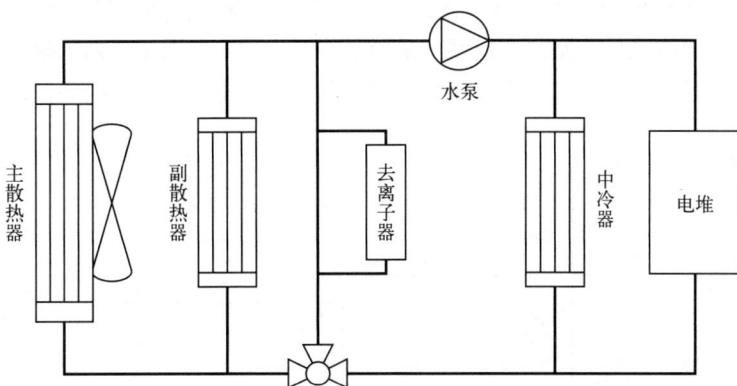

∧图4-24 丰田Mirai燃料电池热管理系统布置方案

本田Clarity燃料电池热管理系统布置方案如图4-25所示。其包含冷却水泵和向外换热的散热器、用于切换散热器大小循环的节温器（低温时快速热机、高温时冷却）、去除冷却液中的离子来确保车辆的电气安全和防止燃料电池组的腐蚀的离子交换器、回收冷却液热量的加热系统。

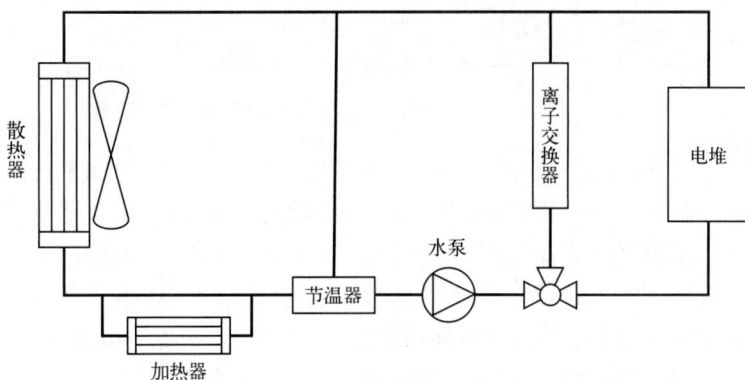

∧图4-25 本田Clarity燃料电池热管理系统布置方案

　　燃料电池汽车是以燃料电池电堆为主要能量源的汽车，但若仅使用质子交换膜燃料电池（PEMFC）对燃料电池汽车提供电能，很难满足包括冷启动、急加速或极端高功率需求等工况下燃料电池汽车的正常运行，需要另一种辅助动力源来配合燃料电池共同为燃料电池汽车供电，目前大部分为PEMFC和动力电池混合驱动。

　　现有的燃料电池整车热管理大多分为四个子系统：PEMFC热管理子系统、动力电池热管理子系统、电机及其控制器热管理子系统、乘员舱热管理子系统。然而，过多的回路不仅会增加热管理系统的重量和体积，减少续航里程，还浪费了PEMFC自身的余热。为了实现PEMFC汽车热管理的高效节能，整车热管理正朝着集成化、智能化的方向发展。图4-26所示为一种集成式燃料电池热管理系统，此系统采用了热泵空调，并集成了四大热管理子系统，通过换热器进行热交换，采用电磁阀和三通阀进行各模式的切换。

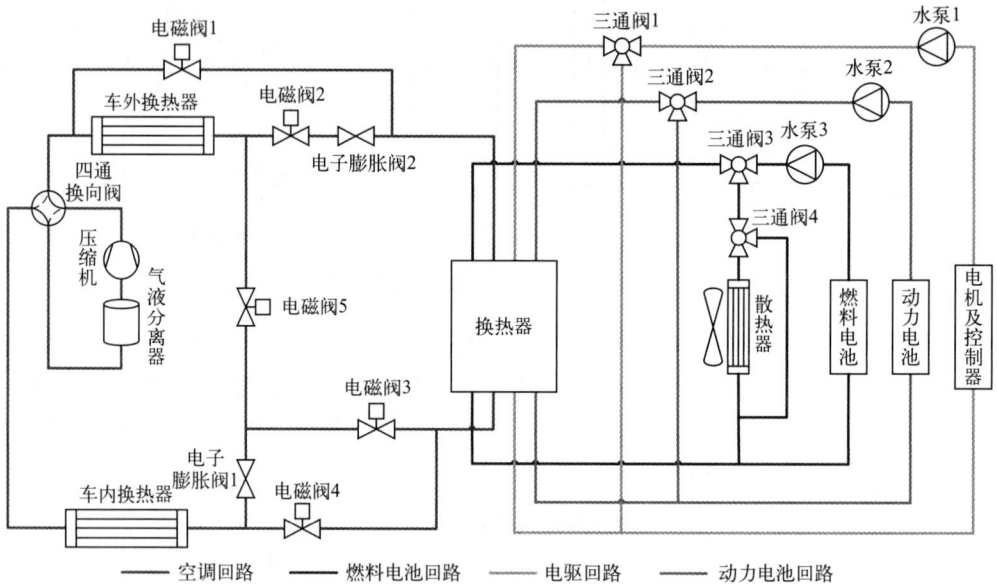

△图4-26　PEMFC汽车集成热管理

　　该系统在高温条件下可为各子系统制冷与散热，在低温条件下可为各子系统制热与预热，同时可以将电机产生的余热回收再利用。在热泵系统中为了调节制冷剂的流动方向设置了一个四通阀和五个开关阀，在该回路中调节制冷剂的流速由压缩机转速调节实现。在各子系统回路中分别设置相应的水泵来调节各回路中制冷剂流速；为了使各回路经过换热器从而与热泵空调循环回路实现热量交换，在各回路中分别设置相应的三通阀来调节制冷剂的流动方向。在燃料电池循环回路中通过三通阀4来改变制冷剂流动方向，进而决定是否经过散热器。

参考文献

[1] 朱波, 赵媛媛, 姚明尧, 等. 基于电机余热回收的电动汽车热管理性能分析 [J]. 陕西科技大学学报, 2021, 39(6):6.

[2] 李栋军, 王毅, 许向国, 等. 不同低温下的电动车余热回收性能 [J]. 重庆大学学报, 2022, 45(8): 11.

[3] 杜如海. 基于相变材料的纯电动汽车集成热管理系统研究 [D]. 合肥: 合肥工业大学, 2022.

[4] 展茂胜, 韩吉田, 于泽庭, 等. 车用PEMFC发动机水热管理与低温起动研究现状 [J]. 内燃机与动力装置, 2018, 35(05):82-87.

[5] 石先立. 某混合动力汽车整车热管理系统优化研究 [D]. 重庆: 重庆理工大学, 2021.

[6] Konno N, Mizuno S, Nakaji H, et al. Development of compact and high-performance fuel cell stack[J]. SAE International Journal of Alternative Powertrains, 2015, 4(1): 123-129.

[7] Kikuchi H, Kaji H, Nishiyama T, et al. Development of new FC stack for Clarity fuel cell[J]. Honda R&D Technical Rev, 2016, 28(2).

[8] Hama Y, Nagata D, Goto S, et al. Downsizing technology for FC cooling system installation under front hood[J]. Honda R&D Technical Review F1 Special (The Third Era Activities), 2019: 63-70.

第 5 章
热管理系统控制方法

NEV New Energy Vehicles

新能源汽车热管理系统控制，从功能上主要包含座舱的热舒适性控制、电池和电机电控系统的温度管理控制、挡风玻璃的除霜除雾安全性控制、制冷系统在不同路况和气候条件下的模式切换与运行控制以及各模式下的故障保护控制。新能源汽车热管理控制系统的主要构成是传感器、执行器、控制器。其中，传感器大多由温度传感器和压力传感器构成，而执行器则以电动压缩机和电子膨胀阀为核心，还包括鼓风机、冷却风扇、电子水泵等周边零部件。

在控制方法及控制目标上，传统汽车的控制系统以舒适性为首要目标，而新能源汽车因其能耗直接与可行驶里程相关，控制系统不仅要关注舒适性，更要兼顾节能效果。新能源汽车热管理系统控制的目的是在保证乘员舱舒适性，电池、电机、电控温度合理，以及系统稳定运行的基础上，通过一定的控制手段，充分实现整车的能量管控，尽可能降低系统能耗、提高能量利用效率。

常用的新能源汽车热管理系统控制从反馈类别上有开环控制和反馈控制之分：开环控制即通过实验标定的手段，根据不同的运行工况直接给出明确的控制量参数。这种控制方法相对较为简单，控制系统稳定性高，但同时带来了控制精度差、能耗高等问题，在新能源汽车热泵空调及热管理领域的应用越来越少。另一大类即反馈控制，在控制过程中对具体控制量的参数值并不明确知晓，而是通过在目标量与控制量之间建立反馈逻辑关系，从而对热管理系统进行控制。在愈趋复杂的新能源汽车控制体系中，反馈控制的应用愈趋广泛。常用的反馈控制方法包含启停控制、PID（proportion integral differential）连续控制、局部模型预测控制（model predictive control，MPC）和全局 MPC 控制、结合其他智能算法的控制等。

新能源汽车能量管理方法分为基于规则的方法、基于模型的方法和数据驱动的方法。基于规则的方法使用专家经验设计逻辑规则，实时性好，在工业界广泛应用，但难以达到最优的节能效果。基于模型的方法依赖于面向控制的车辆动力传动系统模型，需要建立能量管理最优控制模型并使用优化算法进行求解，实时性较差，但节能效果更佳。在集成能量管理方面，由于温度变化与行驶环境、道路工况和驾驶习惯等诸多因素有关，如何实现最优能耗控制，需要考虑各种因素变化量，以及多维度的控制变量对温度和能耗的影响关系。考虑到温度是缓变量，不会发生瞬态突变，因此基于模型预测的控制方法研究较多，且取得了不错的效果。数据驱动的方法无需建立控制对象的数学模型，对高维复杂问题的适用性强，实时性较好，具有可迁移能力，是近年来的研究热点，但是需要大量数据样本，训练成本高，且难以保证动力电池 SOC 的安全性约束。

5.1
子系统控制方法

5.1.1 电池回路控制方法

电池热管理子系统的工作模式设计需要考虑电池的最佳工作温度范围和适宜工作温度范围。锂离子电池的最佳工作温度一般在20～30℃，适宜工作温度一般在-20～60℃。由此，结合电池温度和环境温度等因素，将集成热管理系统电池回路工作模式划分为加温模式、保温模式、散热模式和强散热模式。当电池热管理子系统工作在加温模式时，此时电池温度较低，散热回路阀截止，保温回路阀导通，加热器工作，风扇不工作，水泵高速运转提高传热；当电池工作在保温模式时，此时电池温度处于适宜温度范围，散热回路阀截止，保温回路阀导通，加热器不工作，风扇不工作，水泵低速运转降低能耗；当电池热管理子系统工作在散热模式时，此时电池温度较高，散热回路阀导通，保温回路阀截止，加热器不工作，风扇不工作，水泵高速运转提高传热；当电池热管理子系统工作在强散热模式时，此时电池温度极高，散热回路阀导通，保温回路阀截止，加热器不工作，风扇工作加强散热器对流强度，水泵高速运转提高传热。电池热管理子系统控制策略结构图如图5-1所示。

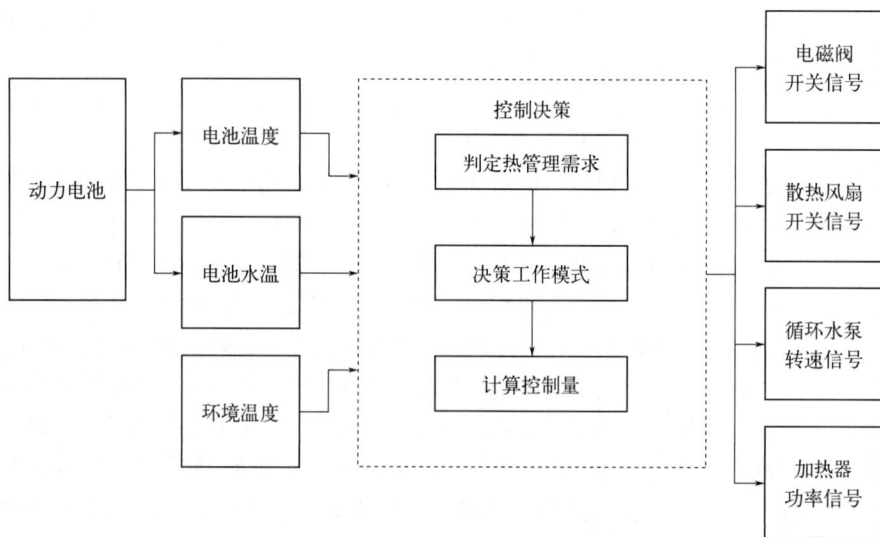

︽图5-1　电池热管理子系统控制策略结构图

我们根据工作模式划分以及实际运行需求，为各热管理部件设计控制阈值和控制策略。其中，电磁阀、风扇均采用了逻辑门限值控制来控制其开关信号。逻辑门限值控制原理如图 5-2 所示，当输入值增加至上限阈值时，输出上限阈值对应输出量，当输入值下降至下限阈值时，输出下限阈值对应输出量。

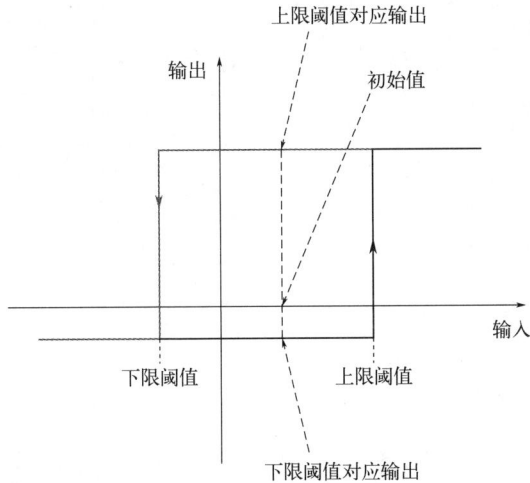

⚑图 5-2　逻辑门限值控制原理图

将散热回路阀和散热风扇的逻辑门限值控制参数列出，如表 5-1 所示。其中输入信号为电池温度值（℃）。对于阀，输出信号 1 代表导通，0 代表截止；对于风扇，输出信号 1 代表工作，0 代表不工作。

表 5-1　电池热管理子系统逻辑门限值控制参数表

类型	控制参数			
	上限阈值/℃	下限阈值/℃	上限阈值输出	下限阈值输出
散热回路阀	30	25	1	0
散热风扇	35	30	1	0

同时，考虑环境温度因素对电池散热的影响，在高温环境中，若电池液冷温度不能高于环境温度，根据傅里叶定律，散热器无法将热量通过气液换热传递至外部空气中。因此，将散热回路阀和保温回路阀的控制逻辑设计如图 5-3 所示。

水泵转速根据工作模式变化，在加热模式、散热模式和强散热模式为高转速，保温模式为低转速，具体控制逻辑可以用图 5-4 所示的流程图来表示。

PTC 加热器的耗能较高，需要精确控制来使加热时的性能和能耗最优。考

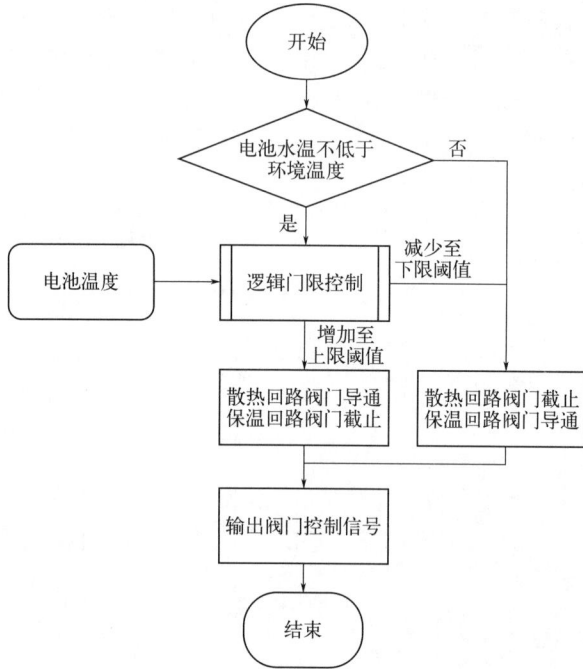

△图5-3　电池热管理子系统阀门控制逻辑图

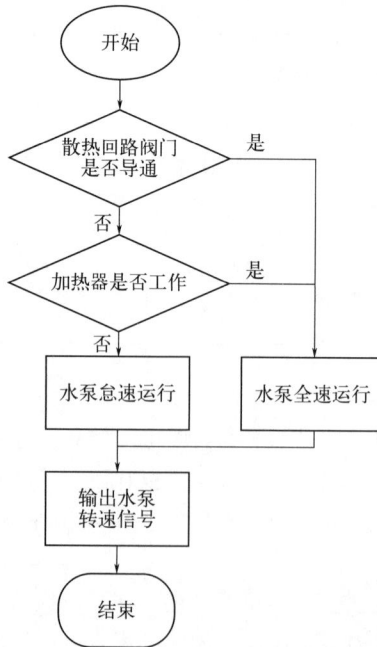

△图5-4　电池热管理子系统循环水泵控制逻辑图

虑电池温度变化的缓变和时滞特性，可采用模型预测控制来计算性能和能耗最优的 PTC 加热功率控制量，实现加温时电池温度的精确控制。

5.1.2 电机回路控制方法

电机回路的工作模式设计需要同时考虑回路中电机和电控系统的工作温度要求以及为电池提供辅助加热的功能需求等因素。

驱动电机温度过高会导致润滑失效、材料退磁等一系列故障，导致其效率和使用寿命减少，因此必须考虑电机内部轴承和绕组的耐温性能。40℃以下环境温度中，电机内各类轴承的承受温度上限根据轴承种类不同，在80～95℃。电机绕组最高温度由绕组材料绝缘等级决定，根据国家标准 GB/T 755—2019，电机绕组最高温度范围在60～125℃。根据电机回路的传热原理，设计电机回路冷却液温度控制阈值，使系统在极限工况时满足电机和电控元件发热量、电机电控向冷却液传热量、散热器散热量三者相等，从而使系统达到平衡状态，避免热失控。

将电机回路工作模式划分为预热模式、换热模式、散热模式、强散热模式和换热散热混合模式。当电机热管理子系统工作在预热模式时，散热回路阀截止，预热回路阀导通，换热回路阀截止，风扇不工作；当电机热管理子系统工作在换热模式时，散热回路阀截止，预热回路阀截止，换热回路阀导通，风扇不工作，水泵高速运转；当电机热管理子系统工作在散热模式时，散热回路阀导通，预热回路阀截止，换热回路阀截止，风扇不工作；当电机热管理子系统工作在散热模式时，散热回路阀导通，预热回路阀截止，换热回路阀截止，风扇工作；当电机热管理子系统工作在换热散热混合模式时，散热回路阀导通，预热回路阀截止，换热回路阀导通，风扇不工作。电机热管理子系统控制策略结构图如图5-5所示。

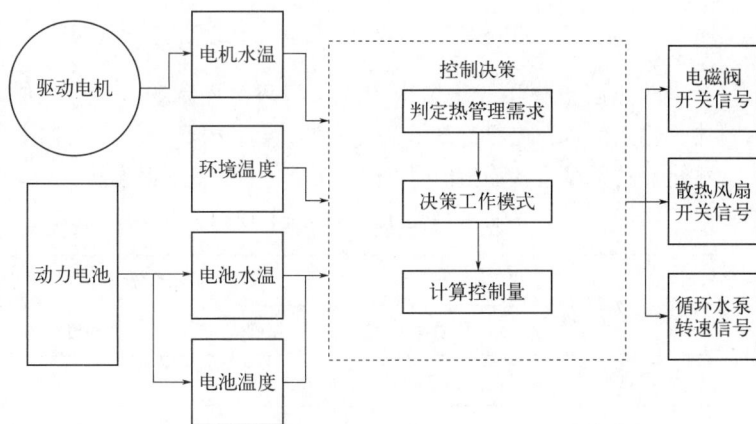

△图 5-5 电机热管理子系统控制策略结构图

换热模式除了考虑电机回路自身状态，还需要考虑电池热管理子系统的相关参数信息。根据傅里叶定律，电机回路为电池回路提供热量需要电机回路水温高于电池回路。对于散热和强散热模式的切换则主要考虑电机水温。

由此，设计电机回路3个电磁阀的控制策略如图5-6所示。

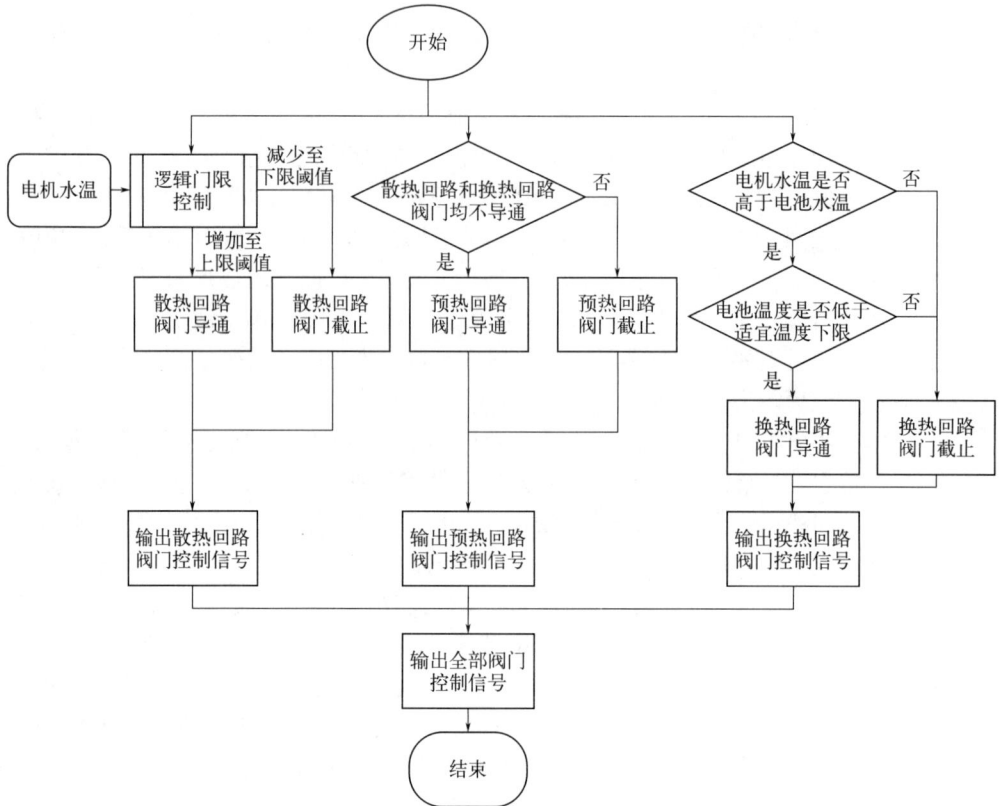

☆图5-6　电机热管理子系统阀门控制逻辑图

散热回路阀和散热风扇的逻辑门限值控制参数设置，如表5-2所示。其中，输入信号为电机冷却液温度（℃）。对于阀，输出信号1代表导通，0代表截止；对于风扇，输出信号1代表工作，0代表不工作。

表5-2　电机热管理子系统逻辑门限值控制参数表

类型	控制参数			
	上限阈值/℃	下限阈值/℃	上限阈值输出	下限阈值输出
散热回路阀	50	45	1	0
散热风扇	55	50	1	0

电机回路的循环水泵在换热模式时高速运转，在散热和强散热模式时，通过PID控制水泵转速，来实现电机回路水温恒定在设定温度50℃。

PID控制表达式如下：

$$u(t) = K_\mathrm{P} e(t) + \frac{K_\mathrm{P}}{T_\mathrm{I}} \int_0^t e(\tau)\,\mathrm{d}\tau + K_\mathrm{P} T_\mathrm{D} \frac{\mathrm{d}e(t)}{\mathrm{d}t} \tag{5-1}$$

$$e(t) = r(t) - c(t) \tag{5-2}$$

式中　$r(t)$——期望值；

$c(t)$——反馈值；

$e(t)$——误差值；

K_P——比例系数；

T_I——积分时间常数；

T_D——微分时间常数。

电机循环水泵的控制结构图如图5-7所示。

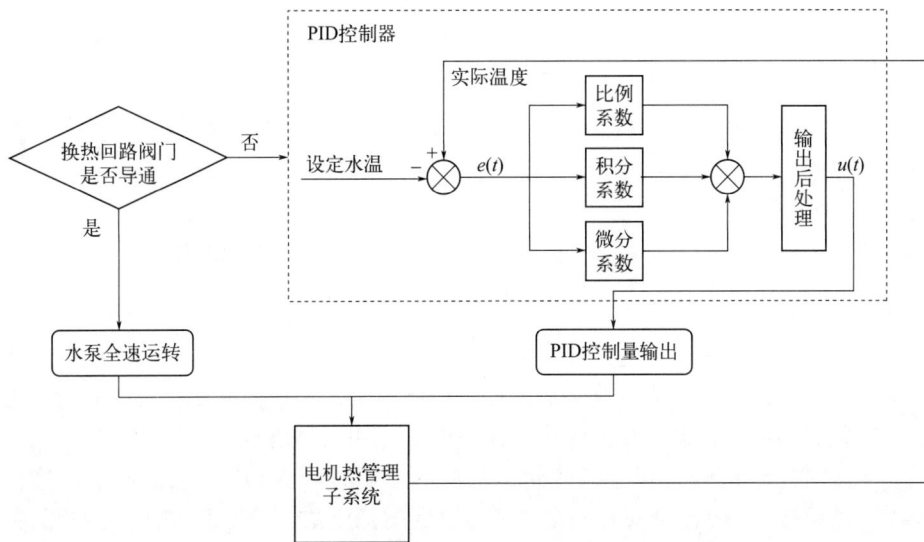

⚆图5-7　电机热管理子系统循环水泵控制逻辑图

5.1.3　热泵空调控制方法

考虑空调的集成热管理系统控制策略需考虑座舱及电池温度控制的优先级。本小节通过电池冷却器实现热泵空调为电池进行加热，集成热管理系统结构如图5-8所示。共分为3个子系统，分别为电机热管理子系统、电池热管理子系统以及热泵空调子系统。电机热管理子系统中主要部件有电机、电机控制器、电机冷却水泵、电机散热器以及阀和管路等。其中电机外部包有电机保温套，即默认电机与外界环境没有热交换，以充分利用电机余热。电池热管理子系统中主要部件有电池、PTC加热器、电池散热器以及阀和管路等。电机热管理子系统和电池热管理子系统通过阀1、阀3实现串联流通换热。热泵空调子系统中主要部件有压缩机、四通换向阀、室外换热器、室内换热器、膨胀阀、电池冷却器等。电池热管理子系统和热泵空调子系统通过阀6、阀7实现换热。

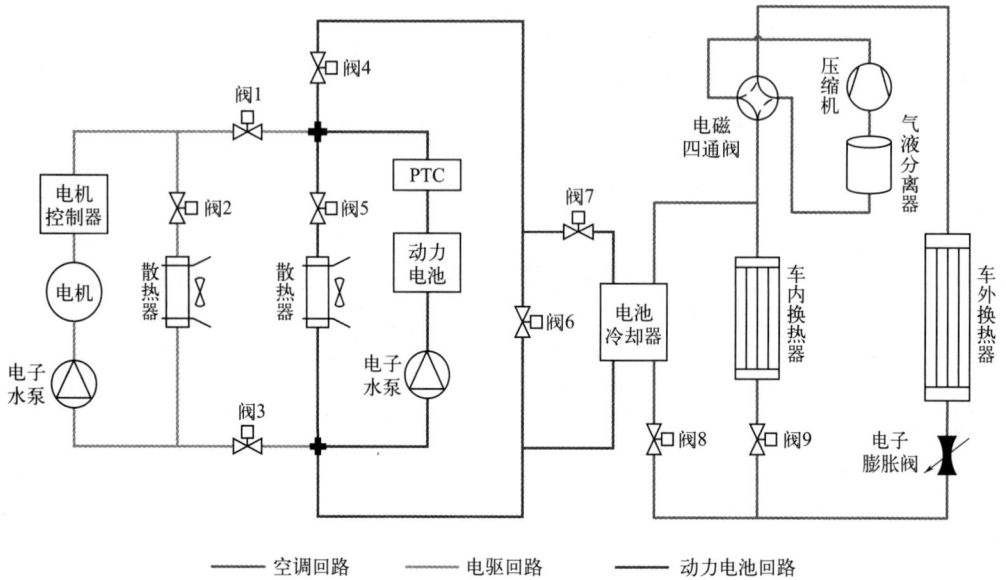

∧图5-8　集成热泵空调的热管理系统结构图

采用两个比例阀，分别连接膨胀阀至电池冷却器以及膨胀阀至室内换热器，通过电池温度以及座舱温度来控制两个比例阀的开度。与此同时，为避免环境温度较低，最大的比例阀开度仍无法满足电池及座舱的加热需求，还需对压缩机的转矩进行控制，采用的控制方法为PID控制。电池温度、座舱温度与阀9比例阀开度$K1$、阀8比例阀开度$K2$、压缩机转矩T_q的相关关系式为：

$$\begin{cases} T_{bat} = f_1(K1, K2, T_q) \\ T_{cab} = f_1(K1, K2, T_q) \end{cases} \tag{5-3}$$

热泵空调自适应控制逻辑流程图如图5-9所示。图中，Tcab_target为座舱的目标温度；Tcab_sensor为座舱温度传感器实时采集到的座舱实际温度；DeltaT_cab为座舱目标温度与实际温度的差值；Tbat_target为电池的目标温度；Tbat_sensor为电池温度传感器实时采集到的电池实际温度；DeltaT_bat为电池目标温度与实际温度的差值。

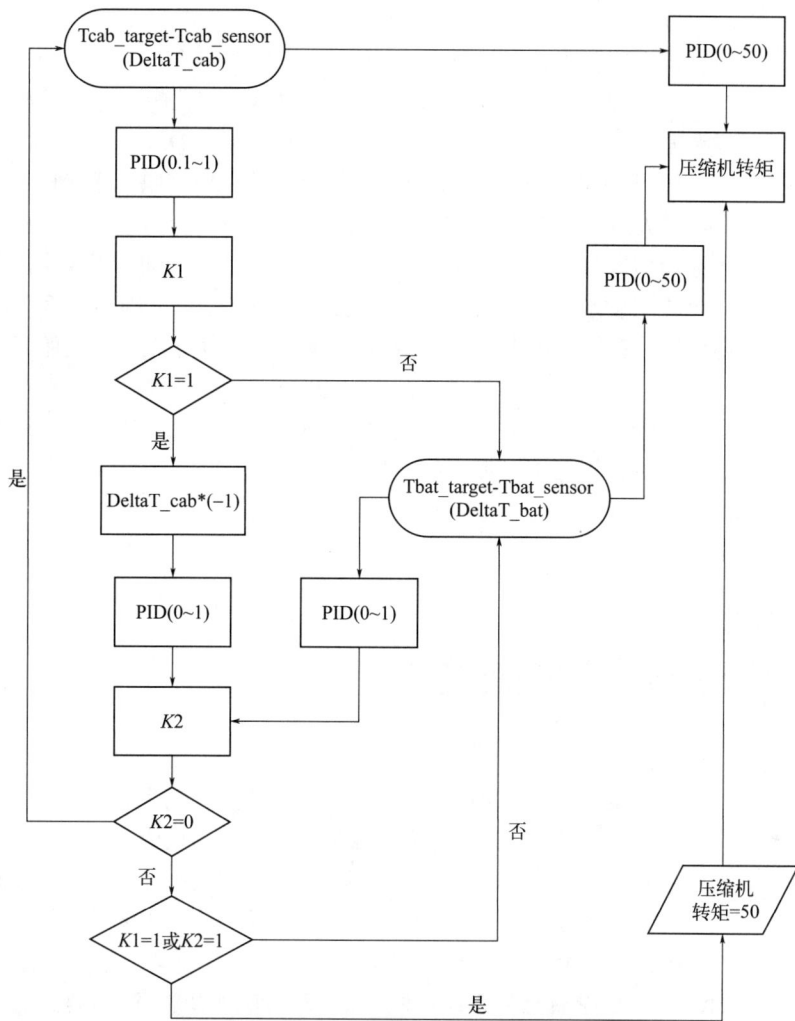

△图5-9　热泵空调自适应控制逻辑流程图

由于在低温环境下，座舱的温度舒适性尤为重要，而电池初始有PTC及电机余热为电池加热，因此设定座舱温度舒适性优先级高于电池加热。首先，需要考虑座舱目标温度与实际温度的差值，依据这一差值通过PID控制阀9开度（$K1$）值，但由于初始时，环境温度非常低，因此座舱目标温度与实际温度差值较大，为了增加流经室内换热器的冷媒量，此时$K1$的值会持续上升。

在$K1$值持续上升的过程中，需要时刻判断$K1$值是否已上升到最大值1，若已上升到最大值，则需要减小流经电池冷却器的冷媒的量，通过PID控制$K2$的值不断降低，以尽最大可能提升客舱的温度，此时电池的温升速率会有一定的降低。但如若$K1$没有上升到最大值，那么$K2$值的上升与否则由电池目标温度与实际温度的差值来控制。

若出现极限情况，此时$K1$的值已经上升到最大值1，且$K2$的值已经降为0，意味着此时冷媒已全部流经室内换热器，若此时座舱实际温度仍未达到目标温度，需通过座舱温度的差值利用PID控制压缩机的转矩。

如若$K1$值小于1，而$K2$值大于0时座舱实际温度已经到达座舱目标温度，则判断$K1$和$K2$值中是否有一个等于1，若有一个等于1，则说明此时座舱或电池加热量需求大，目前的压缩机转矩已无法满足加热需求，因此，此时将压缩机转矩设定为最大值，若是$K1$及$K2$均未达到1，则通过电池目标温度与实际温度的差值利用PID控制压缩机转矩，这是由于相较于座舱温度，电池实际温度到达目标温度的时间更长久，因此在座舱实际温度已经到达目标温度后，电池温度仍具有差值，此时则通过电池温度差值的大小控制压缩机转矩。

此控制策略中，设置座舱目标温度为20℃，电池目标温度为20℃。以上温度阈值可根据实际需要进行调整。

5.2
基于模型预测的控制方法

模型预测控制（MPC）在工程应用中主要有三个特点：

特点一是需要先建立研究对象的预测模型，该模型一般以卡尔曼滤波器为基础建立。建立的预测模型能够通过系统在之前采样步长中采集到的信息（历史信息）进行预测，得到系统在未来若干采样步长内的输出（未来输出）。

特点二是其是一个有限滚动时域的优化。与其他常见的最优控制算法不同，MPC所求解出的系统控制量是一个有限时域的局部最优量而不是全局最优量，且该有限时域滚动向未来前进，优化求解也是在这一过程中重复多次进行的。具体来说，从当前采样步长开始，在未来若干采样步长时域内（预测时域），对系统进行预测，得出该预测时域内局部的最优解，然后以下一采样时刻为起点，在下一采样步长内再次进行相同长度的预测时域的输出和状态量预测，并求解得出该步长的最优解。

特点三是反馈校正。系统在每次滚动优化求解局部最优解时，都会结合系统在当前采样时刻的输出量（实际输出）和预测时域内的输出量（预测输出）计算误差值并进行反馈校正，从而实现在当前采样时刻求解最优解时对预测量的实时校正。

由于上述特点，MPC具有以下优点：一是预测模型可以展示建模系统在预测时域内的行为（状态量、输出量、控制量），方便在调试参数时观察系统行为受不同策略的影响，从而加快调试速度；二是由于具有滚动优化和反馈校正的特点，MPC 具有很强的抗干扰性能，动态性能较好。

5.2.1　基于线性时变状态空间的预测模型

在设计 PTC 加热器的 MPC 控制器时，我们首先对电池液流循环加温过程进行预测建模。基于电池热管理相关传热计算的原理和公式，对传热模型做如下假设：①MPC 控制器计算步长较大，根据实际水泵流量，单个步长内全部冷却液在回路内循环超过一次，因此取系统内冷却液平均温度进行换热计算；②各电池热管理子系统中管路、水泵、电磁阀等零部件均为经过隔热处理或者自身隔热性能良好，可以视为与外界环境无热交换。

根据上述假设，建立电池温度预测模型，取电池温度、电池冷却液温度和 PTC 加热元件温度作为系统的状态变量，PTC 加热功率作为系统输入，同时，将电池产热功率、换热器换热功率、环境温度作为可测输入扰动。

将电池温度、电机温度、PTC 加热元件温度用微分方程表示：

$$C_B \frac{\mathrm{d}T_B}{\mathrm{d}t} = \frac{T_L - T_B}{R_{B-L}} + \frac{T_A - T_B}{R_{B-A}} + Q_B \tag{5-4}$$

$$C_L \frac{\mathrm{d}T_L}{\mathrm{d}t} = \frac{T_B - T_L}{R_{B-L}} + \frac{T_{PTC} - T_L}{R_{PTC-L}} + Q_{PHE} \tag{5-5}$$

$$C_{PTC} \frac{\mathrm{d}T_{PTC}}{\mathrm{d}t} = \frac{T_L - T_{PTC}}{R_{PTC-L}} + Q_{PTC} \tag{5-6}$$

将上述微分方程写成状态空间的形式：

$$\dot{X} = AX + Bu + Ew \tag{5-7}$$

$$Y = CX \tag{5-8}$$

式中各矩阵定义如下所示：

$$A = \begin{bmatrix} \dfrac{-1}{C_B R_{B-L}} + \dfrac{-1}{C_B R_{B-A}} & \dfrac{1}{C_B R_{B-L}} & 0 \\[3mm] \dfrac{1}{C_L R_{B-L}} & \dfrac{-1}{C_L R_{B-L}} + \dfrac{-1}{C_L R_{PTC-L}} & \dfrac{1}{C_L R_{PTC-L}} \\[3mm] 0 & \dfrac{1}{C_{PTC} R_{PTC-L}} & \dfrac{-1}{C_{PTC} R_{PTC-L}} \end{bmatrix} \tag{5-9}$$

$$B = \begin{bmatrix} 0 \\ 0 \\ \dfrac{1}{C_{PTC}} \end{bmatrix} \tag{5-10}$$

$$C = \begin{bmatrix} 1 & 0 & 0 \end{bmatrix} \tag{5-11}$$

$$E = \begin{bmatrix} \dfrac{1}{C_B R_{B-A}} & \dfrac{1}{C_B} & 0 \\ 0 & 0 & \dfrac{1}{C_L} \\ 0 & 0 & 0 \end{bmatrix} \tag{5-12}$$

$$X = \begin{bmatrix} T_B \\ T_L \\ T_{PTC} \end{bmatrix} \tag{5-13}$$

$$u = \begin{bmatrix} Q_{PTC} \end{bmatrix} \tag{5-14}$$

$$w = \begin{bmatrix} T_A \\ Q_B \\ Q_{PHE} \end{bmatrix} \tag{5-15}$$

将上述各式离散化，得到最终的电池温度预测模型，并导入MATLAB MPC Designer中进行MPC控制器的配置。离散化后的模型可以写成以下形式：

$$X(k+1) = \bar{A}X(k) + \bar{B}u(k) + \bar{E}w(k) \tag{5-16}$$

$$Y(k) = CX(k) \tag{5-17}$$

式中：

$$\bar{A} = e^{At} \tag{5-18}$$

$$\bar{B} = \int_0^t e^{A\tau} d\tau B \tag{5-19}$$

$$\bar{E} = \int_0^t e^{A\tau} d\tau E \tag{5-20}$$

由于传热介质本身的导热系数、黏度等性质随温度变化，因此 $\bar{A}$、$\bar{B}$、$\bar{E}$ 矩阵的元素在系统运行过程中是不断变化的。因此在Simulink软件中编写线性时变状态空间的计算模块，用于在每个仿真步长输入新的 $\bar{A}$、$\bar{B}$、$\bar{E}$，对MPC的状态空间预测模型进行更新，避免随着传热介质的特性变化导致模型失配。

最终的电池温度预测模型的状态空间表达式如下：

$$X(k+1) = \bar{A}(k)X(k) + \bar{B}(k)u(k) + \bar{E}(k)w(k) \tag{5-21}$$

$$Y(k) = CX(k) \tag{5-22}$$

5.2.2　控制指标及约束设计

设计MPC控制器需要对控制目标进行明确，需要在电池加温的过程中考虑电池温度控制精度、PTC加热的经济性，以及电机回路换热的可行性。

电池温度控制精度的控制目标可以描述为：

$$T_\text{B}(k) - T_\text{ref}(k) \to 0, \quad \text{当} k \to \infty \tag{5-23}$$

PTC加热时需要消耗电池电量，在MPC控制器设计时，需要用尽可能小的PTC加热功率来达到温度控制目标，因此，经济性控制目标可以概括为：

$$\min \left| Q_\text{PTC}(k) \right| \tag{5-24}$$

在系统实际运行过程中，控制器输入量和输出量都受到实际条件的限制：①PTC加热功率受实际情况限制，其范围应当在0至额定功率之间；②PTC加热元件温度应当低于其安全工作温度上限；③电池冷却液温度应当尽量低于电机冷却液温度控制阈值，但必须高于电池温度；④电池温度应当在安全工作温度范围内；⑤PTC加热功率的变化率受实际硬件限制，应当在要求的范围内。根据上述限制，将各变量约束条件整理列出如下。

$$Q_\text{PTC,min} \leqslant Q_\text{PTC}(k) \leqslant Q_\text{PTC,max} \tag{5-25}$$

$$T_\text{PTC,min} \leqslant T_\text{PTC}(k) \leqslant T_\text{PTC,max} \tag{5-26}$$

$$T_\text{L,min} \leqslant T_\text{L}(k) \leqslant T_\text{L,max} \tag{5-27}$$

$$T_\text{B,min} \leqslant T_\text{B}(k) \leqslant T_\text{B,max} \tag{5-28}$$

$$\Delta Q_\text{PTC,min} \leqslant \Delta Q_\text{PTC}(k) \leqslant \Delta Q_\text{PTC,max} \tag{5-29}$$

以上约束若直接采用硬约束的形式对MPC进行设置，可能会使求解因固定约束界限而无法得到可行解。为了解决这一问题，引入向量约束管理法的概念。向量约束管理法的基本原理是，引入松弛因子建立软约束，当系统的输入量或输出量超出设置的硬约束范围，避免最优问题不能得到可行性解。因此MPC引入松弛因子对模型进行改进，引入松弛因子的性能指标函数如下：

$$J(\boldsymbol{Y}, \boldsymbol{u}) = \sum_{i=1}^{N_\text{p}} \left[\boldsymbol{Y}(k) - \boldsymbol{Y}_\text{ref}(k) \right]^\text{T} \boldsymbol{Q} \left[\boldsymbol{Y}(k) - \boldsymbol{Y}_\text{ref}(k) \right] + \sum_{i=0}^{N_\text{c}} \boldsymbol{u}(k)^\text{T} \boldsymbol{R} u(k) + \rho \varepsilon^2$$

$$\tag{5-30}$$

式中　$\boldsymbol{Y}_\text{ref}(k)$ ——输出参考量；

$\boldsymbol{Q}$ ——系统输出预测误差的权重矩阵；

$\boldsymbol{R}$ ——控制量权重矩阵；

ε ——松弛因子；

ρ ——松弛因子惩罚系数；

N_p ——预测时域步长数；

N_c ——控制时域步长数。

从公式中可以看出，公式右侧第一项体现的是对温度控制精度的要求，第二项体现的是对控制量大小的要求，第三项为松弛因子的惩罚式。松弛因子的惩罚系数能够避免松弛因子大小无限增加，为松弛因子施加约束。惩罚系数的大小和松弛因子扩展约束的能力成正比。由此，在最终求解时，在得到可行解和约束松弛程度之间，能够得到平衡。

5.2.3 考虑路况信息的电池加热器控制策略优化

（1）路况信息数据处理

MPC基于采样时刻的参数预测未来系统状态的特点使其具有较好的动态特性来应对外部干扰，但其所做模型预测依然是基于当前时刻的数据。随着大数据路况信息在车联网技术中的应用逐渐成熟，提取加工后的路况信息也可以被用于优化MPC控制器。本小节在MPC控制器设计时，引入基于路况信息的电池发热量预测参数，与当前时刻电池实际发热量共同输入到MPC中，从而获得更佳的控制性能。

对路况信息的处理主要是对车辆当前位置前方道路上一定范围内车辆的平均速度和平均加速度进行统计和计算。建立模糊控制器，以车辆前方300s行驶路程范围内的车辆平均车速、平均加速度和平均驻车时间作为输入量，平均行驶功率需求作为输出。其中，输入量和输出量的模糊子集设置如下：平均车速 $\bar{v}$ 的模糊子集设置为 {正大（PB），正中（PM），正小（PS）}；平均加速度 $\bar{a}$ 的模糊子集设置为 {正大（PB），正小（PS），零（ZE），负小（NS），负大（NB）}；平均驻车时间占统计时域比例 k 的模糊子集设置为 {正大（PB），正中（PM），正小（PS）}；平均行驶功率需求预测值 $\bar{P}$ 的模糊子集设置为 {正大（PB），中大（MB），中小（MS），正小（PS）}。

参照上述模糊子集设置，将模糊规则设置语句整理如表5-3所示。

表5-3 模糊规则设置

v	a	k	P
PB	PB	PB	MS
PB	PB	PM	MB
PB	PB	PS	PB
PB	PS	PB	MS
PB	PS	PM	MB
PB	PS	PS	PB

续表

v	a	k	P
PB	ZE	PB	MS
PB	ZE	PM	MS
PB	ZE	PS	MB
PB	NS	PB	MS
PB	NS	PM	MS
PB	NS	PS	MB
PB	NB	PB	MS
PB	NB	PM	MS
PB	NB	PS	MS
PM	PB	PB	MS
PM	PB	PM	MB
PM	PB	PS	MB
PM	PS	PB	MS
PM	PS	PM	MB
PM	PS	PS	MB
PM	ZE	PB	MS
PM	ZE	PM	MS
PM	ZE	PS	MS
PM	NS	PB	PS
PM	NS	PM	MS
PM	NS	PS	MS
PM	NB	PB	PS
PM	NB	PM	PS
PM	NB	PS	MS
PS	PB	PB	PS
PS	PB	PM	PS
PS	PB	PS	MS
PS	PS	PB	PS
PS	PS	PM	PS
PS	PS	PS	MS
PS	ZE	PB	PS
PS	ZE	PM	PS
PS	ZE	PS	PS
PS	NS	PB	PS
PS	NS	PM	PS
PS	NS	PS	PS
PS	NB	PB	PS
PS	NB	PM	PS
PS	NB	PS	PS

参照实验车最高车速、最大加速度以及最大驱动功率性能数据,将平均车速、平均加速度和预测功率需求参数分别变换至[0, 1]、[−1, 1]和[0, 1]范围内,设置输入、输出隶属度函数分别如图5-10～图5-13所示。

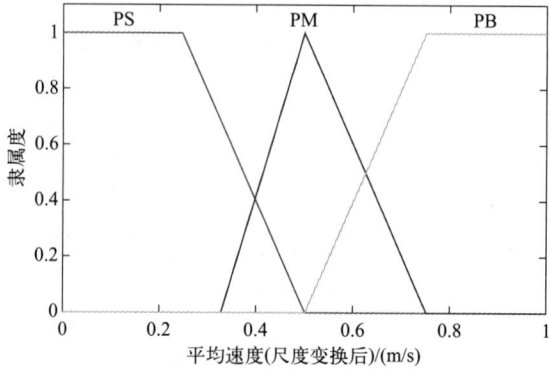

∧图5-10 平均速度的隶属度函数图

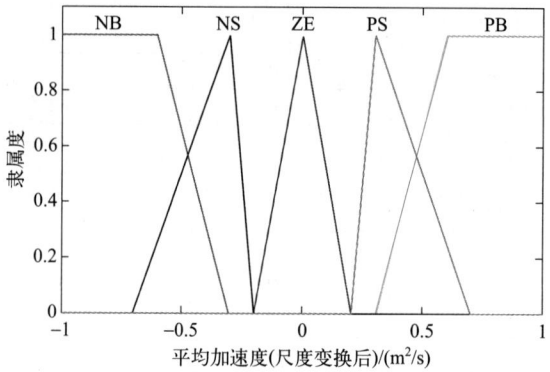

∧图5-11 平均加速度的隶属度函数图

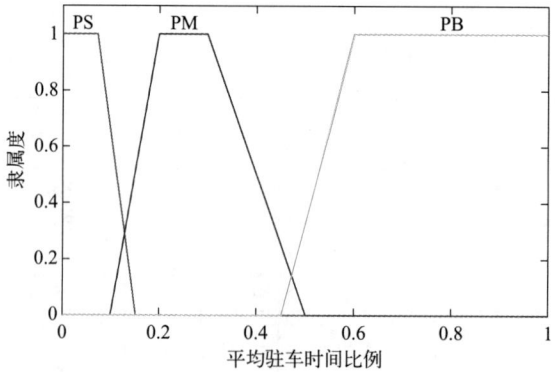

∧图5-12 平均驻车时间比的隶属度函数图

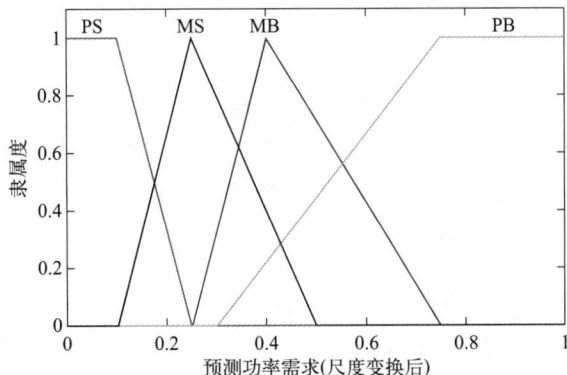

⌃图 5-13　行驶功率需求的隶属度函数图

（2）电池发热量可测扰动优化

在前文所述 MPC 设计时，电池产热量被作为可测输入扰动量代入模型进行计算。此时输入的仅仅是每个采样时刻的瞬时电池产热量。考虑本小节所用 MPC 策略需要较大的采样周期，采样时刻的瞬时电池产热量参数无法准确描述采样周期内的电池发热行为。引入路况信息数据计算得到的电池产热预测数值，与采样时刻的电池产热计算后得到新的电池产热量参数输入到 MPC 可测输入扰动接口。此处采用加权平均的方法计算修正后的电池产热量参数。

$$Q_B = (1-w)Q_{Breal} + wQ_{Bpredicted} \tag{5-31}$$

式中　w——预测值计算权重。

5.2.4　加热器控制策略优化仿真分析

（1）模型预测控制策略效果验证

为了验证所设计的模型预测控制策略的有效性，设计采用 PID 控制的加热器与模型预测控制做对比。对二者在 -10℃环境下进行三个 CLTC-P 工况（乘用车测试工况）测试的结果进行比较。

如图 5-14 所示，对比两种控制策略在对电池进行快速加温时的电池温升曲线，可以看到，采用模型预测控制策略能够提前计算预测电池达到适宜温度，从而提前减小加热功率，使电池在达到适宜温度后快速进入稳定阶段。而采用 PID 控制策略，则会由于电池温度对加热器加热功率响应的滞后而出现较大超调。

如图 5-15 所示，通过对比两种控制策略在测试过程中的加热器加热功率曲线，可以看出在电池快速加温阶段，模型预测控制策略提前减小了加热功

113

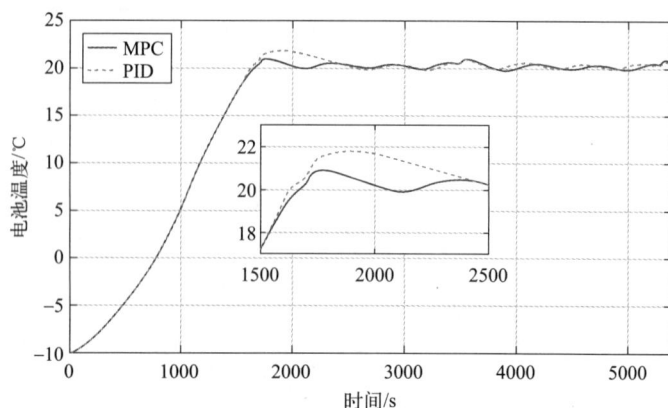

△图5-14　−10℃环境CLTC-P工况不同加热控制策略电池温度曲线图

率，避免了较大的超调；在电池保温阶段，模型预测控制同样具有性能优势，在电池温度下降时，模型预测控制能够给出适宜控制量保持温度稳定，而PID控制策略依然会由于电池温度响应滞后而给出过高的加热功率信号，导致温度波动。由此可见，模型预测控制策略在保证与PID控制策略同等的加温速率的情况下，能够获得更好的控制精度和更低的能量消耗。

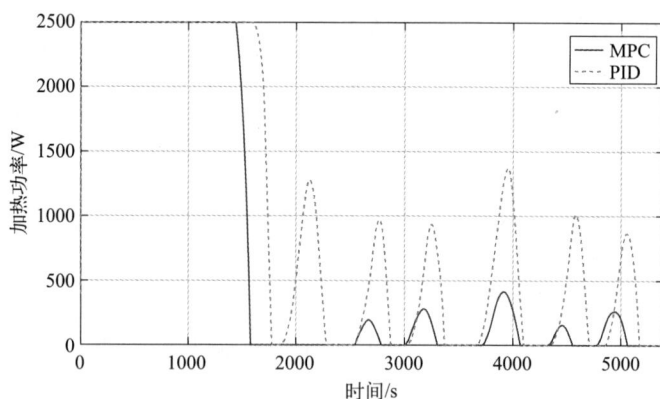

△图5-15　−10℃环境CLTC-P工况不同加热控制策略加热器功率曲线图

（2）基于路况信息的电池产热预测效果验证

为了验证采用基于路况信息的电池产热预测优化电池产热参数对模型预测控制策略精度的影响，设计两种控制策略对比，一种是采用实时电池产热量计算值作为输入扰动的模型预测控制策略，另一种是采用实时电池产热量计算值与基于路况信息的电池产热预测值加权平均后作为输入扰动的模型预测控制策略。分别采用这两种控制策略进行−10℃环境下的三个CLTC-P工况循环测试，将结果进行对比，如图5-16所示。

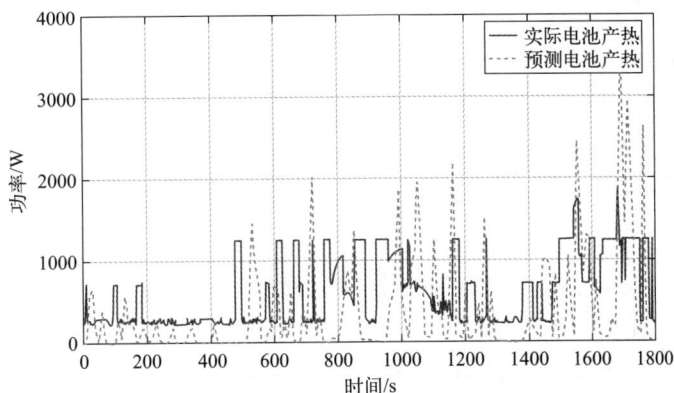

∧图5-16　CLTC-P工况电池产热实际值与预测值曲线图

图5-17展示了采用两种控制策略时的电池温度曲线以及加热器功率曲线。

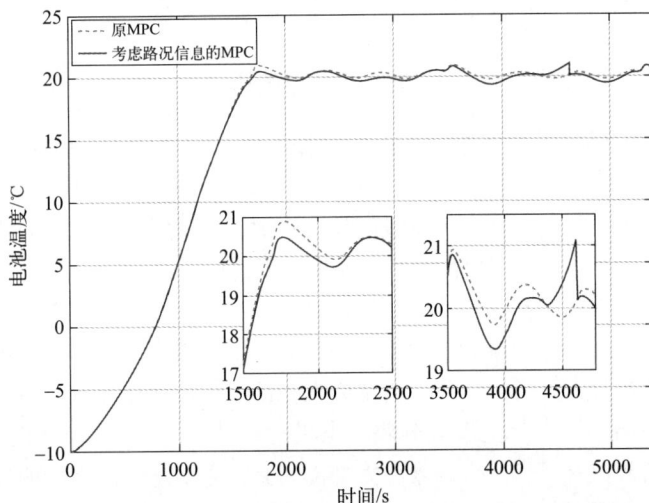

∧图5-17　-10℃环境CLTC-P工况不同电池产热计算方法电池温度控制效果对比图

　　在仿真前半段时间，可见工况循环高速工况时，采用加权平均后的电池产热量扰动参数，能够提前预测电池产热量增大，从而提前减少加热功率，避免出现过度加热的能量消耗。在工况循环低速拥堵工况时，采用加权平均后的电池产热量扰动参数，能够避免频繁启停时，电池产热量扰动值在采样时刻突变导致的加热功率计算偏差，从而减少了电池温度下降过多的情况。但是由于电池产热预测值偏大，造成加热功率输出值偏小，电池温度大多数时间略低于设定的适宜温度下限。在4500s处的温度波动可能是由于误差累计导致的系统控制量计算异常，需要优化电池预测产热量的计算方法和加权平均的权重系数来避免出现此类异常波动。

5.3
集成热管理系统最优温度控制方法

在某一特定的低温区间下，随着电池加热的受控温度升高，电池寿命的衰退比例逐渐降低，但同时电池能耗也将随之增大。针对电池受控目标温度选取，电池寿命衰退与电池能耗之间存在一定的矛盾性，所以需兼顾电池寿命和能耗两个目标，确定电池受控最优目标温度。本节基于Pareto遗传算法确定特定温度和工况下电池受控最优目标温度，并研究其与汽车行驶里程的关系。

5.3.1 电池寿命衰退分析及寿命模型建立

（1）电池寿命衰退机理及影响因素

在理想状态下，电池在工作过程中内部发生的是可逆反应，而在实际应用中，电池内部也会发生一系列不可逆的物理或化学反应，例如电极材料相变、电极材料溶解、集流体的腐蚀、SEI膜的增长等，锂电池内部这些微观层面的反应宏观上表现为电池内阻升高和容量衰减，从而造成电池不可逆的寿命损失。

锂电池本身是一个相当复杂的系统，锂离子电池寿命的衰退通常并不是由某单一因素造成的，而是由多种因素相互耦合所致。影响锂电池寿命的因素一般可分为两类，一类为内部因素，即与锂离子电池自身有关的因素，其中包括锂离子还原、电解液分解、电极材料结构相变、电池隔膜老化、SEI膜生成、自放电等；另一类因素称为外部因素，主要与电池实际所处的工作环境与运行工况有关，例如外界环境温度与自身温度、充放电流倍率、电池的放电深度（depth of discharge，DOD）等。据研究表明，电池温度过高会加剧电池副反应从而加速电池老化，电池温度过低又会加速金属锂的析出，使电池内阻增加；较大充放电流倍率会增大电池负极表面SEI膜的厚度，造成电池负极锂离子还原并沉淀，加速电池的容量衰减；电池在总放电量相同的情况下，DOD越大，电池寿命衰退速率越大。

（2）电池寿命模型确定

电池寿命衰退模型通常分为三类：物理化学模型、等效电路模型和经验模型。物理化学模型主要基于电池内部老化机理建立的电池寿命预测模型，例如通过电池内部化学反应原理获取 SEI 增长机理与电池寿命衰退的关系，这种建模方法精确度高、适应性强，但建模过程复杂、计算量大并受循环工况限制；等效电路模型相较于物理化学模型计算量小、实用性强，但是需要在线辨识等效电路模型参数，模型准确性并不是太高；经验模型通过实验数据拟合模型参数，确定电池寿命衰退公式，相较于前两种模型，适应性更强同时又兼顾模型准确性。

根据以上分析，锂离子电池寿命的衰退程度通常表现为容量衰减和内阻增加，见式（5-32）和式（5-33）。

$$SOH = \frac{Q_{\text{end}} - Q_{\text{current}}}{Q_{\text{end}} - Q_{\text{new}}} \tag{5-32}$$

式中　Q_{end}——电池最终寿命时容量；

Q_{current}——当前电池容量；

Q_{new}——初始电池容量。

$$SOH = \frac{R_{\text{end}} - R_{\text{current}}}{R_{\text{end}} - R_{\text{new}}} \tag{5-33}$$

式中　R_{end}——电池最终寿命时内阻；

R_{current}——当前电池内阻；

R_{new}——初始电池内阻。

一般将电池最终寿命定义为电池容量损失达到20%或电池内阻增长达到30%所需要的时间。对于能量型电池，其容量高，能量密度高，一般用电池容量衰退表征电池寿命损失；而对于功率型电池，其容量相对较低，能量密度低，功率密度高，一般用电池内阻增加表征电池寿命损失。因此本节选用电池容量损失模型作为电池寿命衰退模型。

Wang 等人考虑电池寿命受温度、使用时间、SOC 及充放电电流影响，通过实验数据拟合得到公式如下：

$$Q_{\text{loss}\%} = B \cdot \exp\left(\frac{-31700 + 370.3 \times C_{\text{rate}}}{R_{\text{a}}T}\right)(A_{\text{h}})^{0.55} \tag{5-34}$$

式中　B——指前因子，与电池 SOC 有关；

C_{rate}——充放电倍率；

R_{a}——气体常数，取值 8.314 J/(mol·K)；

T——绝对温度，K。

Sarasketa-Zabala 等人考虑电池所处环境温度、电池荷电状态、放电深度和放电电流等因素，提出的电池日历寿命半经验数学模型如下：

$$Q_{\text{loss}\%} = \alpha_1 \cdot \exp(\beta_1 T^{-1}) + \alpha_2 \cdot \exp(\beta_2 \cdot SOC) t^{0.5} \tag{5-35}$$

提出的循环寿命模型如下：

$$Q_{\text{loss}\%} = \begin{cases} (\gamma_1 \cdot DOD^2 + \gamma_2 \cdot DOD + \gamma_3) k A_{\text{h}}^{0.87}, & 10\% \leqslant DOD \leqslant 50\% \\ \alpha_3 \cdot \exp(\beta_3 \cdot DOD) + \alpha_4 \cdot \exp(\beta_4 \cdot DOD) k A_{\text{h}}^{0.65}, & \text{其他} \end{cases} \tag{5-36}$$

式中　t——电池存放时间，天；

DOD——电池放电深度；

A_{h}——通过电池的总电荷，kW·h；

k——动态操作条件的校正因子；

$\alpha_1 \sim \alpha_4$，$\gamma_1 \sim \gamma_3$，$\beta_1 \sim \beta_4$ 为拟合参数。

谢雨以电池的容量变化为基础，同时考虑环境温度、电池充放电电流、电池充放电时间等因素建立磷酸铁锂电池老化模型，其表达式如下：

$$\Delta SOH(j) = \frac{[I_{\text{c}}(j) \times \zeta_1 + T_{\text{c}}(j) \times \zeta_2] t_{\text{c}}(j) + [I_{\text{d}}(j) \times \zeta_3 + T_{\text{d}}(j) \times \zeta_4] t_{\text{d}}(j)}{\Sigma[I_{\text{c}}(j) \times \zeta_1 + T_{\text{c}}(j) \times \zeta_2] t_{\text{c}}(j) + \Sigma[I_{\text{d}}(j) \times \zeta_3 + T_{\text{d}}(j) \times \zeta_4] t_{\text{d}}(j)} \times \Delta SOH \tag{5-37}$$

式中　I_{c}、I_{d}——分别为平均充放电电流，A；

T_{c}、T_{d}——分别为平均电池和环境温度，℃；

t_{c}、t_{d}——分别为充放电时间，s；

ζ_i——不同因素的等效影响系数；

ΔSOH——电池使用一段时间后电池的老化程度，%。

Song 等人建立一个温度范围更宽泛的电池寿命模型，其考虑温度在0℃以下的电池容量损失公式如下：

$$Q_{\text{loss}\%} = 0.0032 \exp\left[\frac{-15162 + 1516 \times C_{\text{rate}}}{8.314 \times (|285.75 - T_{\text{b}}| + 265)}\right] A_{\text{h}}^{0.849} \tag{5-38}$$

式中　$Q_{\text{loss}\%}$——电池容量衰退比例；

T_{b}——电池温度；

C_{rate}——电池充放电倍率。

式（5-38）中表示的是电池在某恒定温度下以某一恒定电流倍率充放电的衰退比例，由于纯电动汽车在实际运行过程中是一个动态过程，需对式（5-38）进行求导，得到其在每个时刻的电池容量衰退比例，如式（5-39）所示，最后对式（5-39）积分得到最终电池容量，如式（5-40）所示。

$$\dot{Q}_{\text{loss}\%} = 7.547 \times 10^{-7} \cdot \exp\left[\frac{-15162 + 1516 C_{\text{rate}}}{8.314 (|285.75 - T_{\text{b}}| + 265)}\right] A_{\text{h}}^{-0.151} |I| \tag{5-39}$$

$$Q_{\text{loss\%}} = \int_{t_0}^{t_e} \dot{Q}_{\text{loss\%}} \mathrm{d}t \qquad （5\text{-}40）$$

式中　t_0——初始时刻；

　　　t_e——终末时刻；

　　$\dot{Q}_{\text{loss\%}}$——每个时刻电池的容量衰退比例。由于本书中涉及低温电池寿命研究，故选择本章文献[9]作为本节所采用的电池寿命模型，其模型建立如图5-18所示。

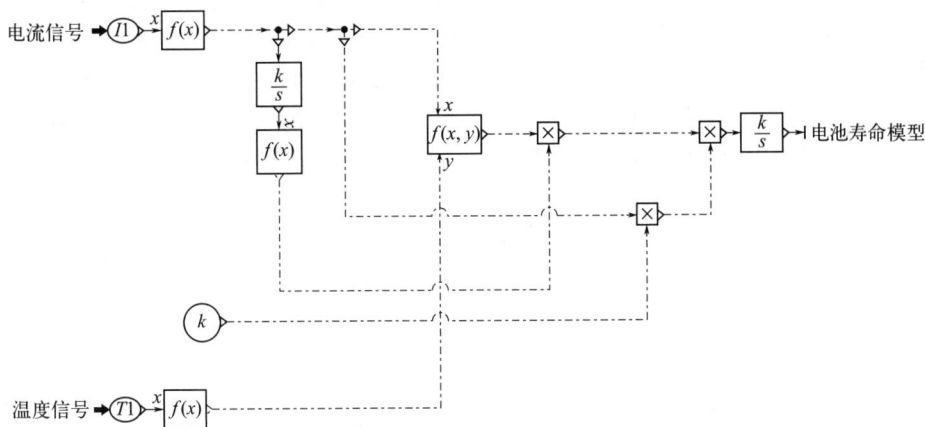

︿图5-18　电池寿命模型搭建

5.3.2　基于遗传算法的多目标优化方法

（1）多目标优化与Pareto最优解

多目标优化（multi-objective programming，MOP）是研究多个目标在一定区域内最优问题的一种方法。由于实际的工程设计过程中，系统中往往存在着多个相互矛盾或相互耦合的性能目标函数，若某一个目标函数求得最优解时，该对应解一般是不利于其他目标函数取值，所以一般很难同时求得满足所有目标函数的"绝对最优解"，而多目标优化的方法可以根据实际性能需求平衡对多个目标函数同时实施优化，使这些目标在一定的区域内达到最佳的状态。

多目标优化模型主要包含三大要素，即优化目标、决策变量和约束条件。以最小值优化问题为例，多目标优化模型的数学表示为：

$$\begin{cases} \boldsymbol{F}(x) = \min\left\{F_1(x), F_2(x), \cdots F_n(x)\right\}, n = 1, 2, \cdots, N \\ \text{s.t.} G_i(x) \leqslant 0, i = 1, 2, \cdots, m \\ H_j(x) = 0, j = 1, 2, \cdots, m \\ \boldsymbol{X} = \left[x_1, x_2, \cdots, x_d \cdots, x_D\right] \\ X_{d\_\min} \leqslant x_d \leqslant X_{d\_\max}, d = 1, 2, \cdots, D \end{cases} \qquad （5\text{-}41）$$

式中　$F(x)$——目标向量；

　　　N——优化目标总数；

$G_i(x) \leqslant 0$，为第i个约束不等式；$H_j(x) = 0$为第j个约束等式；$F_n(x)$为第n个目标函数，$X = [x_1, x_2, \cdots, x_d, \cdots, x_D]$为决策向量；$X_{d\_max}$和$X_{d\_min}$为各维解向量搜索的上限和下限。

与一些单目标优化问题相比，在多目标优化问题中通常是不存在一个解能够在所有目标函数上都优于其他解，如图5-19所示，$f(x)$是目标函数，x^*是使各目标函数同时达到最优的解，即绝对最优解，该类求解问题一般是不存在的，因此多目标优化问题中通常不存在绝对最优解。多目标优化求解过程本质上是平衡每一个子目标性能需求，在改进任何目标函数的同时不削弱至少一个其他目标函数，最终得到使每个子目标尽可能最优的一组均衡解，该解集通常称为Pareto最优解，其在解空间形成的曲线或曲面被称为Pareto前沿，如图5-20所示，$\tilde{x}$即是多目标优化模型的Pareto最优解。

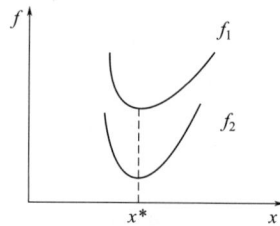

⌃图5-19　多目标优化问题的最优解

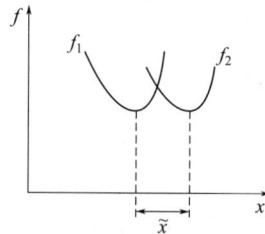

⌃图5-20　多目标优化问题的Pareto最优解

根据上文所述，一般多目标优化求解过程可以用图5-21表示。

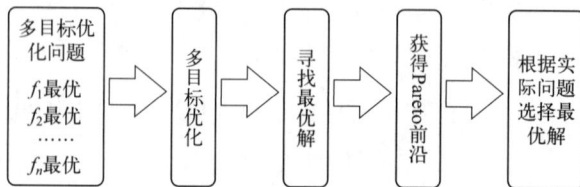

⌃图5-21　多目标优化求解过程

（2）遗传算法介绍

遗传算法（genetic algorithm, GA）是由美国学者 John Holland 于 20 世纪 60 年代提出的一种基于自然进化过程的搜索和优化方法，其借鉴了达尔文的进化论与孟德尔的遗传学说，针对多目标优化问题中相互耦合且相互矛盾的现象，利用自然界"优胜劣汰、适者生存"原则，通过选择、交叉、变异等遗传操作，产生适应度较高的群体，并通过不断迭代的方式，最终求得相应最优解。与传统算法相比，遗传算法全局搜索和并行计算能力强，可以通过多个处理器并行搜索和计算整个解空间，并自适应地调整搜索过程以获得最佳解，其本质上是一种高效、并行、全局搜索的方法。遗传算法可以用于各种优化问题上，特别是搜索空间大且复杂问题中，如组合优化、机械学习等。遗传算法基本原理如图 5-22 所示。

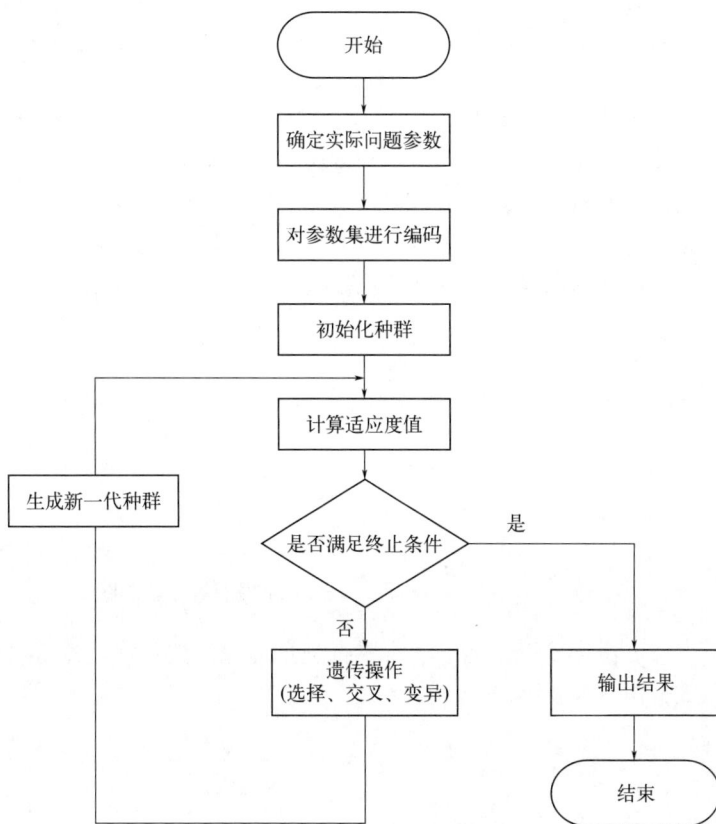

︽图 5-22　遗传算法流程图

根据遗传算法流程图，可以确定遗传算法的具体求解步骤如下。

① 编码：将问题的候选解用二进制表示，实现解空间向编码空间的映射。

② 生成初代种群：随机生成一组个体，构成初始种群，种群规模通过实际问题确定。

③ 确定适应度函数：通过需求解的最优化目标函数确定适应度函数，并利用其评估每个个体的适应度。

④ 进化计算：通过选择、交叉、变异操作，生成新的解集的群体。

⑤ 终止条件：一般设定适应度达到预设值或者算法达到最大迭代次数作为终止条件。

5.3.3 集成热管理系统多目标优化分析

（1）多目标优化模型建立

通过对电池寿命衰退机制的分析，将电池寿命衰退与温控机制结合，完善热管理系统中电池温度阈值管控分析。利用 Pareto 最优原理，对电池受控目标温度进行寻优，以求达到电池寿命衰退与能耗的平衡。

电池等效电路模型采用 Rint 模型，Rint 模型又称内阻模型，如图 5-23 所示。它将锂离子电池等效为由一个理想电压源和欧姆内阻串联形成的结构，U_{oc} 为电池的开路电压，R 为电池的内阻，两者均是电池温度、荷电状态的函数，该模型可以准确地表示电池的热模型、能耗模型和寿命模型。当电池通过电流 I 时，电池的端电压 U_{bat} 可以由下式表示：

$$U_{bat} = U_{oc} - IR \tag{5-42}$$

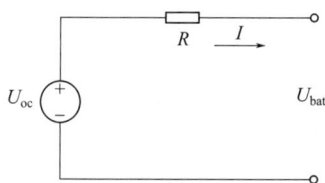

︿图 5-23　Rint 模型等效电路图

低温环境下，纯电动汽车行驶过程电池的负载电流可以写成总功率的函数，由下式表示：

$$I = \frac{xP_{PTC} + P_M + P_{Aux}}{U_{bat}\eta_{bat}} \tag{5-43}$$

式中　P_{PTC}——PTC 功率，W;

　　P_M——电机功率，W;

　　P_{Aux}——汽车一些附加设备功率损耗，如照明等，可看作一个常数，W;

　　η_{bat}——电池充放电效率;

x——PTC 开闭条件判断，PTC 开启，$x=1$，PTC 关闭，$x=0$。

在汽车制动和驱动模式下，电机功率由下式表示：

$$P_M = \begin{cases} \dfrac{V_{veh}(F_r + F_a + \delta m \dot{V}_{veh})}{\eta_{veh}}, \text{驱动} \\[4mm] V_{veh}(F_r + F_a + \delta m \dot{V}_{veh})\eta_{veh}, \text{制动} \end{cases} \tag{5-44}$$

式中　V_{veh}——汽车车速，km/h；

$\quad\quad F_r$——滚动阻力，N；

$\quad\quad F_a$——空气阻力，N；

$\quad\quad \delta$——旋转惯量转换系数；

$\quad\quad m$——整车质量，kg；

$\quad\quad \eta_{veh}$——整车传动系统效率。

结合式（5-42）、式（5-43）和式（5-44），电池电流可以由下式表示：

$$I = \begin{cases} \dfrac{U_{oc} - \sqrt{U_{oc}{}^2 - \dfrac{4R}{\eta_{bat}}\left(xP_{PTC} + \dfrac{V_{veh}(F_r + F_a + \delta m \dot{V}_{veh})}{\eta_{veh}} + P_{Aux}\right)}}{2R}, \text{驱动} \\[6mm] \dfrac{U_{oc} - \sqrt{U_{oc}{}^2 - \dfrac{4R}{\eta_{bat}}\left(xP_{PTC} + V_{veh}\left(F_r + F_a + \delta m \dot{V}_{veh}\right)\eta_{veh} + P_{Aux}\right)}}{2R}, \text{制动} \end{cases}$$

$$\tag{5-45}$$

电池的荷电状态（SOC）用于反映电池电量使用情况，同时考虑电池容量损失，其值可以通过安时积分法获得，其公式如下：

$$SOC(t) = SOC(0) - \frac{1}{3600}\int \frac{I}{Q_{init}(1 - Q_{loss\%})}\mathrm{d}t \tag{5-46}$$

式中　$SOC（t）$——t 时刻电池的 SOC；

$\quad\quad SOC（0）$——初始时刻的电池 SOC；

$\quad\quad Q_{init}$——不同温度下电池初始容量。

所以电池的电量消耗比例可以用 SOC 表示，其公式如下：

$$\Delta SOC = \frac{1}{3600}\int \frac{I}{Q_{init}(1 - Q_{loss\%})}\mathrm{d}t \tag{5-47}$$

根据电池生热和电池热传机理可以得到电池温度随时间的变化情况，其表达式如下所示：

$$\dot{T}_b = \frac{q + Q_{b-c} - Q_a}{m_b c_b} \tag{5-48}$$

$$\dot{T}_{b} = \frac{\left(I^{2}R + IT_{b}\dfrac{\mathrm{d}U_{oc}}{\mathrm{d}T_{b}}\right)/V + \dot{m}_{w}C_{w}(T_{wi} - T_{wo}) - hA_{b}(T_{b} - T_{f})}{m_{b}C_{b}} \qquad (5\text{-}49)$$

式中　$\dot{m}_{w}$ ——冷却液质量流量，kg/s；

　　　C_{w} ——冷却液比热容，J/（kg·K）；

　　　T_{wi} ——电池入口冷却液温度，K；

　　　T_{wo} ——电池出口冷却液温度，K；

　　　m_{b} ——电池质量，kg；

　　　C_{b} ——电池比热容，J/（kg·K）。

定义优化设计变量为电池受控目标温度 T_{b}，即：

$$X = T_{b} \qquad (5\text{-}50)$$

优化目标函数：

$$\begin{cases} f_{1}(X) = \Delta SOC \\ f_{2}(X) = Q_{loss\%} \end{cases} \qquad (5\text{-}51)$$

鉴于过高的放电深度会加速电池老化，同时兼顾对电池能量的有效利用，将 SOC 的下限定为 0.2。研究低温下电池受控目标温度的选取，根据本章文献 [9-10] 确定电池寿命损失模型运行结果，如图 5-24 所示，在 10～20℃之间电池容量损失存在一个最小值，此将电池温度上限定为 20℃，下限则定为环境温度。另外也需考虑座舱温度是否满足实际使用要求，汽车在工作过程中需将座舱温度维持在 18～25℃。根据上文所述，最终确定优化约束条件如下：

$$\begin{cases} T_{0} \leqslant T_{b} \leqslant 20 \\ 18 \leqslant T_{c} \leqslant 25 \\ 0.2 \leqslant SOC(t) \leqslant 1 \end{cases} \qquad (5\text{-}52)$$

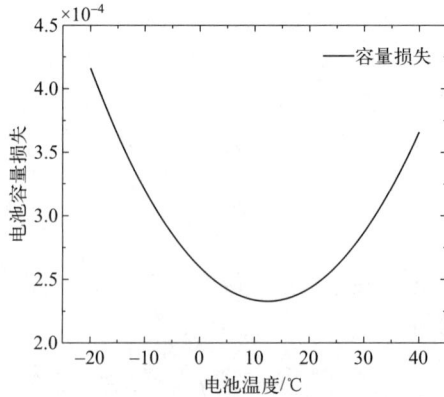

△图 5-24　1C 下电池容量损失随温度变化图

（2）多目标优化结果与分析

仿真模型环境温度设置为−20℃，车辆行驶工况设置为CATC工况（中国汽车行驶工况），仿真中各回路的初始水温、电池初始温度以及座舱初始温度均与环境温度相同，考虑到遗传算法仿真迭代时间较长，工作量较大，故仿真时间设置为三个CATC工况，共5400s。电池受控加热温度通过遗传算法优化，遗传算法相关参数选择如表5-4所示，输入和输出设置如表5-5所示。

表5-4　遗传算法相关参数选择

名称	参数
种群大小	50
复制比率/%	80
最大迭代次数	50
变异率/%	10
变异幅度	0.8

表5-5　遗传算法输入及输出设置

输入/输出	名称	下限	上限
输入	电池加热受控温度/℃	−20	20
输出	电池容量衰减比例/%	/	/
	电池SOC下降比例/%	/	/
	座舱温度/℃	18	25
	电池SOC/%	20	100

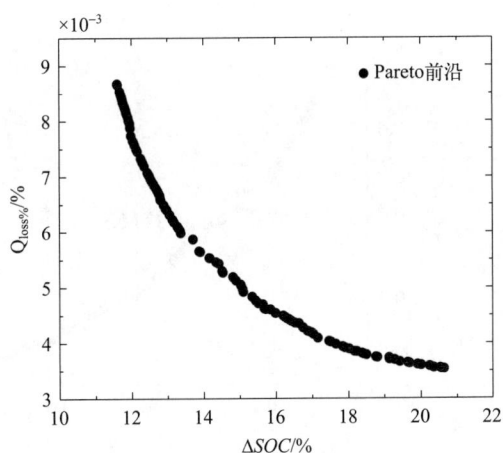

△图5-25　Pareto前沿解集图

图5-25中，横坐标表示电池电量消耗比例SOC，单位为%，纵坐标表示电池容量衰减比例$Q_{loss\%}$，单位为%。优化结果直观地体现出电量消耗和电池寿命衰减两目标之间存在着矛盾性，一个目标函数值的改进往往会以牺牲另一个目标函数值为代价。针对能耗经济性和电池寿命两个优化目标对热管理控制参数进行优化的过程，本质上就是合理控制热管理系统电池加热的过程，既要保证能耗经济性的提高，同时也要合理考虑对电池寿命的影响。

为了更好地确定Pareto最优解，需对仿真结束后电池容量衰减比例和电量消耗比例进行归一化处理，使每个目标的归一化值都在0到1之间，归一化公式如下式所示：

$$y(i) = \frac{x(i) - x_{\min}}{x_{\max} - x_{\min}} \tag{5-53}$$

式中　$x(i)$——原始数据；

　　$x_{\min}$、$x_{\max}$——原始数据中的最小值和最大值；

　　$y(i)$——归一化后的数据。

Pareto最优解为Pareto前沿边界上最接近理想点（坐标原点）的坐标，该目标解不仅位于Pareto前沿，而且是使两个目标实现了性能最佳的可能值。

图5-26中，电池加热受控目标温度为-5.2℃，座舱温度也维持在18℃左右，两者变化图如图5-27所示，最终电池电量消耗比例SOC为14.53%，最终的电池容量衰减比例为0.005270%，如图5-28所示。

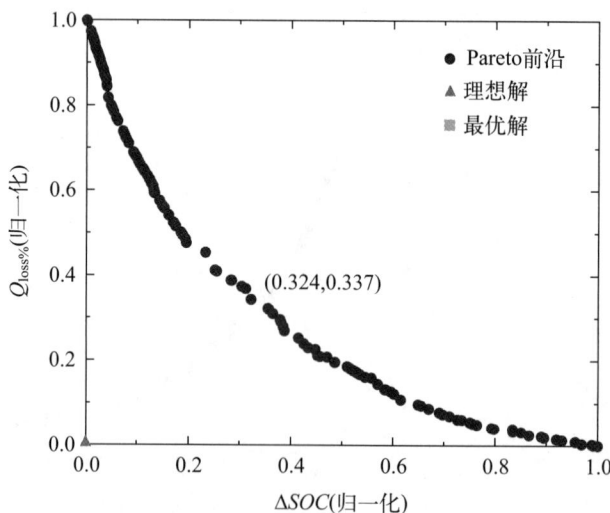

△图5-26　归一化处理后的Pareto图

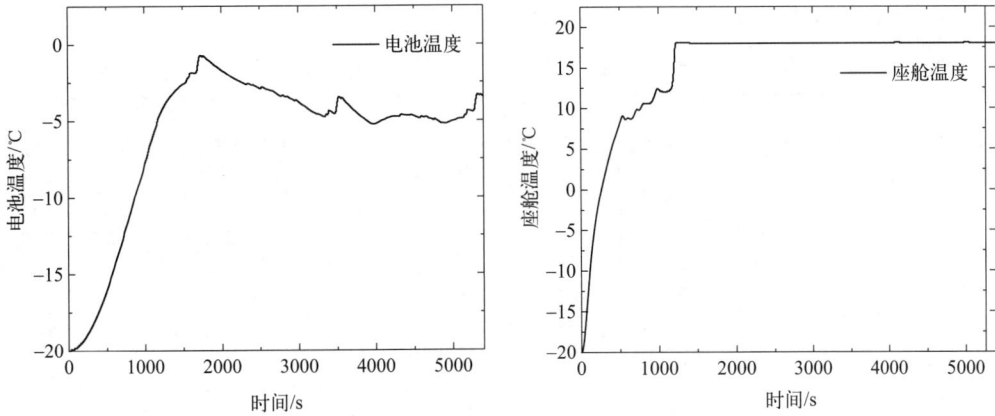

∧图 5-27　电池和座舱温度变化图

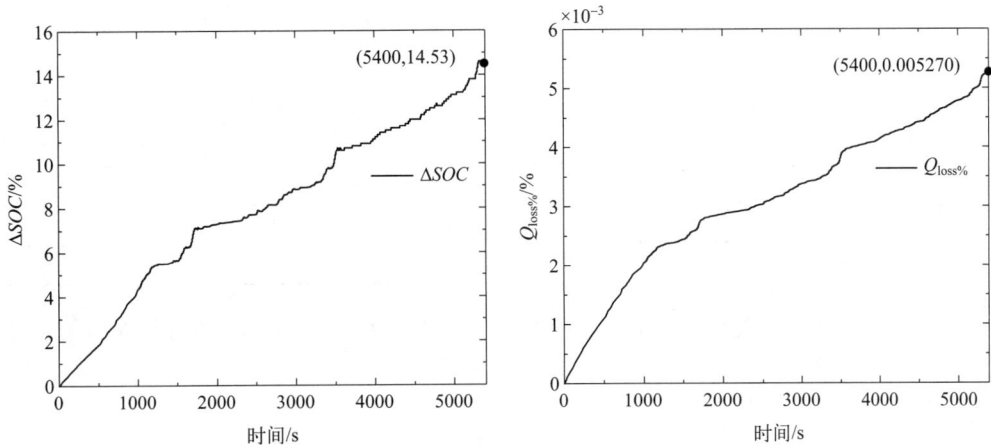

∧图 5-28　ΔSOC 和电池容量衰减比例变化图

（3）不同行驶里程的电池受控目标温度选取

一般纯电动汽车热管理系统的控制参数主要是基于前期标定的 Map 图，通过对应工况查表或插值得到相应的输出参数。但是同一汽车行驶工况下，不同的环境温度和汽车行驶里程电池受控目标温度可能并不完全相同，若仅仅依靠某一确定温度阈值，并不能使整个热管理系统各方面性能达到最佳状态，所以对于电池受控目标选取需结合汽车所处实际环境温度、行驶工况以及汽车行驶里程三者因素共同考虑。本小节研究环境温度 −20 ～ 0℃，等速 40km/h、80km/h 和 120km/h 工况在不同行驶里程下电池受控目标温度选取，并分析特定工况下电池受控目标温度与环境温度和行驶里程之间的关系。

基于 Pareto 最优解选取规则，可以得到不同环境温度、汽车行驶工况和行

127

驶里程下电池受控最优目标温度，如表5-6所示。

表5-6　不同环境温度、行驶工况和行驶里程下电池受控最优目标温度

环境温度/℃	工况/(km/h)	里程/km	最优目标温度/℃				
−20	40	20	−19.40	−6.26	−4.14	−3.60	−3.34
	80		−18.60	−5.20	−2.90	−2.45	−2.15
	120		−16.40	−3.60	−1.20	−1.20	−1.20
−15	40	60	−14.65	−4.85	−1.35	−0.26	0.05
	80		−13.25	−3.45	−0.65	0.75	1.04
	120		−11.50	−0.65	2.15	2.15	2.15
−10	40	100	−9.51	0.29	2.38	2.66	2.66
	80		−8.50	0.90	2.90	4.10	4.10
	120		−6.10	5.30	5.30	5.30	5.30
−5	40	140	−4.60	4.75	5.75	5.75	5.75
	80		−3.25	5.25	7.25	7.25	7.25
	120		−1.25	8.75	8.75	8.75	8.75
0	40	180	0.42	7.80	9.00	9.00	9.00
	80		1.60	8.60	10.55	10.55	10.55
	120		3.80	12.20	12.20	12.20	12.20

为了直观地反映不同工况下电池受控目标温度与环境温度和汽车行驶里程两者之间的关系，将表5-6数据整合为图5-29。

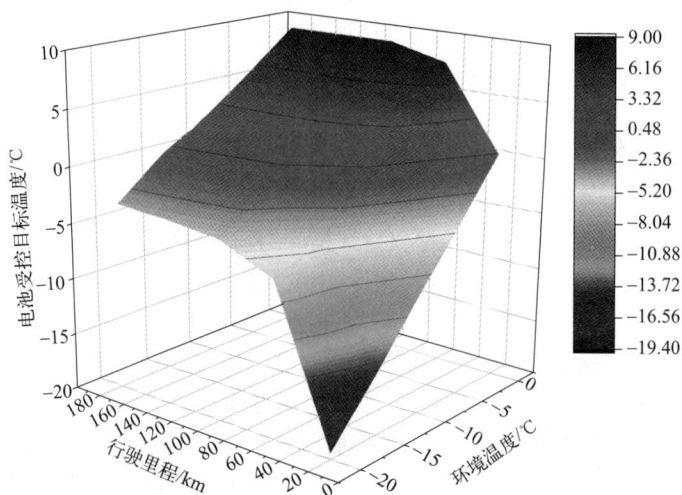

(a) 40km/h

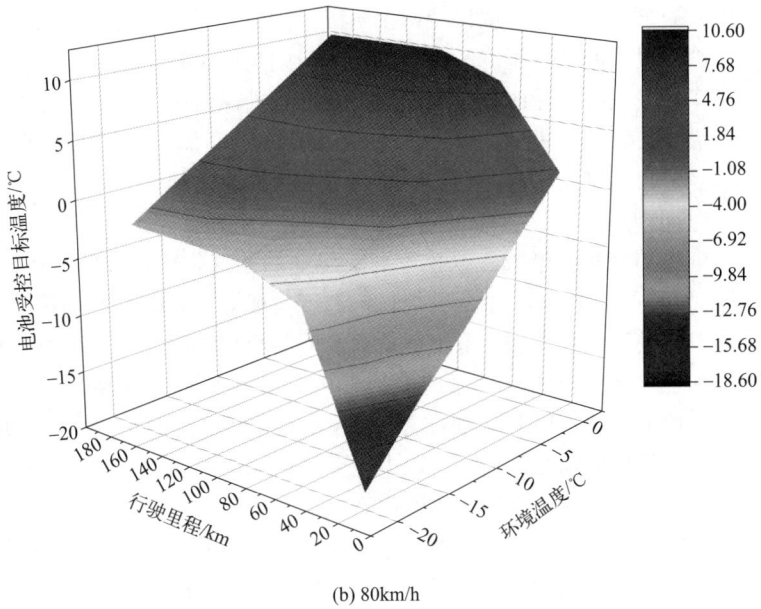

(b) 80km/h

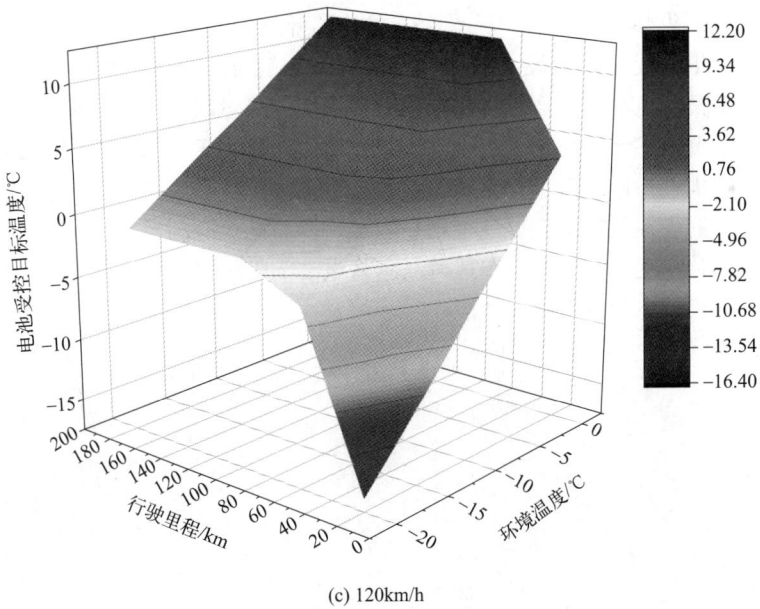

(c) 120km/h

︿图5-29 不同工况下电池受控目标温度与环境温度和行驶里程关系Map图

从图5-29可以看出，在相同的环境温度下，电池的受控目标温度整体上随着汽车行驶里程的增加而上升，并在最后逐渐达到一个相对稳定的值。在解释这一现象之前，需明白低温电池加热过程，如图5-30所示，低温电池加热主要分为升温和温度保持两个阶段,升温阶段指的是将电池温度快速加热至电池所设置的阈值温度,温度保持阶段则指的是将电池温度维持在阈值温度。汽车行驶里程较短时,电池加热主要处于升温阶段,该阶段的电池加热主要是依靠PTC加热回路冷却液,通过回路冷却液对流换热使得电池温度上升。电池受控目标温度越高,PTC参与电池加热的时间越长,电池的放电电流持续增大时间则越久,这反而可能不利于电池的寿命。另外PTC开启时间越长,电池电量消耗也会增加,这也不利于电池的能耗优化。因此,在行驶里程为20km时,三种工况下,电池受控目标温度与环境温度相差不大甚至几乎相同。而随着行驶里程的增加,电机驱动系统回路冷却液则会有充裕的时间实现电机余热加热电池,电机驱动系统会接替PTC为电池加热或者维持其温度稳定,在此阶段下,PTC用于电池加热的能量消耗很少,而且随着电池温度的升高,电池的容量损失则会降低,所以电池受控目标温度会随着行驶里程的增加有一段升高过程,这样更有利于热管理系统的整体效益。另外并不是电池受控目标温度越高越好,电池温度越高,电池与外界环境换热量越大,电机驱动系统余热不够维持电池温度,此时需要频繁启停PTC以便维持电池温度的稳定,这则会加剧电池容量损失和能量消耗,因此电池受控目标温度值随着行驶里程的增加也会趋于稳定。从图5-31可以看出,在相同行驶里程下,随着车速的增加,电池受控目标温度整体也是呈现上升趋势。产生这种现象主要原因是车速越高,电池自身产热量和电机驱动系统产热量越大,在这种情况下,热管理系统会将这部分热量用于加热电池以尽量减少PTC的开启,以便减少电池的能量消耗,同时汽车行驶速度越大,整个热管理系统也会有更多的热量可以将电池的受控目标温度提升至更高的水平,如此更有利于减少电池的寿命损失。所以从车速的角度看,车速越高应将电池的受控目标设定得更高一些,这样更有利于纯电动汽车整体性能。

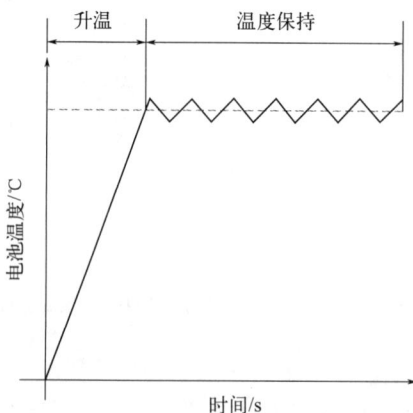

△图5-30 低温电池温度变化示意图

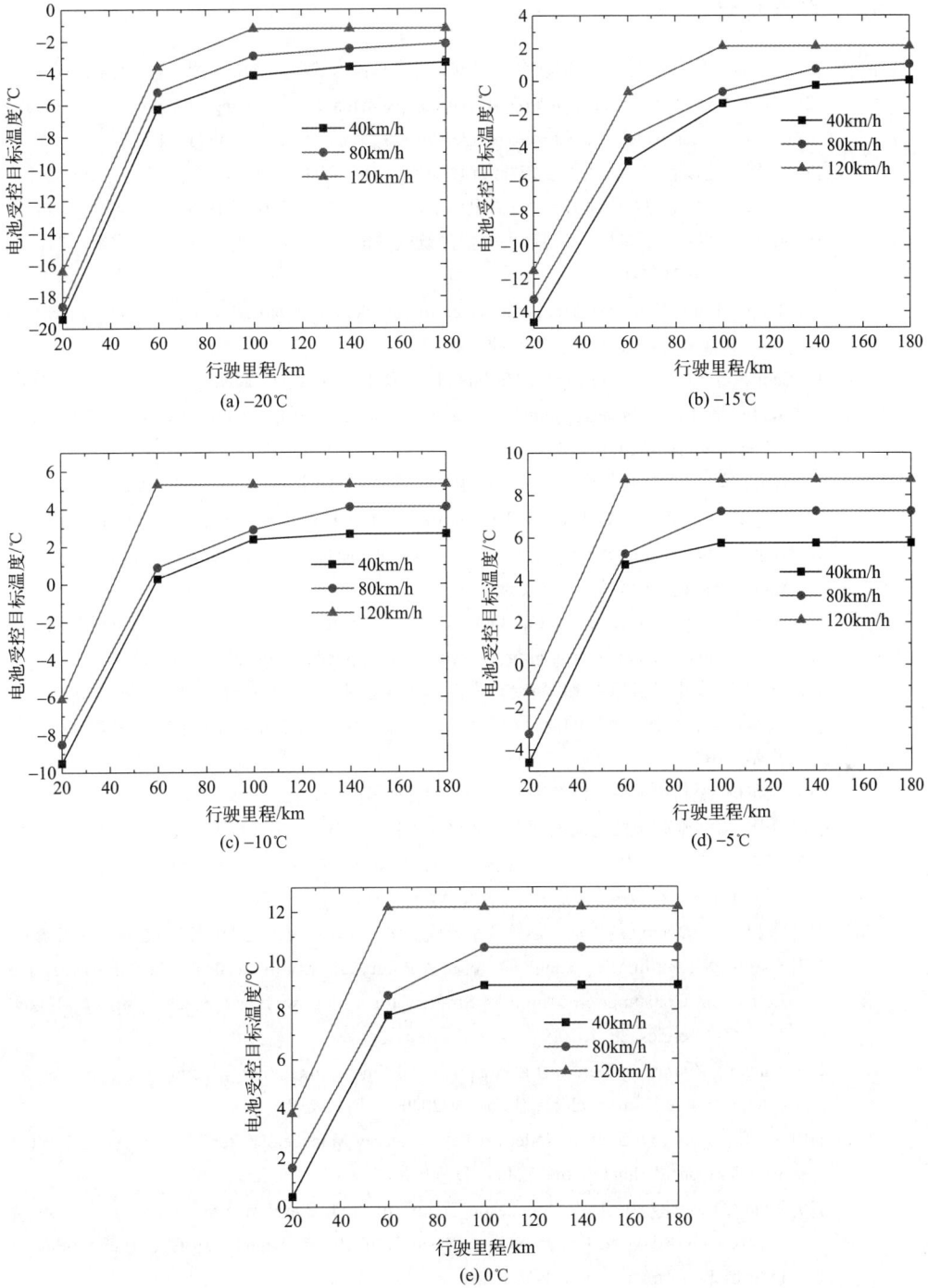

(a) −20℃

(b) −15℃

(c) −10℃

(d) −5℃

(e) 0℃

∧图5-31　不同环境温度下电池受控目标温度变化图

参考文献

[1] 施文骏. 基于数据驱动的电动汽车锂电池寿命预测方法研究[D]. 杭州：浙江大学, 2020.

[2] Zhu T, Min H, Yu Y, et al. An optimized energy management strategy for preheating vehicle-mounted li-ion batteries at subzero temperatures[J]. Energies, 2017, 10(2): 243.

[3] 张益鹰. 电动客车动力电池系统寿命模型和耐久性管理研究[D]. 北京：北京理工大学, 2017.

[4] 李卓昂. 基于电池寿命预测的增程式电动车动力总成控制策略研究[D]. 长春：吉林大学, 2021.

[5] 张剑波, 卢兰光, 李哲. 车用动力电池系统的关键技术与学科前沿[J]. 汽车安全与节能学报, 2012, 3(02):87-104.

[6] Wang J, Liu P, Hicks-Garner J, et al. Cycle-life model for graphite-LiFePO4 cells[J]. Journal of power sources, 2011, 196(8): 3942-3948.

[7] Sarasketa-Zabala E, Gandiaga I, Martinez-Laserna E, et al. Cycle ageing analysis of a LiFePO4/graphite cell with dynamic model validations: Towards realistic lifetime predictions[J]. Journal of Power Sources, 2015, 275: 573-587.

[8] 谢雨. 车用动力电池健康状态及寿命预测模型研究[D]. 长春：吉林大学, 2022.

[9] Song Z, Hofmann H, Li J, et al. The optimization of a hybrid energy storage system at subzero temperatures: Energy management strategy design and battery heating requirement analysis[J]. Applied energy, 2015, 159: 576-588.

[10] Song Z, Hofmann H, Li J, et al. Optimization for a hybrid energy storage system in electric vehicles using dynamic programing approach[J]. Applied Energy, 2015, 139: 151-162.

[11] 崔可欣. 基于多目标优化的混合动力汽车能量管理研究[D]. 长春：吉林大学, 2021.

[12] 杨东徽. 基于遗传算法的混合动力汽车多目标优化及控制策略研究[D]. 重庆：重庆交通大学, 2017.

[13] 张可健. 燃料电池汽车混合动力系统能量管理策略研究[D]. 长春：吉林大学, 2022.

[14] 张鹏. 基于遗传算法的纯电动汽车多目标能耗优化[D]. 合肥：合肥工业大学, 2019.

[15] 秦大同, 章晓星, 姚明尧. 计及能耗经济性和电池寿命的PHEV能量管理策略优化[J]. 重庆大学学报, 2020, 43(10):1-11.

[16] 朱涛. 基于Dymola的电动车热管理系统模块化建模与集成仿真[D]. 长春：吉林大学, 2017.

[17] Shaobo X , Huiling L , Zongke X ,et al.A Pontryagin Minimum Principle-Based Adaptive Equivalent Consumption Minimum Strategy for a Plug-in Hybrid Electric Bus on a Fixed Route[J].Energies, 2017, 10(9):13-79.

[18] Yang Y , Zhang Y , Tian J ,et al.Adaptive real-time optimal energy management strategy for extender range electric vehicle[J].Energy, 2020, 197:117-237.

[19] Xie S , Hu X , Qi S ,et al.Model Predictive Energy Management for Plug-In Hybrid Electric Vehicles Considering Optimal Battery Depth of Discharge[J].Energy, 2019, 173.

[20] Zhang Q , Deng W , Li G .Stochastic Control of Predictive Power Management for Battery/Supercapacitor Hybrid Energy Storage Systems of Electric Vehicles[J].IEEE Transactions on Industrial Informatics, 2018:1-1.

[21] Kim S , Sunwoo M , Han M ,et al.Ego-Vehicle Speed Prediction Using Fuzzy Markov Chain With Speed Constraints[J].IEEE, 2019.

第 6 章
热管理系统建模与仿真分析

NEV New Energy Vehicles

当今汽车工业正经历着一场数字化革命，汽车行业的设计与制造已经不再局限于传统模式，而是灵活运用虚拟仿真技术进行开发工作。汽车仿真开发技术涵盖汽车设计的多个方面，为汽车制造商带来了新的开发方式。

一般来讲，传统新车研发采用经验设计+试验校核的方法。但汽车结构非常复杂，在设计过程中往往无法知道局部及总体等是否能满足设计要求，只能靠一轮又一轮地试验来改进，这需要很长的设计周期及很高的设计试制费用，因此很难适应市场的快速需求。而仿真技术的大规模运用，可以在产品设计初期，用基本的计算机分析模型，对所设计的产品进行强度、功能及性能预测，从而指导产品设计，使产品设计指标得到保证，有效地提高设计产品的可靠性，缩短研发周期，降低研发成本。有数据表明，目前一款新车的平均研发周期已经由过去的5～7年缩短至2～3年。

目前，仿真技术已经贯穿了汽车产品的概念设计、样车试制、性能优化，以及后续的投产和市场问题反馈等各方面各环节。

① 提高设计效率　汽车仿真开发通过虚拟环境还原真实道路场景，使设计师能够在计算机模拟中测试和验证各种设计方案，这种虚拟测试的方式，大大缩短了产品设计的周期。设计师可以在仿真环境中对车辆的外观、空气动力学性能等进行快速测试，从而更迅速地优化设计。

② 优化性能与操控　在汽车仿真环境中，工程师可以对车辆的动力学行为进行准确模拟。这包括悬挂系统、刹车系统、驱动系统等各个方面。通过仿真测试，工程师能够更好地理解车辆在不同条件下的性能表现，从而进行有针对性的调整和优化，提高汽车的操控性和性能表现。

③ 提升安全性　汽车仿真开发在提高汽车安全性方面发挥了关键作用。在虚拟环境中，工程师能够模拟各种紧急情况和交通场景，评估车辆的防撞系统、安全气囊等安全装置的实际效果。这使得制造商能够更早地发现并解决潜在的安全隐患，提高汽车在真实道路上的安全性。

④ 节约成本　传统的汽车测试需要大量的物理原型和实地测试，而这不仅费时费力，还会造成巨大的成本开支。通过采用仿真技术，制造商可以在虚拟环境中进行大量测试，减少对物理原型的需求，降低了研发和测试的成本。

总的来说，汽车仿真开发提高了汽车制造的效率和质量，为汽车制造商节约了大量成本，节约的成本可以用于汽车材料或者能源方面的开发，正向促进汽车产业的发展。

6.1
热管理系统仿真概述

热管理系统开发过程同样遵循汽车行业"V"模型开发流程，从整车级别到零部件级别，可以分成系统建模和专业建模两个方面，需要借助仿真工具以及通过大量测试验证，在项目前期对产品性能进行预估，以提升开发效率，保障系统可靠性、安全性和使用寿命。热管理系统"V"模型开发流程如图6-1所示。

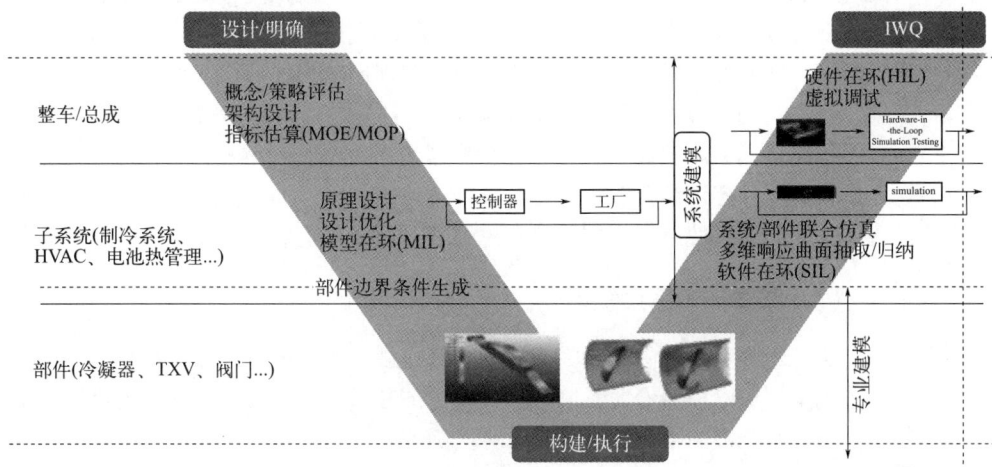

︿图6-1　热管理系统"V"模型开发流程

一维仿真侧重于系统级分析，对应于V流程中的整车级分析、系统以及子系统分析，重点在于性能分析，进行关键零部件的选型与匹配。在项目前期，将整车目标分解至各个零部件，对关键零部件提出具体的性能要求。而三维仿真则侧重于零部件级别的精细开发，以及流场详细结构的优化。

一维仿真和三维仿真是相互影响的，可以相互提供对方的边界条件或者反应参数。比如发动机一维仿真可以为三维仿真提供进气流量、进气温度等边界条件，而三维仿真可以为一维仿真提供对流换热系数等信息。另外很多涉及化学反应的参数需要在一维仿真中进行标定，标定完成后再用于三维的仿真。一维仿真的优点是建模简单，计算速度快，入门上手比较方便，缺点是比较依赖于测试数据，模型需要标定，而在整车研发过程中，会有很多测试数据无法提供，此时进行一维仿真，更多的是依赖于部门研发的数据积累以及个人的仿真经验。一维仿真属于算起来比较简单，但要算准比较麻烦的类型。而三维仿真相对来说入门会麻烦一些，因为涉及到网格划分，是需要有一定的实际操作经验积累的。就仿真分析任务来说，三维仿真相对复杂，因为网格划分的工作量会比较大，而且如果计算发散，调试过程也将变得相当棘手。对比一维仿真和三维仿真，使用一维仿真需要更多地理解系统本身，牵涉的知识面也会更广，比如你要了解系统原理、各个部件的意义以及作用、布置关系、控制策略等等，而三维仿真则需要更多地关注局部本身，你需要有较强的优化能力以对结构进行合理的优化，体现在具备网格划分的技巧以及面对问题时的结构优化能力。

近年来，一维仿真与三维仿真逐渐融合实现联合仿真，将三维仿真数据代入一维仿真模型，可以对边界条件进行修正，并反复迭代，实现整车热管理仿真的一维和三维的耦合分析。一维仿真通常用于快速预测系统的整体性能，例如流体流动、热传导、压力损失等。它基于简化的模型和假设，因此计算速度很快。然而，一维仿真无法考虑复杂的几何形状和细节。三维仿真则更加详细，可以考虑更多的细节，例如精确的几何形状、流动行为和热传导。但是，三维仿真计算成本较高，特别是在模拟整个系统时。一维+三维联合仿真的思想是将这两种方法结合起来，充分发挥各自的优势。通过使用一维仿真来预测整体性能，同时使用三维仿真来考虑细节，获得更全面、更真实的模拟结果。

（1）整车热管理系统仿真

建立热管理系统中主要零部件的仿真模型，比如电池热管理系统、座舱空调系统及电机电控热管理系统等，并将各部分系统集成为一个整体的热管理系统，通过系统级的瞬态仿真来对各种实际驾驶工况进行全面评估，并对零部件匹配性进行优化。

一维仿真侧重于冷却系统各个部件之间的匹配，会在一维模型中搭建冷却系统回路的各个部件模型，分析散热器的散热能力是否满足要求，格栅风量是否足够，冷却风扇是否匹配，冷却水泵是否满足要求，最终关注冷却水温是否满足开发要求，若不满足要求，则从系统层面提供优化方案。另外也可以对冷却系统的控制策略提供一些优化意见，比如风扇和水泵的控制等。三维仿真则会搭建整车的详细模型，重点分析格栅开口大小是否合适，会关注冷却模块风量用于一维冷却系统分析，关注机舱流场是否合理，怠速工况是否存在回流。另外三维整车仿真还有非常重要的一大块是分析排气管周边零部件是否存在热害风险，是否能够满足耐温极限。如果存在问题，则要从具体结构或者布置上提出优化建议。

（2）电池热管理系统仿真

电池热管理系统主要功能包括电池温度的准确测量和监控、电池组的有效散热、低温条件下的快速加热等。一般采用电池老化模型、热模型和电模型，针对电池包设计需求和热要求对模型进行仿真，提供电连接、热连接和空间布置优化等方案。

（3）电机电控热管理系统仿真

根据温度场是否随时间变化而将电机的热分析模型分为稳态热分析模型和瞬态热分析模型。前者主要是指电机所产生的全部热量都散发到周围介质中，电机达到热平衡状态；后者强烈依赖于电机内热源、外部散热边界条件等瞬变物理量，除此之外还与其初始状态相关。瞬态热分析的场景有电机启停、突然爬坡、瞬时加速、短期堵转等，通常考验电机冷却系统的极限散热能力。

针对不同电机热模型，采用不同的分析方法。对于电机的稳态热模型，一般采用二维等效热网络法；而对于热源和边界条件动态变化的电机瞬态热分析模型，一般采用三维热流分析软件进行计算。热分析的内容主要包含以下几个部分：驱动电机电磁损耗分析、驱动电机额定工作温度下的冷却系统参数设定、驱动电机的极限热工况散热分析等。

（4）空调系统仿真

对空调系统进行系统建模和仿真的功能之一是对各种零部件的性能做出评估，为选择或者验证提供依据，比如蒸发器、冷凝器、压缩机等性能的评估；此外还可以进行空调系统的设计和优化以及热泵系统的建模，包括对典型工况做出评估、进行高COP优化设计、验证各种节能/补偿策略等，以实现座舱降/升温功能和相关的控制、优化、能力验证。

一维空调系统仿真需要搭建包含蒸发器、冷凝器、膨胀阀、压缩机四大件以及座舱模型，分析座舱降温采暖过程是否满足开发要求，也会关注空调高低压是否在合理范围，四大件性能是否匹配等。对于混动或者纯电车型，一维空调系统仿真也可以用于电池冷却器控制策略的仿真，为混动冷却系统控制策略优化提供建议。而三维空调系统仿真主要是针对座舱流场、温度场以及人体表面舒适性的分析。需要搭建整车座舱的详细模型，分析除霜性能，吹面、吹脚模式流场和管道压降是否满足要求，人体表面舒适性情况等。重点对管道压损，空调出风口设计进行优化。

（5）热管理控制策略仿真

对于汽车热管理而言，控制系统必不可少。一般将Simulink搭建的控制模型导入到一维系统级仿真模型中，与热管理模型进行联合仿真。借助系统仿真模型，分析不同运行工况下压缩机、水泵、风扇以及阀门开度等的控制要求，以此指导热管理控制逻辑的制定。

6.2
热管理系统仿真软件

6.2.1　一维仿真软件

（1）AMESim

LMS Imagine.Lab AMESim（AMESim）最早由法国Imagine公司于1995年推出，2007年被比利时LMS公司收购，是一个多学科领域的复杂系统建模与仿真平台。AMESim仿真软件可以给用户提供简便的拖拽式模块搭建平台。其包含的基本元素的概念，即从所有模型中提取出的构成工程系统的最小单元，使得用户可以在模型中描述所有系统和零部件的功能，而不需要书写任何程序代码。该软件集成了不同领域的基础元件模块，能够满足用户在单个设计平台搭建电液、气动、热、磁等多领域复杂工程模型，并能够提供可视化的结果观察。用户不仅可以通过软件自带的模型进行系统设计仿真，还能通过自建模型组建自己的模型库。

通过AMESim用户可以从早期的开发阶段开始就对机电一体化系统的功能性能进行分析。由于专注于实际物理系统，AMESim将工程师从数值仿真算法和耗时的编程中解放出来。每一个模型提供了最基本的工程元件，这些元件可以组合起来，能够描述任何元件或系统功能。AMESim拥有一套标准且优化的应用库，拥有多领域的模型。这些库中包含了来自不同物理领域预先定义好并经试验验证的部件。库中的模型和子模型是基于物理现象的数学解析表达式，可以通过AMESim求解器来计算。

AMESim可提供一整套热管理设计解决方案，涵盖从预设计阶段到最终验证的整个设计周期。有助于最大限度提高热性能，同时优化能源效率，并可以图形方式可视化系统中的能量流。可研究和优化空调回路或热泵系统的设计，评估座舱冷却或加热过程，检查外部条件和技术选择对座舱空气温度和湿度的影响，并评估人体热舒适感觉。可通过管理热能，同时控制关键子系统（如电池或电机）的温度，优化续航里程和客舱舒适度。由于AMESim与Simcenter STAR-CCM+计算流体动力学（CFD）技术的紧密集成，其可以采用一维和三维联合仿真，可帮助设计座舱、排气系统、能源管理、空调、通风回路等，能够在动态条件下考虑温度、湿度、压力和压力速率的变化。通过模拟固体、液体和气体之间的传热以及相变现象，可模拟任何类型的热管理系统。Simcenter允许调整组件的大小并比较不同的体系结构或控制策略，同时考虑不同子系统之间的热交互作用。AMESim软件界面如图6-2所示。

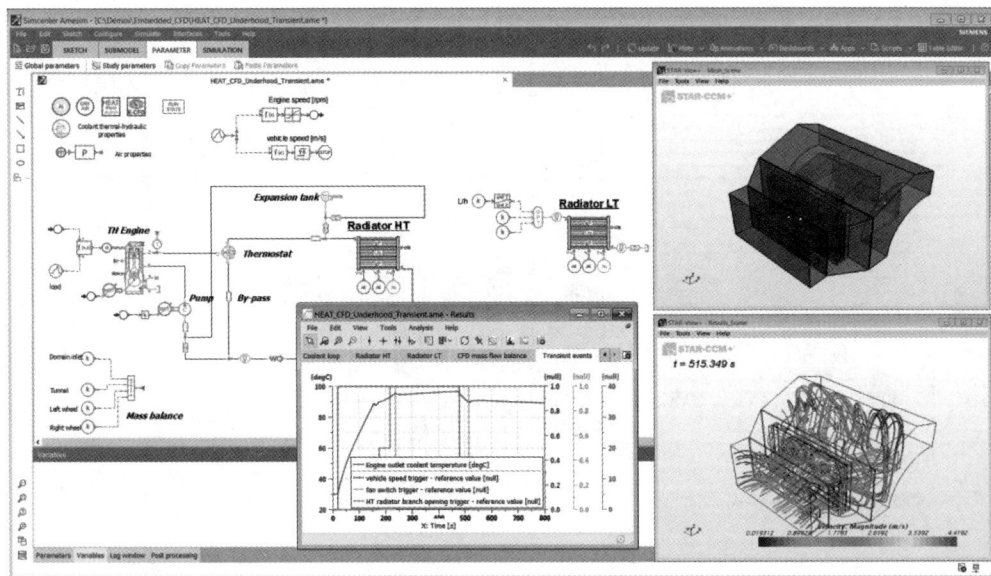

△图6-2　AMESim 软件界面

（2）Dymola

Dymola 是法国 Dassault Systemes 公司的多学科系统仿真平台，广泛应用于汽车、交通、能源等行业的系统总体架构设计、选型及匹配验证、系统优化等。其提供了多种属性的物理接口，覆盖机械、电气、热、流体以及控制等领域，结合 Modelica 基础库和商业库，可方便用户创建物理系统架构以及不同复杂程度的系统功能模型。Modelica 基础库为客户提供 Modelica 协会在机械、流体、电子电气、电磁、控制、传热等多个工程领域的新近研究成果。并提供模型库，涵盖整车热管理系统、人体舒适度、燃料电池、锂电池、车辆动力学、液压、电机驱动、电力、火电、水电、风电等领域，为产品的多领域协同研发提供更全面的支撑。Dymola 支持 FMI 标准接口协议，可用于集成不同软件建立的不同详细程度的模型，进行 MIL（model in the loop，模型在环测试）、SIL（software in the loop，软件在环测试）和 HIL（hardware in the loop，硬件在环测试）测试，支持 NI、dSPACE、Concurrent、HiGale、RT-Lab 等实时仿真系统。

Dymola 软件界面如图6-3所示。

针对综合热管理系统，Dymola 提供了热系统库、空调库、蒸发循环库、液体冷却库和换热器库等模型库，为整车综合热管理系统的协同仿真提供了更加完整的解决方案，包括乘员舱温度控制、发动机冷却、电池包热管理、电机电控冷却等。热系统库由 TLK-Thermo 公司开发，集成了 TLK 多年项目经验

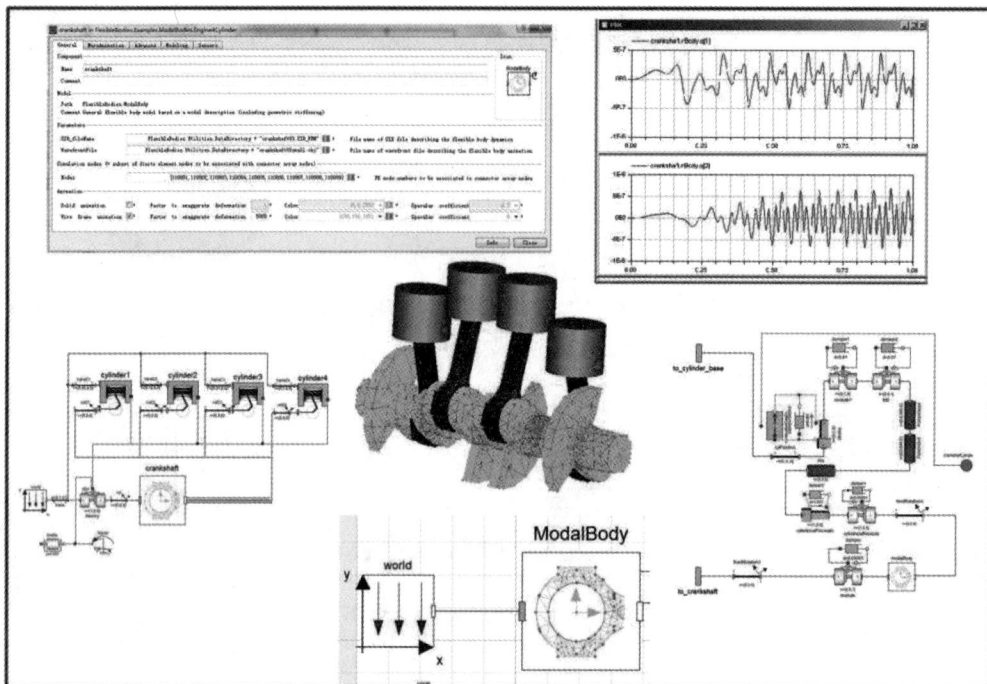

△图6-3　Dymola软件界面

和实验台架测试经验，用于热管理系统的稳态、瞬态系统仿真，完成零部件匹配设计。基于结构建模的方式可以实现零部件参数优化，为零部件设计指导，并与控制系统集成分析，指导控制策略设计。液冷库在可压或不可压流体系统和流体回路仿真分析中表现良好，能够加速冷却系统虚拟原型设计和仿真，完成元件选型与尺寸设计、系统性能研究与瞬态响应研究，支持控制系统的快速设计与评估。

（3）GT-SUITE

GT-SUITE是由美国Gamma Technologies公司开发的多物理场仿真分析系列套装软件。主要应用于车辆行驶系统、热管理系统、空调系统、锂电池/燃料电池、发动机、多体动力学分析等领域。可用于评估热管理系统的整体稳态及瞬态性能，包括热泵空调、二氧化碳空调模拟；换热元件部件规格的选定，如散热器、冷凝器、蒸发器、压缩机、膨胀阀、水泵风扇等。

GT-SUITE动力舱前处理工具，可考虑各换热元件之间的位置影响、各热管理系统之间的影响进行动力舱位置优化。可快速离散发动机、电机、电池，实现换热元件与三维温度场分析及优化。内置GT-TAITherm乘员舱热舒适性模拟工具，可实现空调系统从动力舱到乘员舱的全系统模拟，并可与整车行驶系统仿真集成，根据车辆行驶条件在计算发动机功率、扭矩的同时输出散热量，作为发动机冷却系统的热源；以及设定可变阀门直径及孔口阻力等多种非定常条件，将发动机冷启动的影响因素加入分析，实现真正意义的整车能量管理。GT-SUITE软件界面如图6-4所示。

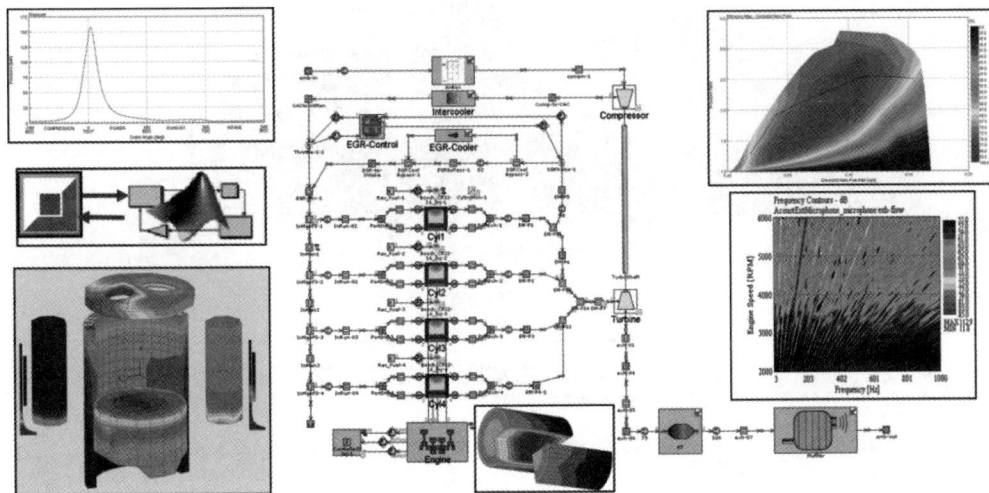

︿图6-4　GT-SUITE软件界面

（4）Kuli

MAGNA KULI（Kuli）是一款专业的车辆热管理系统模拟软件，隶属于全球第三大汽车零部件供应和整车开发商麦格纳国际集团（Magna）旗下，总部设在奥地利。该软件凭借25年在内燃机动力系统车辆热管理方面坚实的基础，能为电动汽车相关热管理主题提供支持。除此之外，Kuli围绕电池包热模拟环境而建立，为易用性和灵活性奠定了基准。其还可提供电机和电力电子模拟模型，以及整套的空调和供热系统模拟功能。Kuli软件界面如图6-5所示。

（5）Flowmaster

Flowmaster由英国Flowmaster公司开发，后被Mentor Graphic公司收购。开发Flowmaster的想法来自英国流体力学研究协会，此协会在全世界的流体系统研究领域享有很高的声誉，其进行了超过10000小时的试验，并把这些数据内置到了Flowmaster软件数据库中。目前，Flowmaster包含汽车版、航空版、燃气轮机版、能源电力版及通用版五个工业版本，工业版本包含了根据用户需求定制的算法、元器件库以及网络模板，以及与工业应用相关的知识库，并且提供了具有易用性以及适应特定工业需求的新功能。Flowmaster用户遍布40多个国家和地区的1500多家企业。

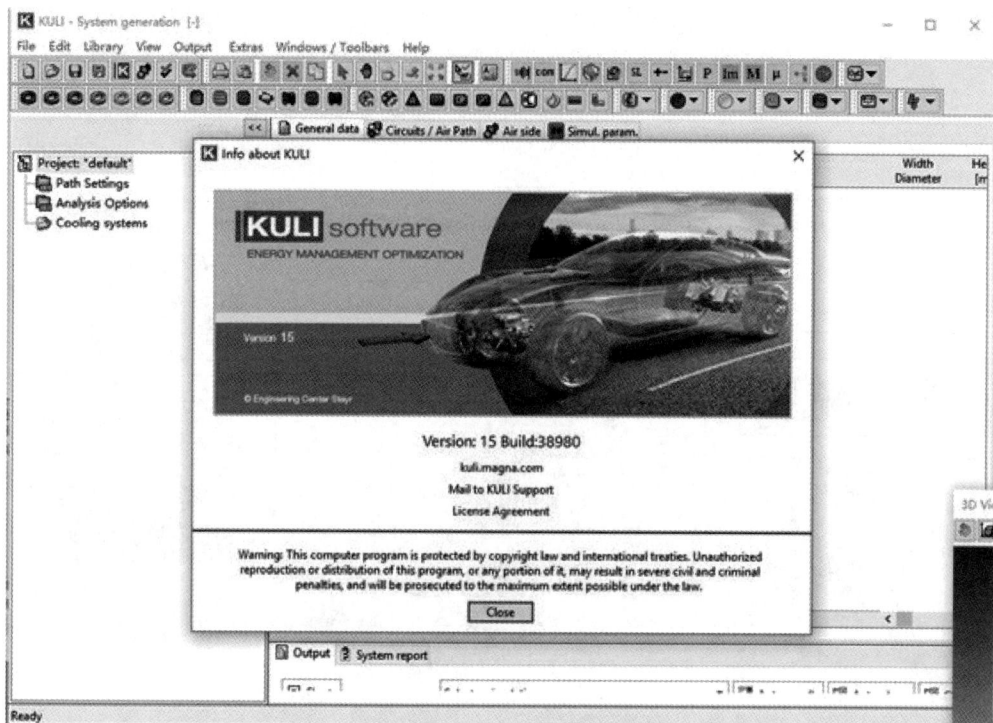

△图6-5　Kuli软件界面

Flowmaster是一维流体系统仿真解算工具，是面向工程完备的流体系统仿真软件包。对于各种复杂的流体系统，工程师可以利用Flowmaster快速有效地建立精确的系统模型，并进行完备的分析。

三维CFD软件是在单个元器件的尺度上进行三维流场仿真，而Flowmaster关心的是系统尺度上所发生的事情。每个流体系统由许多的元件构成，如泵、阀、管路、散热器等等，Flowmaster可以监视系统的运行情况，如改变泵转速、开启和关闭阀门时系统的变化情况（如各支路流量的变化及各节点压力的变化），Flowmaster还可以对系统中的各个环节进行精确的压力、流量、温度、流速分析，快速地帮助工程师完成和优化系统的设计。

Flowmaster具备的分析模块可以对流体系统进行稳态和瞬态分析，对不可压缩流体和可压缩流体系统进行分析，还可以对系统进行热传导分析。Flowmaster所仿真的流体系统内的介质可以是液体，也可以是气体，并且其可以对包含气液相变的空调系统进行仿真。Flowmaster所具备的动态色彩显示和图表显示等强大的后处理功能能够对系统部件性能进行实时的监测和评估。Flowmaster软件界面如图6-6所示。

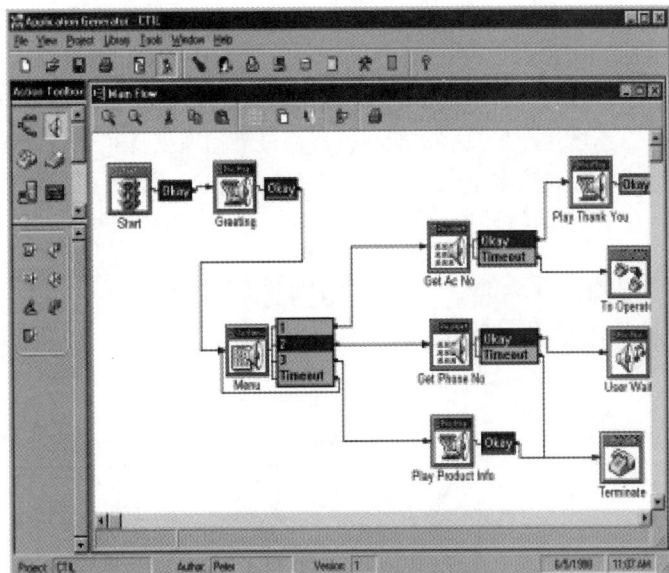

△图6-6　Flowmaster软件界面

（6）Mworks

Mworks是苏州同元软控信息技术有限公司基于数字化与智能化融合趋势，推出的新一代、自主可控的科学计算与系统建模仿真平台，全面支持信息物理融合系统的设计、仿真、验证及运维。Mworks平台采用基于模型的方法全面支撑系统研制，通过不同层次、不同类型的仿真实现系统设计的验证。围绕系统研制的方案论证、系统设计验证、测试运维阶段，Mworks分别提供小回路、大回路和数字孪生虚实闭环等三个设计验证闭环。

小回路设计验证闭环：在传统研制流程中，70%的设计错误在系统设计阶段被引入。在论证阶段引入小回路设计验证闭环，可以实现系统方案的早期验证，提前暴露系统设计缺陷与错误。基于模型的系统设计以用户需求为输入，能够快速构建系统初步方案，然后进行计算和多方案比较得到论证结果，在设计早期就实现多领域系统综合仿真验证，确保系统架构设计和系统指标分解的合理性。

大回路设计验证闭环：在传统研制流程中，80%的问题在实物集成测试阶段被发现。引入大回路设计验证闭环，通过多学科统一建模仿真、联合仿真，可以实现设计方案的数字化验证，利用虚拟试验对实物试验进行补充和拓展。在系统初步方案基础上开展细化设计，以系统架构为设计约束，各专业开展专业设计、仿真，最后回归到总体，开展多学科联合仿真，验证详细设计方案的有效性与合理性，并开展多学科设计优化，实现设计即正确。

数字孪生虚实闭环：在测试和运维阶段，构建基于Modelica+的数字孪生模型，实现对系统的模拟、监控、评估、预测、优化、控制，对传统的基于实物试验的测试验证与基于测量数据的运行维护进行补充和拓展。利用系统仿真工具建立产品数字功能样机，通过半物理工具实现与物理产品的同步映射与交互，形成数字孪生闭环，为产品测试、运维阶段提供虚实融合的研制分析支持。Mworks软件界面如图6-7所示。

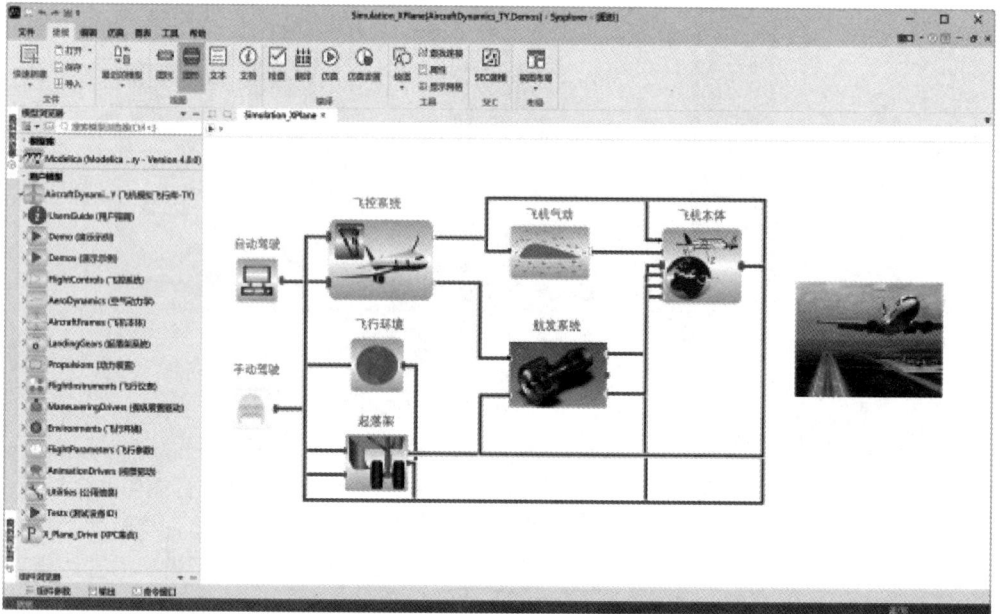

介图6-7　Mworks软件界面

（7）AITherMa

AITherMa（Artificial Intelligence enhanced Thermal Manager）智能汽车热管理系统仿真软件是由南京天洑软件有限公司开发的汽车专用热管理系统仿真软件。该软件包括多个主要功能模块，如系统建模、仿真设置、仿真运行、结果分析等。系统建模模块允许用户定义热管理系统的组件和连接关系，仿真设置模块提供参数设置和仿真条件的配置，仿真运行模块进行热管理系统的仿真运行控制，结果分析模块用于展示仿真结果和生成图表报告。天洑软件界面如图6-8所示。

（8）GCKontrol

北京世冠金洋科技发展有限公司（简称"世冠科技"）成立于2003年，聚焦智能制造的系统正向设计领域，致力于解决复杂装备数字孪生的工业应用需求。

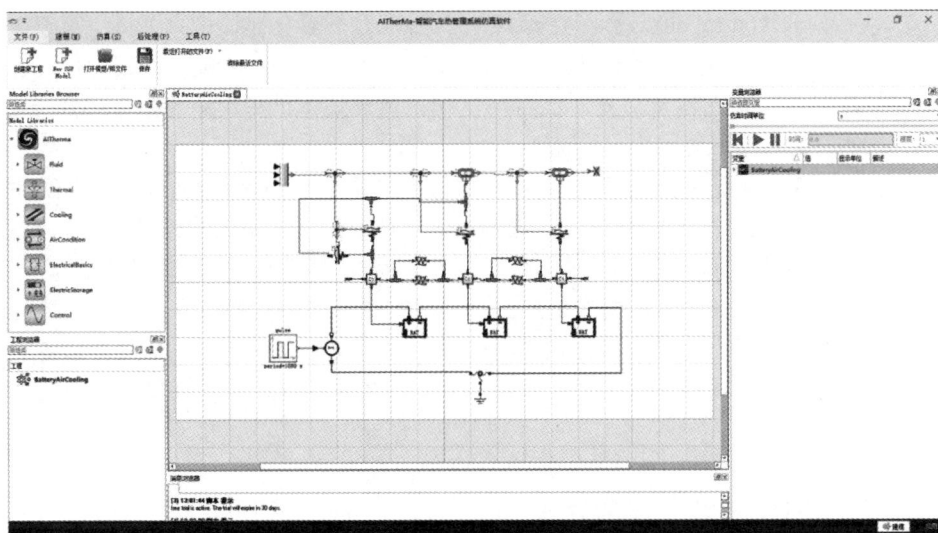

︿图6-8 天洑软件界面

世冠科技自主研发了GCAir系统仿真测试验证一体化平台和GCKontrol系统设计与仿真软件（对标美国MATLAB/Simulink软件），打造出建模、仿真、测试一体化工具链，并已开展规模化应用。GCKontrol与GCAir仿真系统如图6-9所示。

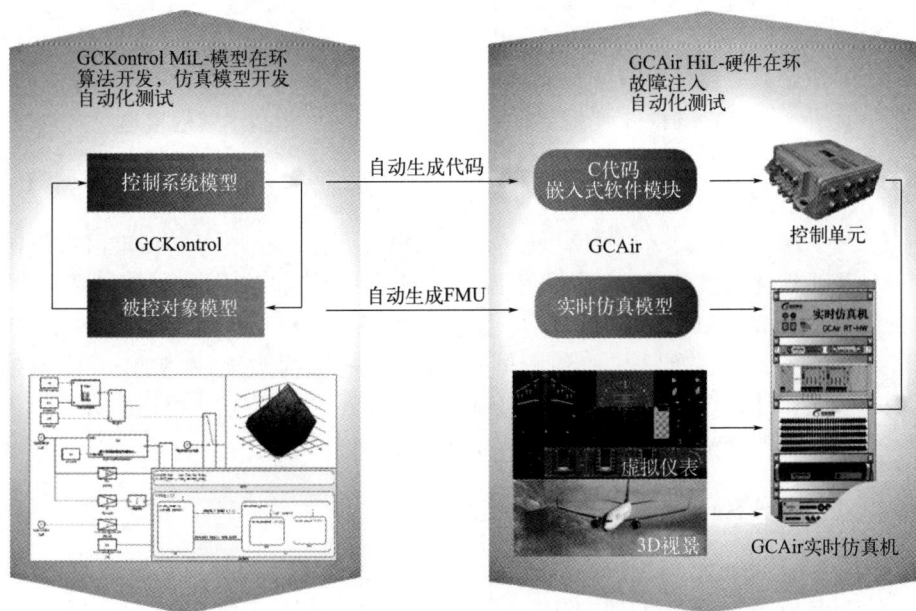

︿图6-9 世冠科技GCKontrol和GCAir仿真系统

GCKontrol系统设计与仿真软件，是一款图形化建模仿真工具，能够实现系统设计与仿真，具备丰富的控制系统建模元素，支持控制系统建模仿真，线性非线性系统建模仿真，能自动生成高效高质量的C代码，支持FMU导出、实时仿真、自动化测试和验证。

GCAir系统仿真测试验证一体化平台实现仿真测试一体化、软硬件一体化及AI算法智能测试，打通MBSE（基于模型的集成式系统工程）流程，为数字孪生技术落地提供了解决方案，可以实现全虚拟仿真到半实物仿真。GCAir支持多源异构模型集成，从全虚拟仿真到半实物仿真的一键切换，能够在同一平台上完成模型在环、软件在环、硬件在环仿真及测试，具备连续综合集成测试验证的能力，可应用于复杂装备从设计研发到运行维护的全生命周期。

6.2.2　三维仿真软件

（1）ANSYS Fluent

ANSYS Fluent是一款功能强大的通用计算流体动力学（CFD）软件，广泛应用于模拟各种流体流动、传热、质量交换和化学反应过程。它以高效的物理模型和先进的数值方法而著称，能够处理包括湍流模型、单相流、多相流、燃烧、电池模型以及流固耦合等复杂流动问题。

ANSYS Fluent的特点包括非耦合隐式算法、耦合显式算法等，能够模拟从不可压缩到高度可压缩范围内的复杂流动。它包含丰富的物理模型，采用多种求解方法和多重网格加速收敛技术，因此具有快速的收敛速度和求解精度。此外，ANSYS Fluent还提供灵活的非结构化网格和基于解的自适应网格技术，能够模拟高超音速流场、传热与相变、化学反应与燃烧、多相流、旋转机械、动/变形网格、噪声、材料加工等复杂流动问题。

ANSYS Fluent还具有现代化的用户友好型界面，可以在单窗口工作流程中简化从前处理到后处理的流程。它允许用户将数据导出到多种格式，如Mechanical APDL输入，以及ASCII、ACS、CDAT、CGNS、CFF、EnSight Case Gold等其他形式，便于与其他软件进行数据交换。ANSYS Fluent是一个多用途的仿真工具，适用于各种工业领域，如航空航天、汽车设计、石油天然气和涡轮机设计等。ANSYS Fluent软件界面如图6-10所示。

（2）Simcenter STAR-CCM+

Simcenter STAR-CCM+是由西门子数字化工业软件（Siemens Digital Industries Software）开发的一款先进的计算流体动力学（CFD）和多物理场仿真软件。它被广泛应用于航空航天、汽车、能源、环境工程、生物医学等

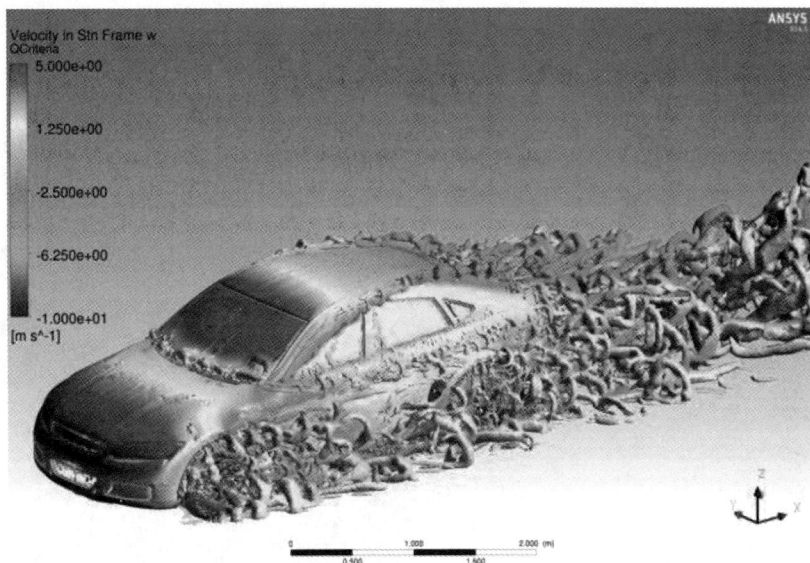

△图6-10 ANSYS Fluent软件界面

多个行业，用于模拟和分析复杂的流体流动、热传递、化学反应和多物理场问题。

　　该软件包含几何建模、模型前处理、计算执行及计算结果后处理与分析一体化的集成环境，能够提供复杂几何的处理能力，减少表面网格和体网格的准备时间，提供广泛的物理模型来解决跨学科的综合工程问题。

　　Simcenter STAR-CCM+可以在单个工作界面集成整个仿真流程，是一款真正的具有几何处理、网格划分、求解器、后处理完全一体化环境的软件。其在部件替换流场计算方面高度自动化，可大大提高多参流场计算效率，其模拟环境提供执行工程分析所需的所有阶段，包括导入并创建几何、网格生成、控制方程求解、结果分析、设计探索研究模拟工作流程自动化、连接其他CAE软件进行协同仿真分析等。另外，整个过程可以在后台的批处理模式下使用Java命令流运行，便于和优化软件的连接。

　　除了自带3D-CAD建模功能外，Simcenter STAR-CCM+能够导入市场上几乎所有主流三维建模软件的数据格式文件，并拥有包含包面、几何表面手工修复、网格质量检查等高效的前处理功能。对于因物体变形和相对运动引起的动网格问题，STAR-CCM+提供网格变形（Morpher）和嵌套网格（Overset Mesh）两种方式。网格变形技术用于计算变形及包含运动的计算，通过类似弹簧光顺的方法来考虑网格的变形，设置参数简单，不需要对网格参数进行控制。而特有的嵌套网格技术通过多套网格之间的数值插值计算，避免了网格变形引起的网格质量下降，进而避免可能的计算发散和精度损失问题。利用动网

147

格技术可以更加高效便利地模拟复杂的运动和运动物体。嵌套网格需要定义两套网格，一套网格应用于作为计算对象的物体，一套网格应用于背景网格，包含周围的流场及其他结构。两套网格之间通过取插值进行数据交换。这种方法更易于模拟复杂的运动和运动物体以及自动化执行参数研究。Simcenter STAR-CCM+软件界面如图6-11所示。

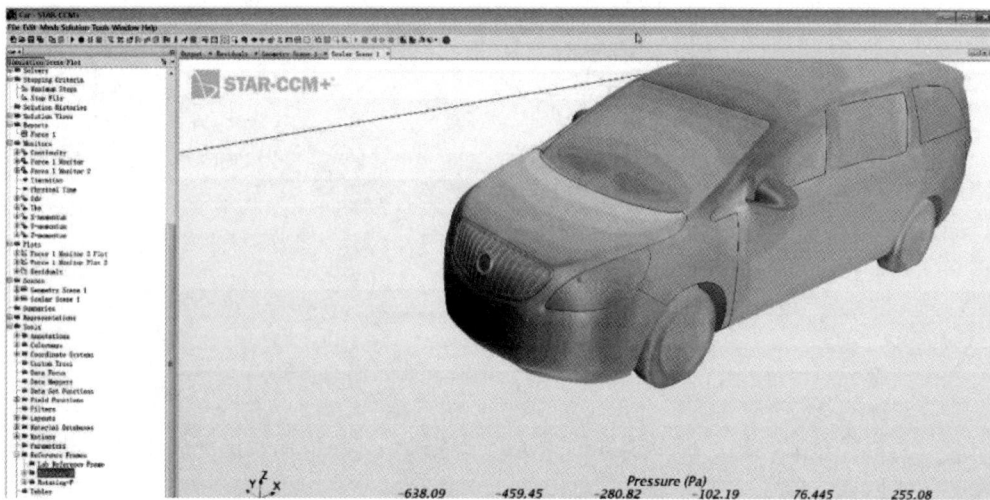

へ图6-11　Simcenter STAR-CCM+软件界面

（3）COMSOL

COMSOL公司1986年7月成立于瑞典斯德哥尔摩。1998年发布了其旗舰产品COMSOL Multiphysics的首个版本。此后产品线逐渐扩展，增加了三十余个针对不同应用领域的专业模块，涵盖力学、电磁场、流体、传热、化工、MEMS、声学等，以及一系列与第三方软件的接口软件，其中包含常用CAD软件、MATLAB和Excel软件等的同步链接产品，使得COMSOL Multiphysics软件能够与主流CAD软件工具无缝集成。

COMSOL提供的多个辅助工具，进一步提升了仿真平台的功能应用，为工程人员提供了验证、优化设计和仿真App部署的一体化解决方案。COMSOL产品主要面向技术型企业、研发中心、国家实验室以及高等院校的广大工程师和科研人员。通过模拟真实世界中的多物理场现象，帮助工程师开发出更好的技术和产品。

COMSOL Multiphysics是一款大型的高级数值仿真软件，广泛应用于各个领域的科学研究以及工程计算，模拟科学和工程领域的各种物理过程。其以有限元法为基础，通过求解偏微分方程（单场）或偏微分方程组（多场）

来实现真实物理现象的仿真，用数学方法求解真实世界的物理现象。其包含大量预定义的物理应用模式，范围涵盖流体流动、热传导、结构力学、电磁分析等多种物理场，用户可以快速地建立模型。COMSOL Multiphysics中定义模型非常灵活，材料属性、源项以及边界条件等可以是常数、任意变量的函数、逻辑表达式，或者直接是一个代表实测数据的插值函数等。预定义的多物理场应用模式，能够解决许多常见的物理问题。同时，用户也可以自主选择需要的物理场并定义他们之间的相互关系。当然，用户也可以输入自己的偏微分方程（PDEs），并指定它与其他方程或物理之间的关系。

COMSOL Multiphysics力图满足用户仿真模拟的所有需求，它具有用途广泛、灵活、易用的特性。另外，它比其他有限元分析软件强大之处在于，可以利用附加的功能模块，很容易进行软件功能扩展。COMSOL Multiphysics软件界面如图6-12所示。

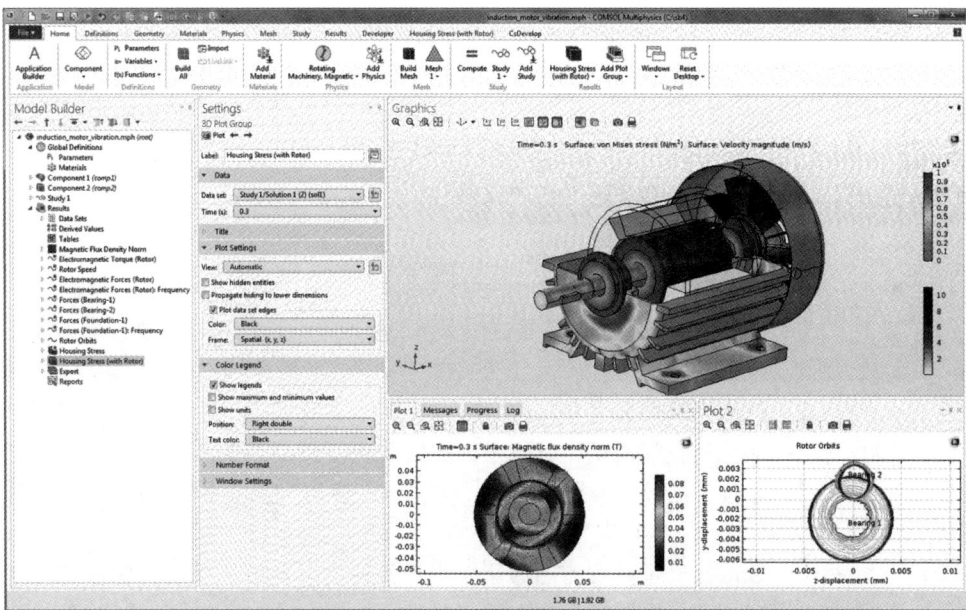

︽图6-12　COMSOL Multiphysics软件界面

（4）QFLUX

QFLUX热管理三维热流体分析软件是深圳十沣科技有限公司开发的一款通用CFD软件。软件包含丰富的物理模型，可以用于各种汽车三维热流体仿真计算。软件支持Windows、Linux等跨平台操作。QFLUX软件界面如图6-13所示。

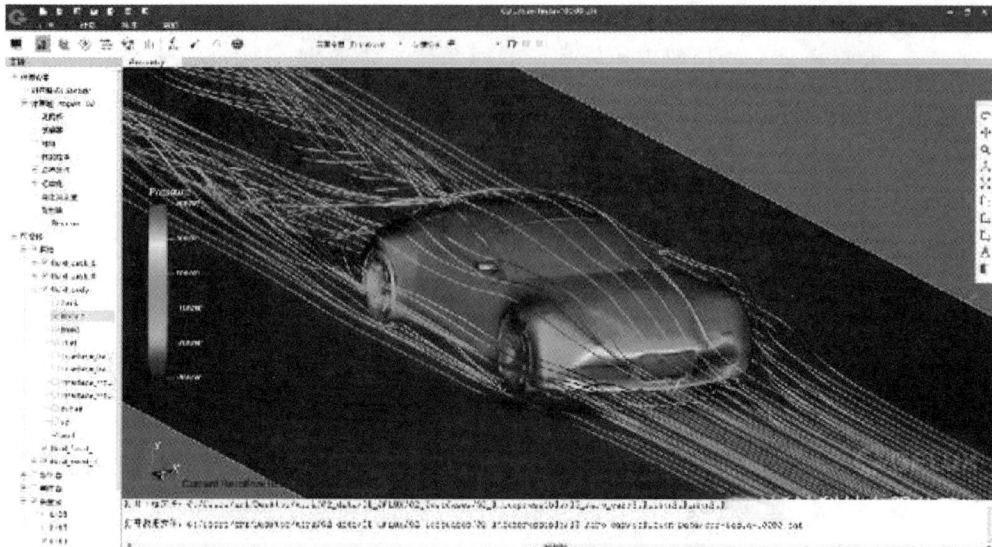

︿图6-13　QFLUX软件界面

6.3
AMESim软件建模方法介绍

　　AMESim采用先进的数学建模技术，能够对系统的物理行为进行准确描述。它提供了丰富的物理组件库，包括机械、电气、液压、热力、化学等领域的部件，并支持用户自定义组件。通过将这些组件连接起来，用户可以模拟和分析复杂的多域系统，如发动机、飞机、液压系统等。AMESim还提供了丰富的辅助工具，如数学函数库、数据处理、优化等，使用户能够更好地进行仿真和分析。

　　AMESim提供了直观的图形用户界面，使用户能够轻松地构建系统模型。用户可以通过简单拖拽的方式选择和配置组件，然后使用连接线将它们连接起来，形成系统模型。同时，AMESim还提供了丰富的可视化工具，包括曲线图、动画、三维模型等，以便对模型进行可视化分析和结果展示。

　　AMESim支持不同领域的物理参数建模，如机械、电气、热力和化学等。它可以对各个子系统进行精确建模，并考虑它们之间的相互作用。例如，可以通过模拟各个部件的力学特性来分析机械系统的运动学和动力学行为；还可以模拟电路的电气特性，如电压、电流和功率等；以及用来考虑热力学和化学特性，如温度、压力和化学反应等。这使得用户可以全面地分析系统的性能和行为。

　　AMESim 还提供了丰富的分析工具和功能，如参数优化、敏感度分析、历史记录分析等。用户可以利用这些工具来优化系统设计、分析系统故障和预测系统性能。通过对系统的不同参数进行优化和敏感度分析，用户可以找到最佳设计方案，并评估系统在不同工况下的性能。此外，AMESim 还支持与其他工具的集成，如 MATLAB、Simulink 等，以便进行更深入的分析和模型联合仿真。

6.3.1　AMESim 一维建模方法介绍

　　AMESim 软件主要由四个功能模块组成：AMESim、AMESet、AMECustom、AMERun，另外还有软件帮助模块 AMEHelp。其中，AMESim 用于面向对象的系统建模、参数设置、仿真运行和结果分析，是该工具软件的主功能模块，主要工作模式为按系统原理图建模→确定元件子模型→设定元件参数→仿真运行→结果观测和分析。AMEset 用于构建符合用户个人需求的元件子模型，主要通过两步进行：先设定子模型外部参数情况，系统自动生成元件代码框架，再通过算法编程实现满足用户需要的元件，程序使用 C 或 Fortnar77 实现。AMECustom 用于对软件提供的元件库中的元件进行改造，但不能深入到元件代码层次，只适用于元件的外部参数特性的改造。AMERun 是提供给最终用户的运行模块，最终用户可以修改模型的参数和仿真参数，执行稳态或动态仿真，输出结果图形和分析仿真结果，但不能够修改模型结构，不能够访问或修改元件代码等涉及技术敏感性的信息。

　　利用 AMESim 对系统进行仿真建模一般要进行以下 4 个步骤：草图模式、子模型模式、参数模式和运行模式。

　　① 草图模式（Sketehmode）▣　在草图模式下，对仿真对象的组成及构造进行研究，并搭建模型。在选择仿真元件时，要考虑各元件的特性，同时在连接元件时，连接点两个元件的输入和输出应该相同。草图模式界面如图 6-14 所示。

　　② 子模型模式（Submodelsmode）▣　在子模型模式下，系统自动初步判断系统连接是否符合刚体特性。同时对于每个元件的选择也是在这一步完成。当元件连接正确，系统仍判断错误时，通过▣Premier submodel（Ctrl+I）完成系统对元件的自动选定。然而此时与实际要求仍有很大差异，可以单击元件图标选择适合的元件。例如：对于质量块的选择，在液压系统仿真时，经常使用带黏性摩擦的零质量质量块，此时在如图 6-15 所示的 3 种质量块中选择 MAS005RT。

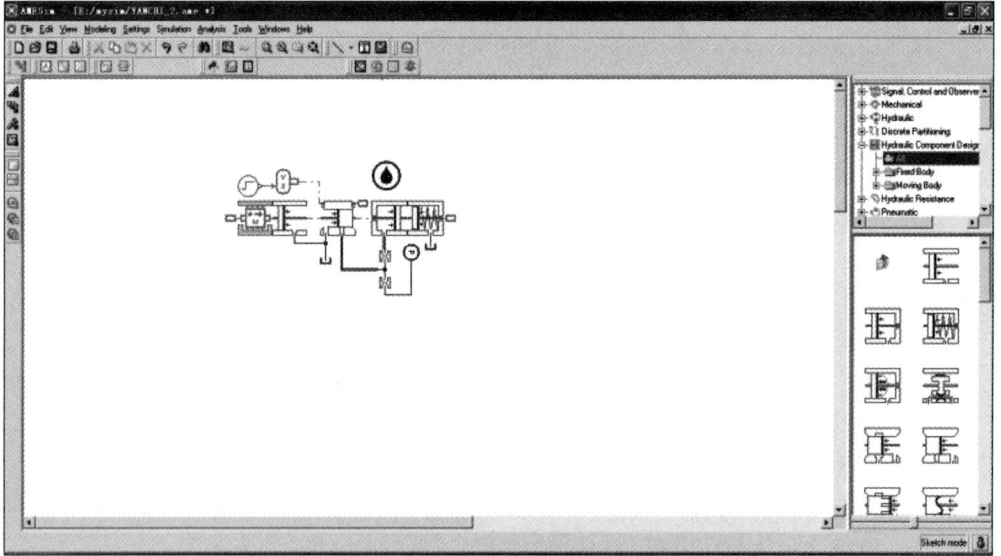

∧图6-14　草图模式

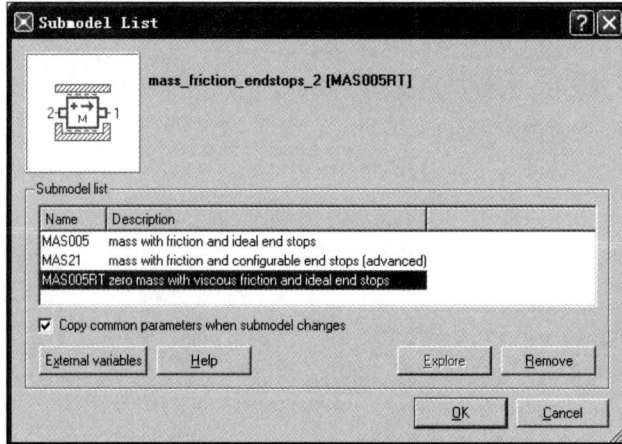

∧图6-15　质量块子模型选择

③ 参数模式（Parametersmode）▧　点击参数模式图标进入参数模式，在参数模式下双击想要改变参数的元件图标，进入该元件的参数对话框。双击需要改变的参数，输入参数值。同时AMESim提供公式编辑功能。参数设置如图6-16所示。

④ 运行模式（Runmode）▧　点击运行模式出现▧时域分析模式（temporal analysis mode）及▧线性分析模式（linear analysis mode）选项。在线性分析模式下可以作出系统某个对象的波特图、乃奎斯特曲线及尼古拉斯曲线，时域

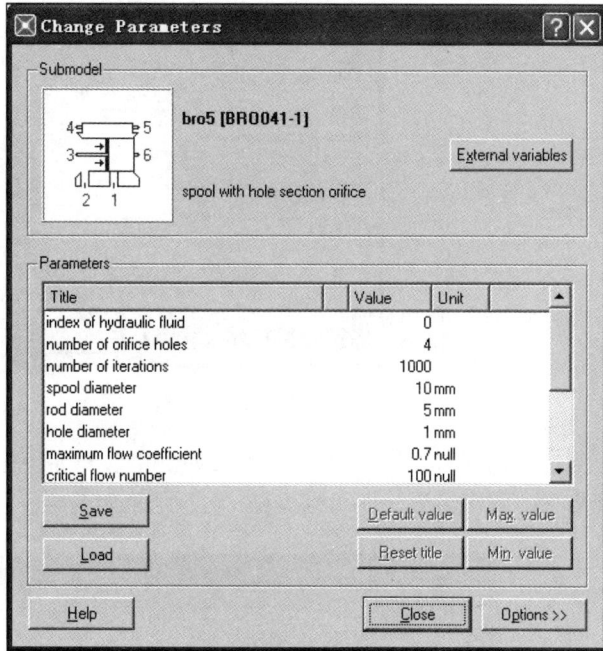

△图6-16　参数设置

模式下对系统进行仿真运行。

点击 🔲（set the run parameters）设置运行参数，如图6-17所示。

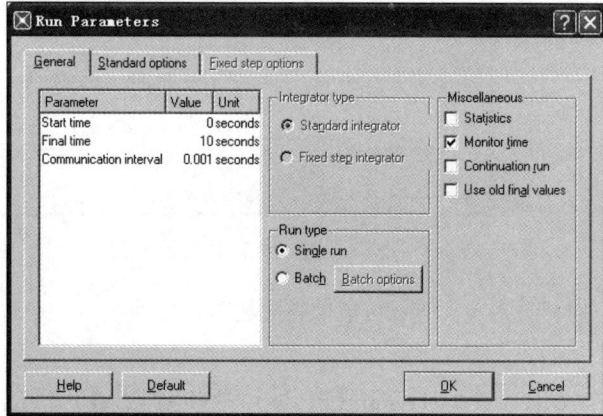

△图6-17　设置运行参数

这里可以设置动态、静态及动态+静态仿真。对于需要进行批运行的仿真模型，也需要在这里进行设置。对仿真时间及时间间隔设置完后，点击运行模式🔲系统开始仿真。运行状态如图6-18所示。

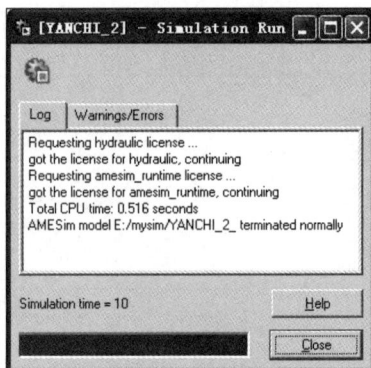

︿图6-18　运行状态

　　当运行出现错误时，可以通过log找到错误元件，并找到修改方法。对于仿真结果，双击目标元件即能得到。运行结果如图6-19所示。

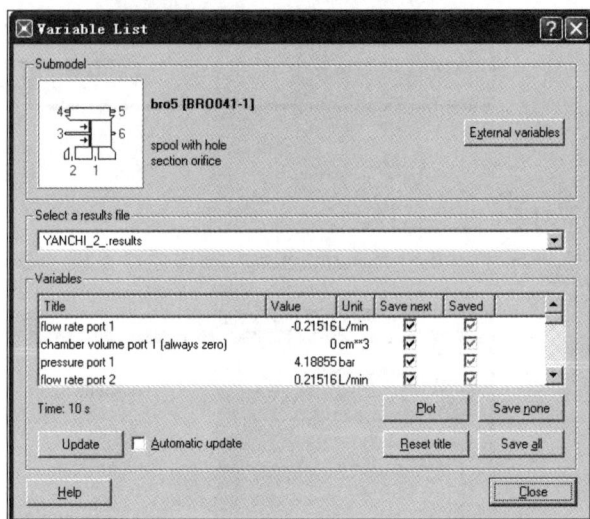

︿图6-19　运行结果

　　对研究对象点击plot能够得到仿真运行曲线。

6.3.2　AMESim和Simcenter STAR-CCM+联合仿真方法介绍

　　AMESim和Simcenter STAR-CCM+同属于西门子公司旗下的仿真软件，前者是多系统的一维建模仿真平台，后者为三维流体分析仿真软件。由于属于同一公司，两者具有专门的模块通信接口以用于数据之间的交互传递。在AMESim中，存在不同的联合方式，其中库联合（Libcosim）内置于AMESim

中的联合仿真库（Libcosim Library）中。该方式通过对输入和输出变量进行相应设置以实现 AMESim 与其他软件的联合仿真，即两个模型在各自的仿真环境中进行仿真，而且模型之间的通信以固定的时间步长进行，每个模型都被另一个模型看作是离散的，两个模型之间通过不可见的零阶采样耦合并保持一致。

库联合方式存在两种模式，一是网络（Network）模式，二是共享内存（SharedMemory）模式，如图 6-20 所示。网络模式基于 TCP/IP 协议，这意味着两款软件的数据交换不局限于一台机器中，可以同时通过控制两台电脑进行联合仿真。共享内存模式则被限制在了一台本地机器中，但对于本地联合仿真时，此方式因为其仿真速度较快而优于网络模式。库联合方式中对于两款软件的主次进行了相应的区分设置，在网络模式下称之为客户端/服务器（client/server），共享内存模式下称之为主端/从端（master/slave）。其主要区别在于网络模式下启动时服务器端需要先于客户端，而共享内存模式下主端需要先于从端启动。

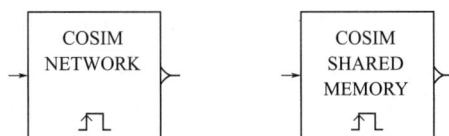

︿图 6-20　库联合的两种模式

在联合仿真进行时，两款软件同时进行仿真计算，由服务器端或主端决定数据交换的采样时间点，即在每一个采样时刻，双方上一个时间步所计算出的结果进行数据交互以更新双方下一个时间步内的初始状态，从而实现数据的反复迭代过程。图 6-21 展示了联合仿真时的数据交互过程。

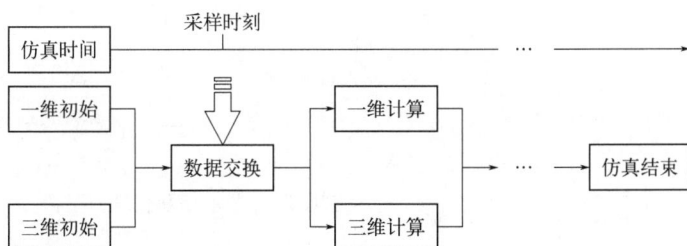

︿图 6-21　数据交互示意图

下面介绍一个在 AMESim 和 Simcenter STAR-CCM+ 之间进行联合仿真建模的挡板阀的案例。该案例采用联合仿真实现途径中库联合方式的网络模式。联合仿真中，AMESim 生成挡板两侧的压力边界条件，并使用力平衡计算阀门的位移。一维模型如图 6-22 所示，该阀门被建模为惯性质量，在水动力和弹力之间达到平衡。

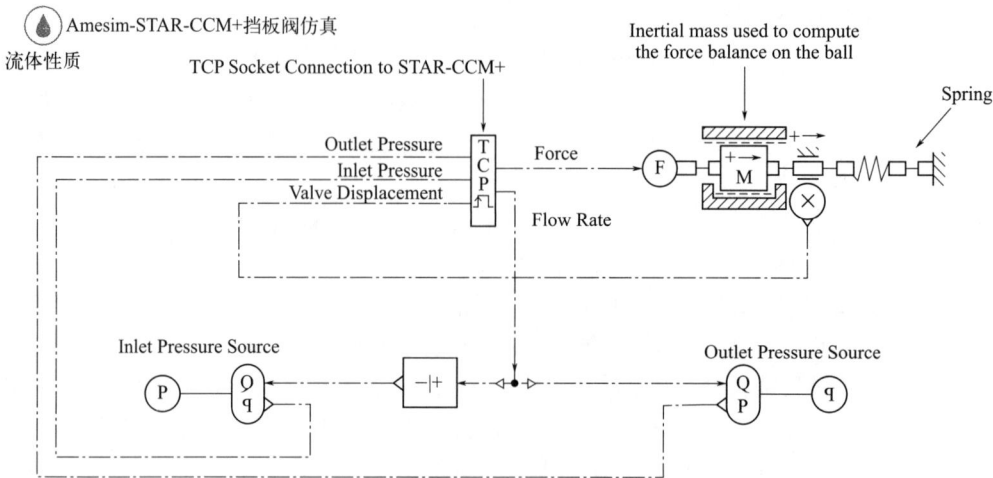

∧图6-22　一维模型

　　为了引入耦合功能，使用名为dynamic_cosim_socket_discrete的模块来创建与STAR-CCM+的联合仿真数据传输，该模块是基于TCP/IP通信协议旨在提供协同仿真服务的动态块。它可以在通用联合仿真库中找到，根据仿真需要选择输入和输出，它将定义模拟期间交换的变量数量。

　　右侧的端口数量对应于从Simcenter STAR-CCM+到AMESim的数据输出数量，而左侧的端口数量则代表从AMESim到Simcenter STAR-CCM+的数据输出数量。在此案例中，仿真需要3个输入和2个输出，输入分别是出口压力、入口压力和阀位移，出口分别是力和流量，如图6-23所示。

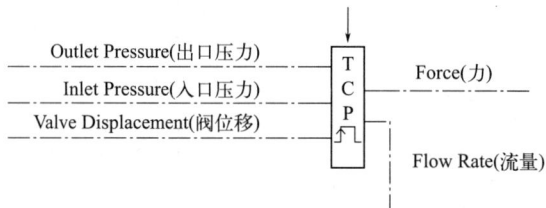

∧图6-23　联合仿真模块

　　草图完成并设置子模型后，切换到参数模式。定义好仿真所需的所有参数，然后就可以配置联合仿真模块，如图6-24所示。将AMESim连接到Simcenter STAR-CCM+，AMESim用作服务器。在dynamic_cosim_socket元素参数中，将模式从客户端更改为服务器。设置服务器端口时，使用默认的AMESim通信端口：60000。采样时间对应于每个通信步骤之间的延迟，应考虑模拟的特征时间尺度来选择它。此案例中，选用0.02ms的时间步长。

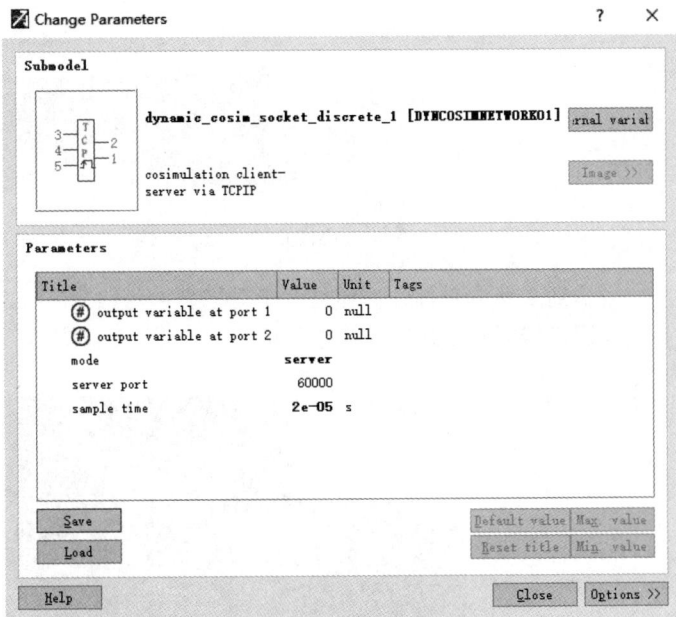

∧图6-24　联合仿真模块参数配置

在AMESim阀门的入口和出口处设置如图6-25所示压力边界条件。

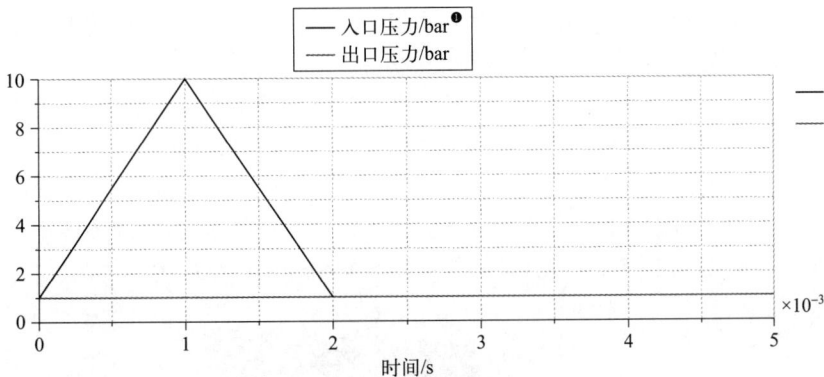

∧图6-25　挡板阀压力边界条件

仿真模式下，最终时间必须设置为高于Simcenter STAR-CCM+中定义的模拟时间。这里选择5ms。还设置打印间隔以匹配TCP元素中定义的采样时间。至此，一维模型设置完成。

Simcenter STAR-CCM+中的三维模型如图6-26所示。

---

❶ 1bar=10^5Pa。

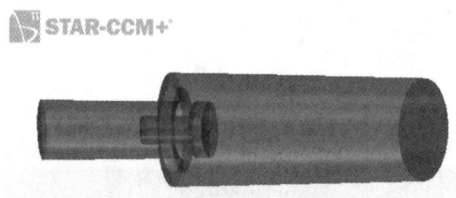

∧图6-26　三维模型

　　考虑到系统的对称性，通过两个对称变换对四分之一的挡板阀进行建模。挡板阀固定域网格划分如图6-27所示。

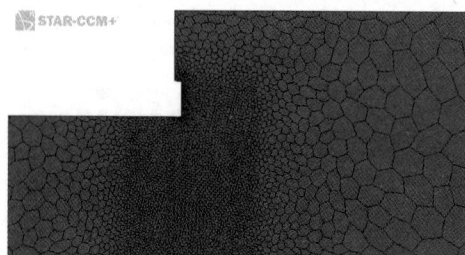

∧图6-27　挡板阀固定域网格划分

　　重叠网格会自动耦合两个系统，合并重叠区域中的网格。在"工具→运动"项中创建用户定义的顶点运动。对阀门的位移进行建模，创建第二区域的平移。平移的幅度由AMESim仿真控制。

　　两个网格必须相似才能合并，这里选择多面体网格划分器以实现系统的平滑过渡和高效离散化。在这种情况下，必须对挡板的行为进行建模，从完全打开的阀门配置到完全关闭的阀门。然而，为了简化系统，考虑到几微米的欠重叠，可以认为阀门没有完全关闭。该假设可以通过结果得到验证，结果表明在此配置中流速可以忽略不计，重叠网格如图6-28所示。

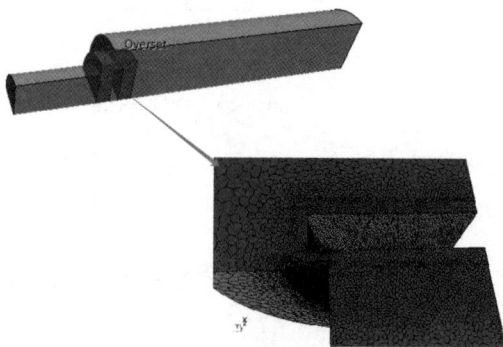

∧图6-28　挡板阀重叠网格

要设置联合仿真，首先在"连续体→模型选择"中，选择联合仿真和AMESim耦合，如图6-29所示。

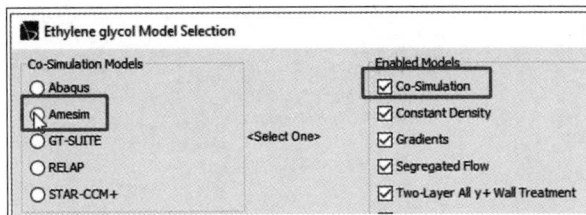

∧图6-29　模型选择

其次，打开"外部链接→协同仿真树"项，与在AMESim中设置和连接联合仿真模块类似，必须定义Simcenter STAR-CCM+模型关于与AMESim模型的接口的输入和输出。定义输入输出有两种方法：一种是将区域或边界与联合模拟区域相关联，这将自动将质量流量和压力（分别）设置为导入和导出的场；另一种是可以手动创建导入和导出的场，这允许交换除质量流量和压力之外的场。

在这里，我们将手动创建导入和导出的场。请注意，可用的"AMESim端口 ID"数量会随着添加更多字段而增加，这些端口 ID对应于AMESim草图中联合仿真模块上的端口号，如图6-30所示。

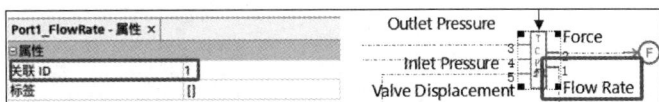

∧图6-30　接口配置

要使用导出和导入的场，必须定义场函数。它可以是任何类型的函数：用户定义的代码、报告探针等。在本案例中，分别创建"Force"报告和"mass_flow_to_pin_1"报告作为Simcenter AmeSim的输入，并将其设置为用于STAR-CCM+中计算的标量，如图6-31所示。

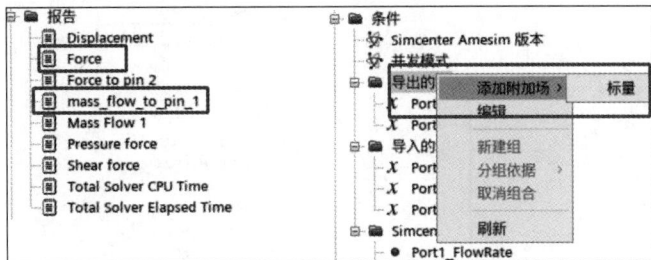

∧图6-31　导入的场和导出的场配置

然后选择要与Amesim模型耦合的边界。设置边界条件，如图6-32所示。

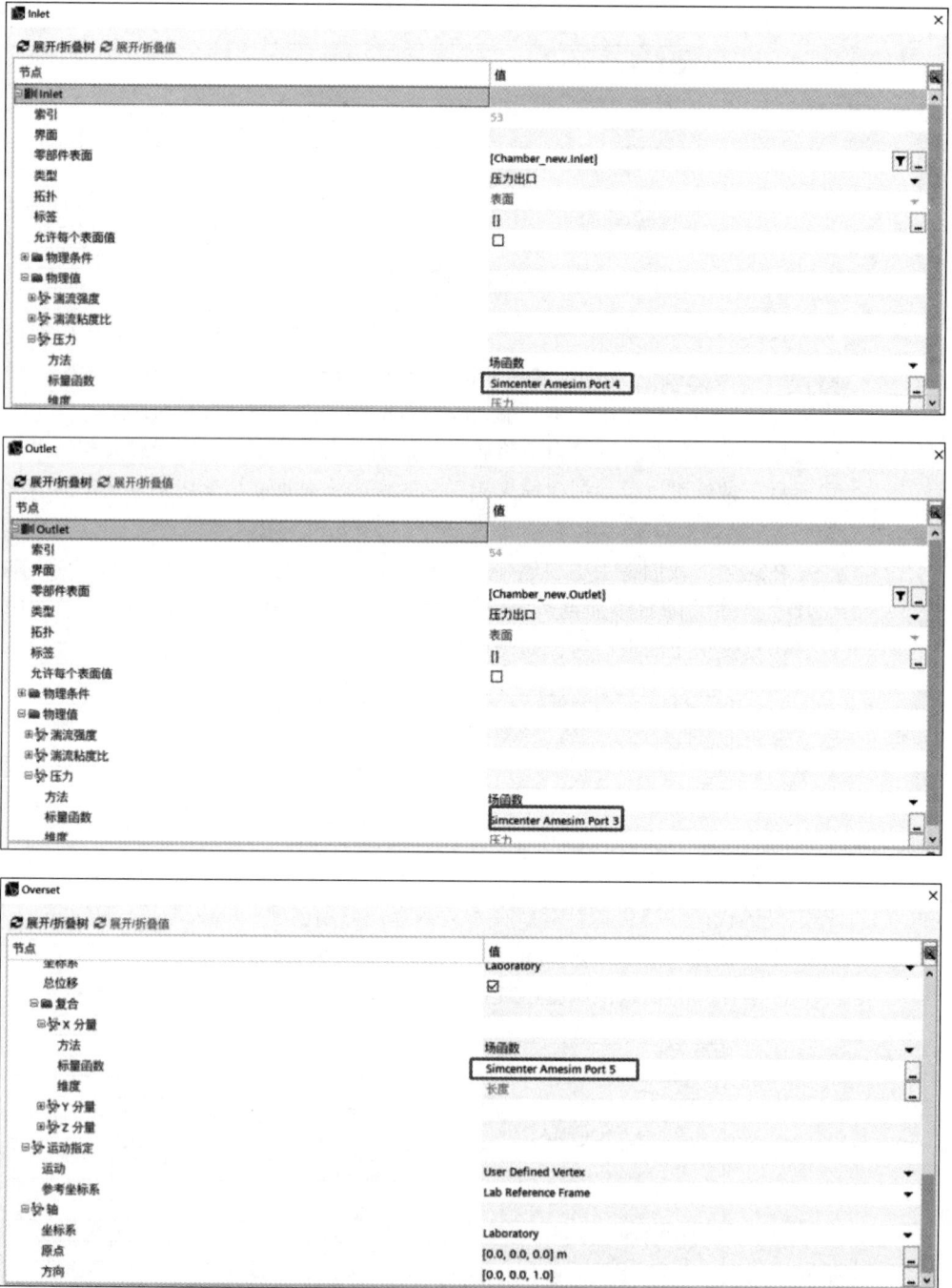

△图6-32　边界条件设置

接下来在Simcenter STAR-CCM+中定义耦合，在"连接设置"属性中，设置联合仿真模块的参数，如图6-33所示。

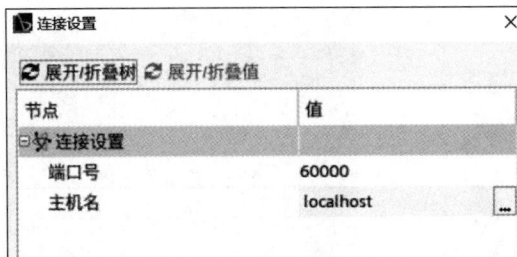

︽图6-33 联合连接配置

在将Simcenter STAR-CCM+连接到AMESim之前，AMESim模拟必须已启动并等待连接，可以在输出窗口中检查耦合是否正确建立。

在运行仿真之前，配置求解器参数以匹配AMESim联合仿真模块中定义的采样时间，编辑非稳态解算器并将时间步设置为等于AMESim采样时间，如图6-34所示。

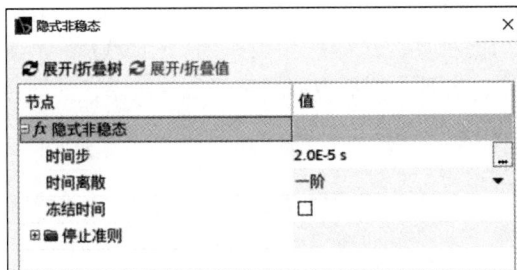

︽图6-34 配置隐式非定常求解器

停止准则中需要根据AMESim中使用的时间设置最大物理时间，如图6-35所示。

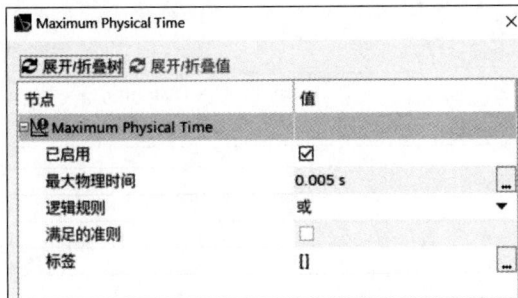

︽图6-35 设置最大物理时间

最后进行初始化，然后运行仿真。挡板座处的速度流线和压力云图仿真结果如图6-36所示。

︿图6-36　挡板座处的速度流线和压力云图 ❶

仿真过程中第一阶段包括阀门的打开。这是由于入口处的压力升高，产生的压力超过挡板上的弹力。然后挡板被上端止动件停止，直到压力减小到小于弹性压力的程度，这导致挡板关闭。挡板位移量与流量如图6-37所示。在打开过程中，流量与挡板位移几乎呈线性关系，如图6-38所示。

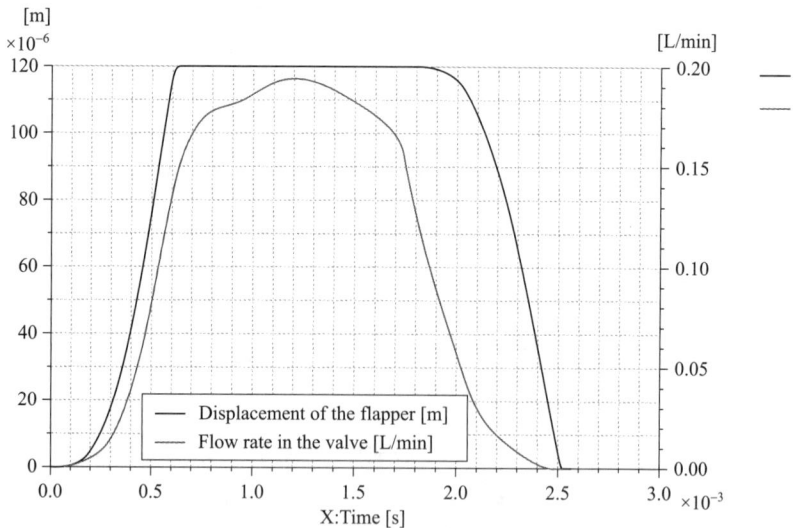

︿图6-37　流量和阀门位移随时间变化

---

❶ 为方便与实际操作对应，本章使用的软件截图保留相应的英文名称。

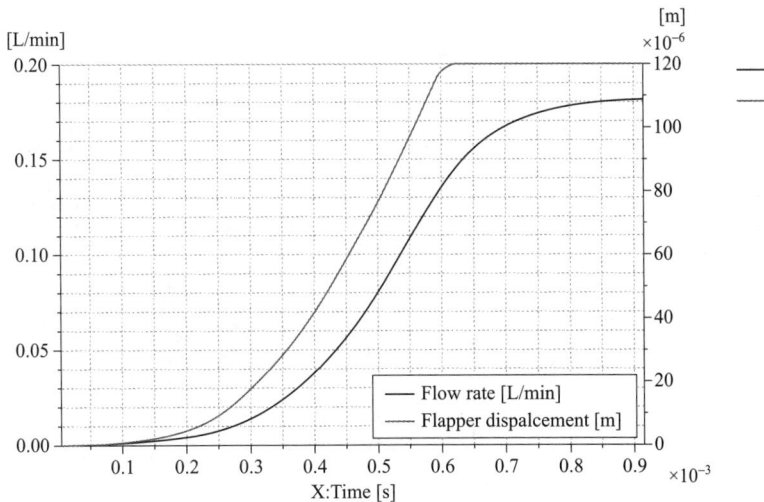

∧图6-38　流量和挡板位移量对比

6.4

混合动力汽车热管理系统建模与仿真

6.4.1　热管理系统介绍

如图6-39所示为某混合动力车型整车热管理系统结构原理图。基于该热管理系统架构，利用AMESim软件平台对混合动力汽车整车热管理系统及动力系统进行建模、仿真分析。

混合动力车型发动机冷却及空调采暖系统回路与传统燃油车相比，在暖风支路增加了一个电子水泵、水暖PTC以及一个三通阀，保证车辆在纯电动模式下的乘员舱采暖需求。同时，在暖风支路并联了一个换热器，与动力电池系统回路进行耦合换热，从而保证动力电池的加热需求。

此模型只考虑低温加热工况，因此不存在电池高温散热的情况。动力电池系统加热回路，包含板式换热器、动力电池水冷板、电子水泵等部件。混动模式时通过板式换热器与发动机采暖系统回路耦合换热，或纯电模式通过水暖PTC制热，保证动力电池的加热需求。

由于只考虑低温加热工况，因此不存在座舱高温制冷的情况。座舱加热通过板式换热器与发动机采暖系统回路耦合换热，或纯电模式通过水暖PTC制热，保证座舱的加热需求。

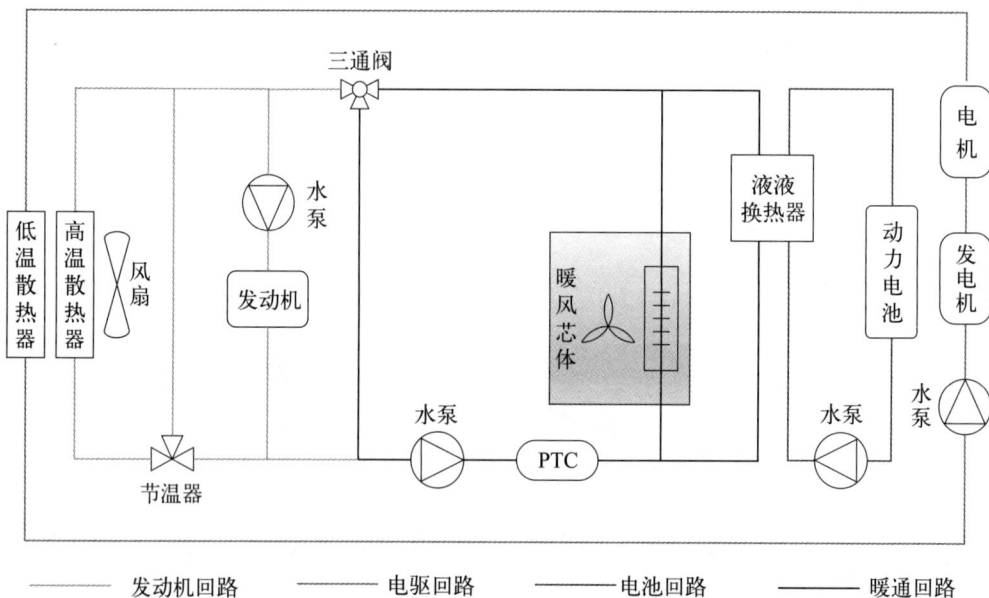

△图6-39 某混合动力车型热管理系统结构原理图

电机热管理系统回路是独立于其他系统的冷却回路，由低温散热器、电子水泵、电机控制器、电机等组成。电子水泵驱动回路冷却剂流动，将各发热部件的热量通过低温散热器散失到周围环境中。

6.4.2 热管理系统模型搭建

如图6-40所示，为通过AMESim建立的混合动力车型低温加热工况下的整车热管理系统仿真模型。整车热管理系统包括发动机热管理系统、电机热管理系统、电池热管理系统和座舱热管理系统。

（1）发动机模型

发动机模型如图6-41所示，端口1是发动机的主要输出端口，对外输出发动机的转矩；端口2是排放信号接口，一共7个输出量，主要是排放温度、总质量流量、污染物质量流量和当量比；端口3是输出发动机的制动平均有效压力（BMEP）、发动机最小和最大扭矩、转速、温度和环境空气温度信号；端口4是接收来自ECU的控制信号；端口5是环境空气条件，包括环境空气压力、温度和密度；端口6是燃烧动力损失和燃烧室温度数据接口；端口7是接收发动机冷却液温度信号；端口8是摩擦功率损失和机油温度数据接口。

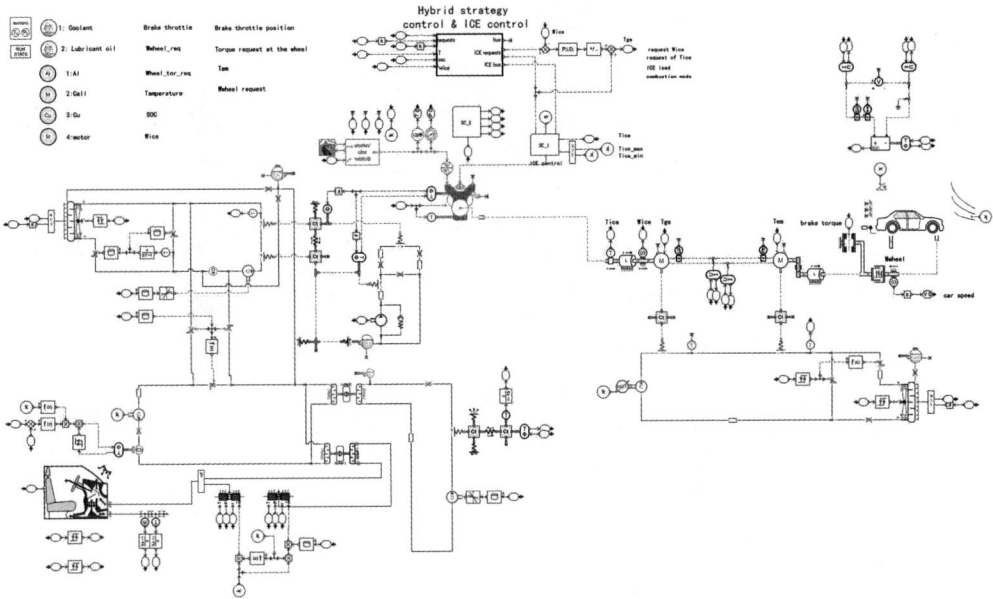

︿图6-40　混合动力车热管理系统仿真模型

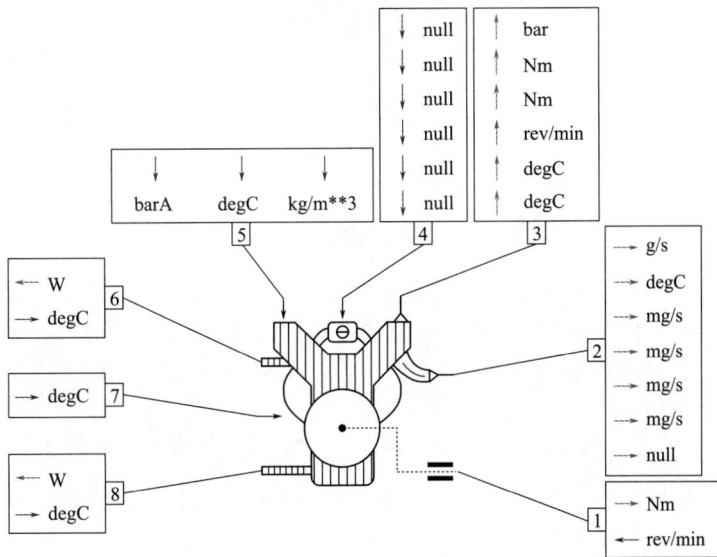

︿图6-41　发动机模型

　　图6-42所示为发动机外特性曲线。图6-43所示为发动机燃油消耗率，通过插值计算，可得到发动机对应工作点下的平均燃油消耗率，进而可得到发动机的单位时间燃油消耗量。

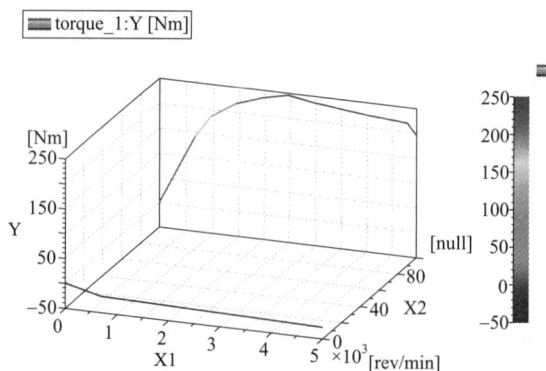

∧图6-42 发动机外特性曲线

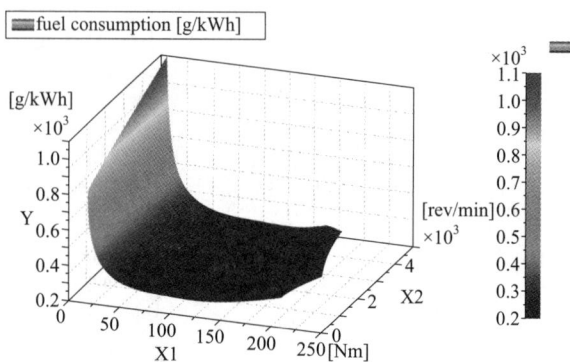

∧图6-43 发动机燃油消耗率

（2）驱动电机和发电机模型

驱动电机模型如图6-44所示，端口1为热交换接口，主要接收电机的温度信号；端口2是电机的主要输出端口，对外输出电机转矩；端口3为电机最大和最小扭矩输出接口；端口4接收电机需求扭矩；端口5和端口6为电机电源接口。

在建模仿真过程中，热管理系统更多的是考虑电机的产热，即功率损耗，不同的电机转速和扭矩，电机的功率损耗不同，如图6-45和图6-46所示为驱动电机和发电机的产热情况。

（3）动力电池模型

动力电池组模型如图6-47所示，端口1和端口2为与电池组件相连接的电压和电流接口；端口3为热交换接口，主要接收电池的温度信号；端口4为电池SOC信号接口。

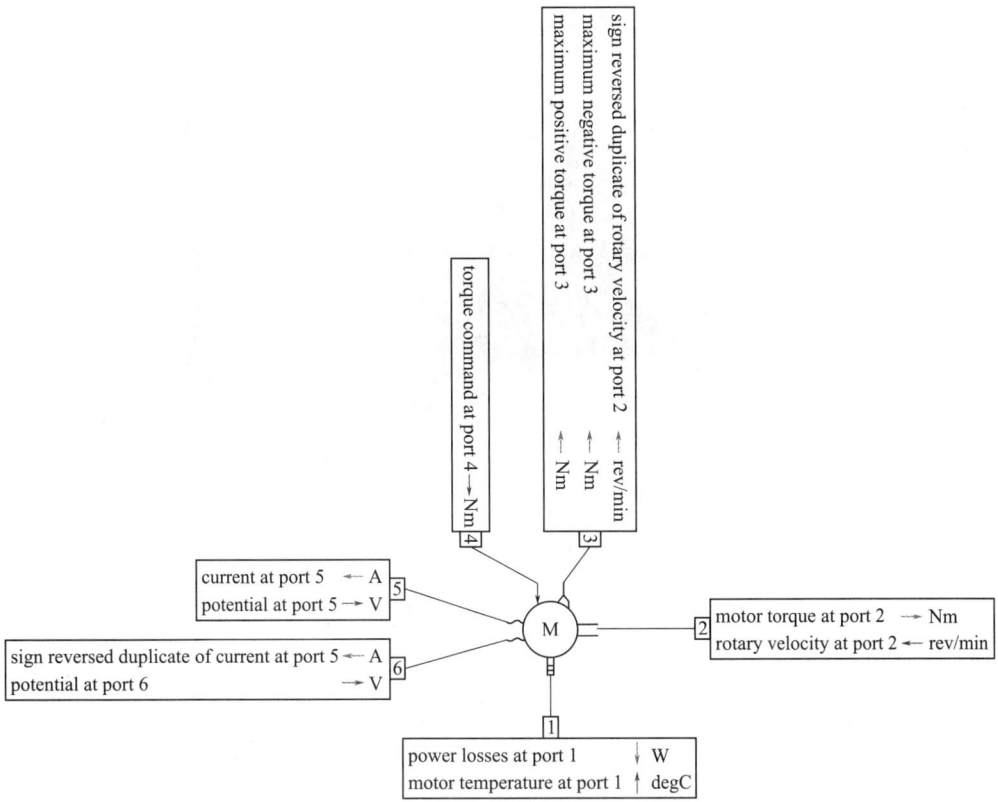

△图6-44　驱动电机模型

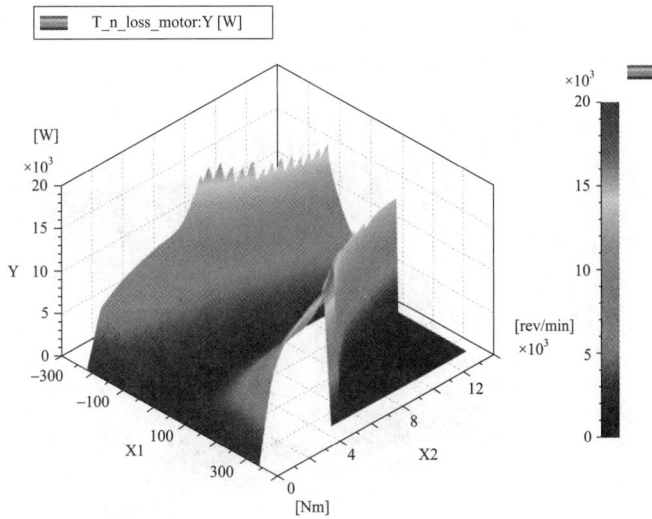

△图6-45　驱动电机产热Map图

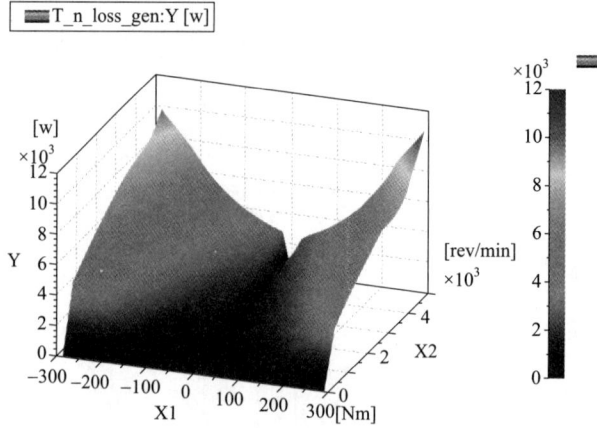

∧图6-46 发电机产热Map图

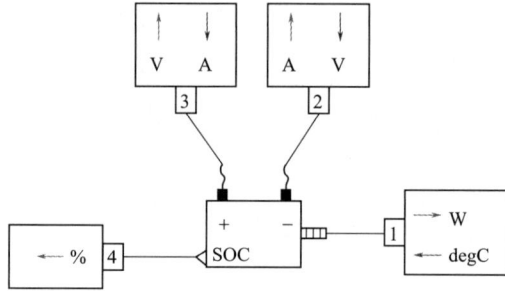

∧图6-47 动力电池模型

通过AMESim电池参数设置工具得到其开路电压与SOC、温度的关系如图6-48所示,动力电池内阻与动力电池SOC、温度的关系如图6-49所示。

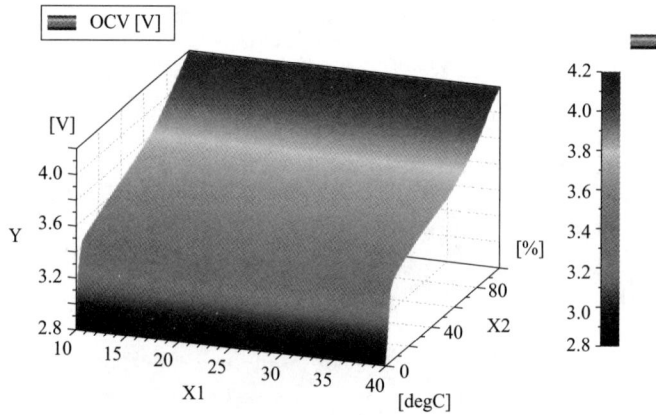

∧图6-48 电池单体开路电压

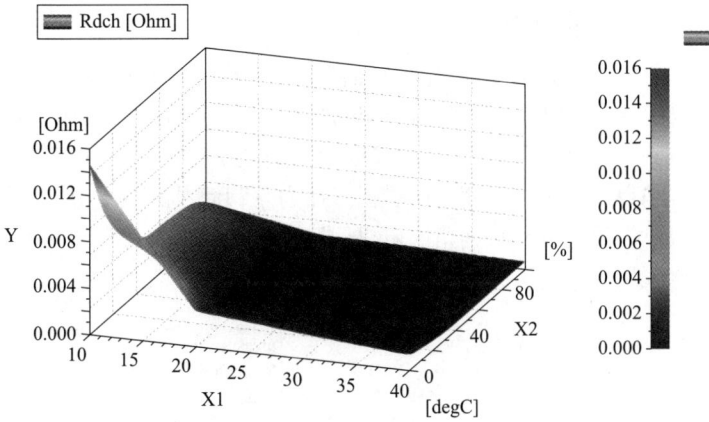

△图6-49　电池单体内阻

（4）散热器模型

散热器作为强制循环冷却系统中的关键部件，一般包括进水室、散热器芯和出水室等结构，主要用来散发冷却中的热量，使其到空气中去。发动机工作时，冷却液经水泵驱动，流经散热器芯的内部，空气则从散热器芯的外部表面流过，在这个过程中，冷却液与空气发生热交换，热的冷却液经放热过程而变冷。采用AMESim软件中的风扇的散热器模型，如图6-50所示。端口1接收环境温度和风速信号；端口2是膨胀水壶连接口；端口3和端口5分别为冷却液进出口；端口4为前端冷却风扇转速控制信号接口。

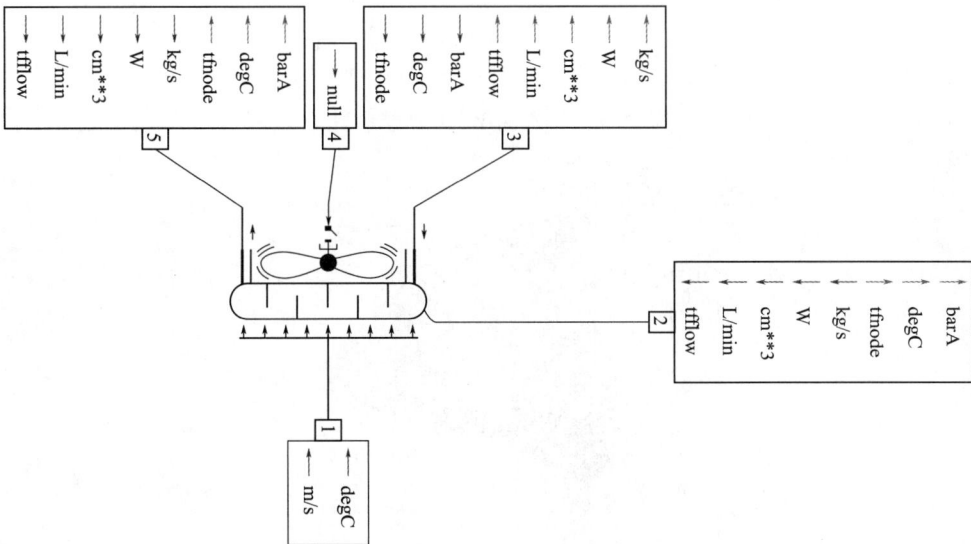

△图6-50　散热器模型

（5）水泵模型

水泵作为热系统中消耗电能的主要部件，其功率是计算耗能的直接参数。模型选用的水泵模型如图6-51所示。通过设置水泵的转速-流量-压差曲线，得到水泵在实际工作中的数据图，如图6-52所示，在模型中通过数据插值的方法得到了不同转速下的进出口压力差和流量。汽车上广泛使用的是离心式水泵，无论是发动机回路、电机回路、电池回路以及暖通回路，其回路中使用的水泵原理相同，只是在数据特性上存在差异。

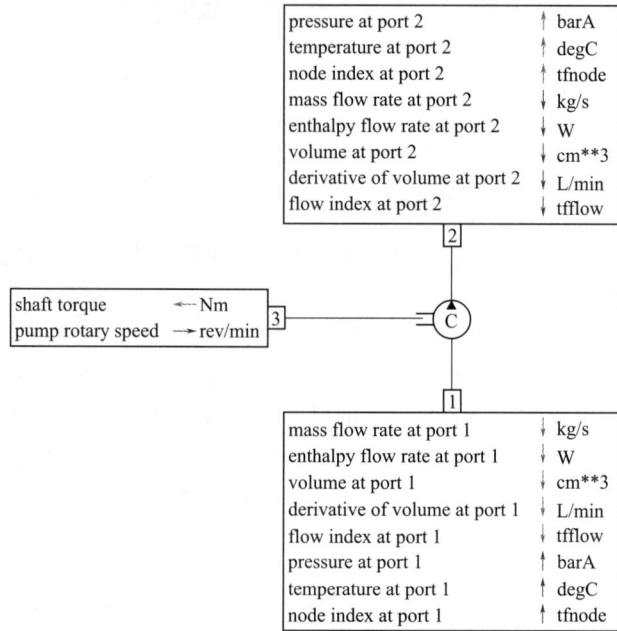

︿图6-51　水泵模型

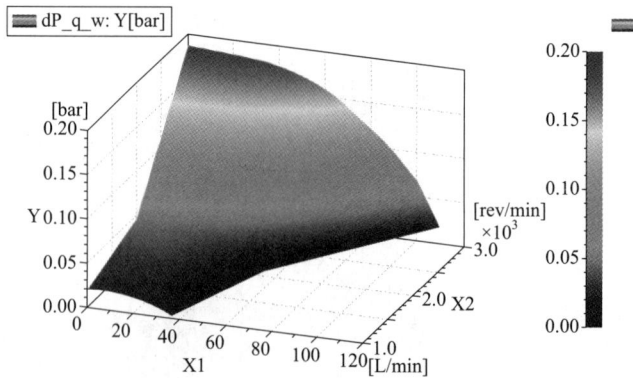

︿图6-52　水泵的压损与转速和流量的关系

6.4.3 热管理系统仿真分析

　　根据所建立的混合动力汽车热管理系统模型，结合NEDC循环测试工况（new european driving cycle），模拟在环境温度−20℃下，行驶工况为3个标准NEDC循环，如图6-53所示，仿真分析热管理各子系统的工作状态。

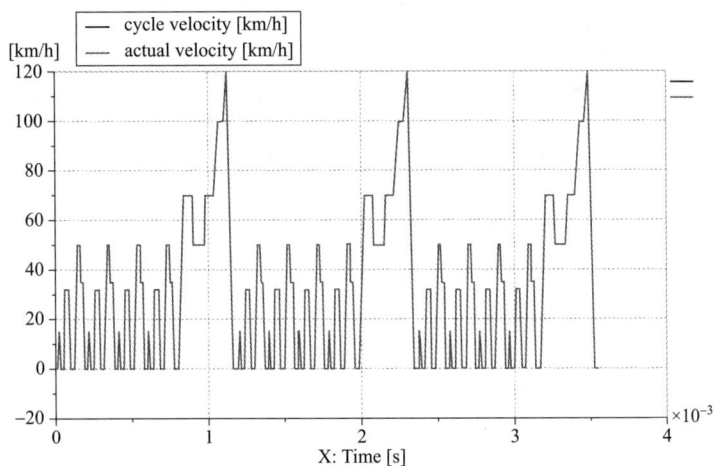

∧图6-53　NEDC工况曲线

　　在环境温度为−20℃的低温工况下，在电量保持阶段，发动机出口温度上升，在电量消耗阶段，发动机出口温度下降。发动机水温上升至90℃及以上，节温器开始工作，发动机冷却液部分进入大循环，经过高温散热器散热，以满足发动机的降温需求，因此如图6-54所示，发动机温度没有超出正常工作范围。此外发动机开启大循环后，此时电池或者座舱如果有加热需求，可以开启发动机三通阀，将发动机余热充分利用。

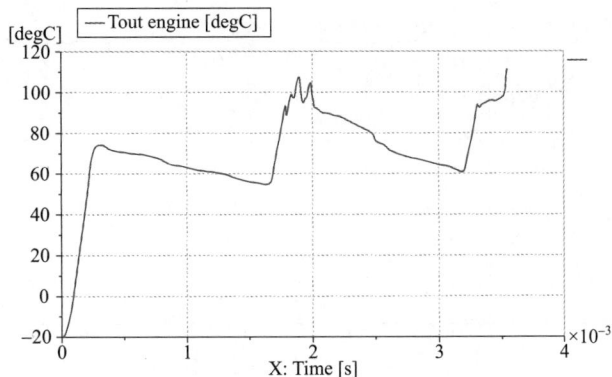

∧图6-54　发动机温度曲线

171

与发动机相似，在车辆正常的行驶过程中需要对电驱动系统进行冷却。在低温环境下，热量向环境散热较大，电机出口温度在汽车行驶过程中缓慢上升，如图6-55所示，当电机出口温度超过60℃时，通过调节电子水泵转速，使电机系统的热量及时散失，始终保持其在目标温度之下。

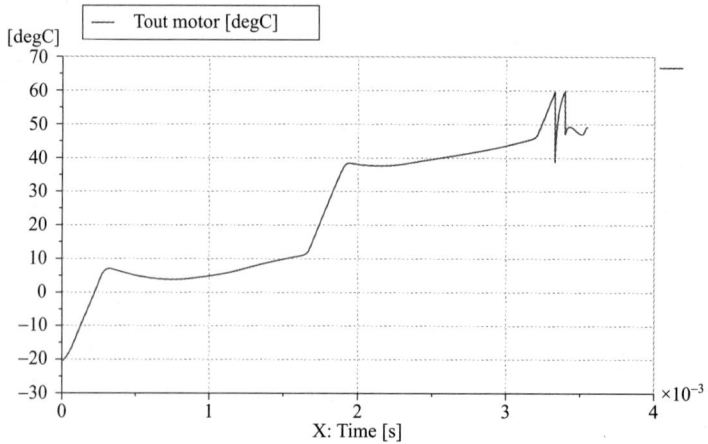

︿图6-55　电机出口水温

仿真条件设置环境温度为−20℃，动力电池需要加热到目标温度附近，否则低温充放电会严重损害动力电池的使用性能和循环寿命。如图6-56所示，电池温度曲线在不断上升。在上述搭建的热管理系统模型中，在没有发动机余热提供时，电加热器通过加热冷却液为电池和座舱提供热量。电池换热器和座舱换热器并联，两者基本互不影响，电池温度以较快的速率上升至目标温度，此后时间围绕目标温度上下波动。

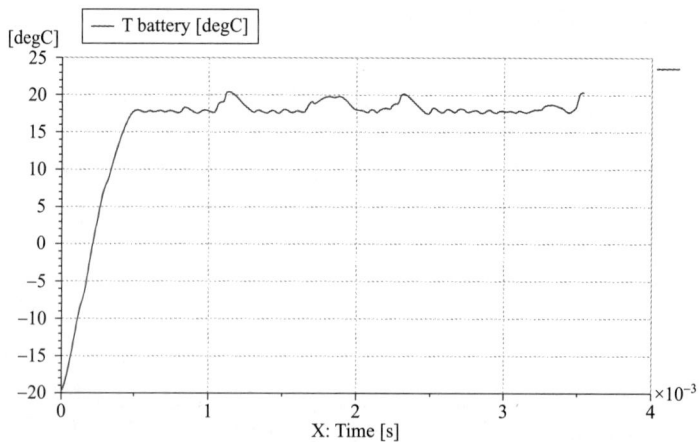

︿图6-56　电池温度曲线

　　混合动力汽车的座舱热管理系统结合了发动机采暖和PTC加热的两种方式，其综合考虑了能耗和座舱的热舒适性。如图6-57所示为座舱温度仿真结果，循环工况开始后，通过调节座舱新风和回风风量，座舱快速加热到目标温度并在目标温度区域附近合理波动。NEDC循环工况中的郊区阶段最高车速120km/h，从图中曲线可以看出，车速突然增加时，座舱温度出现稍微下降，但并不至于出现失控，在短暂的时间内座舱温度又重新调整到20℃。

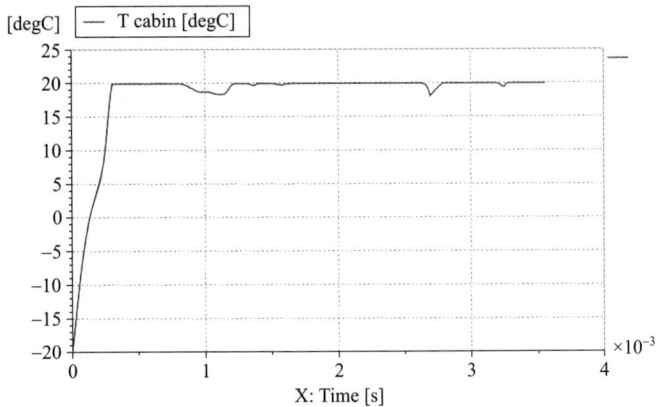

△图 6-57　座舱温度曲线

6.5
纯电动汽车热管理系统建模与仿真

6.5.1　热管理系统介绍

　　本节仿真分析的纯电动集成热管理系统结构如图6-58所示，包含电机热管理系统、电池热管理系统以及换热模块。其中，电机热管理系统由电机系统水套、电控系统水套、水泵、散热器、电磁阀等组成，承担驱动电机、电机控制器等部件的散热任务；电池热管理系统由电池水冷板、水泵、PTC、散热器、电磁阀等组成，承担电池的散热和加温任务；换热模块主要是一个钎焊板式换热器将电机热管理系统与电池热管理系统并联，从而实现液-液换热。电机热管理系统和电池热管理系统可以独立运行，也可以通过换热模块进行热量交换。整个系统的工作模式切换通过控制若干电磁阀改变冷却液流动路线来实现。

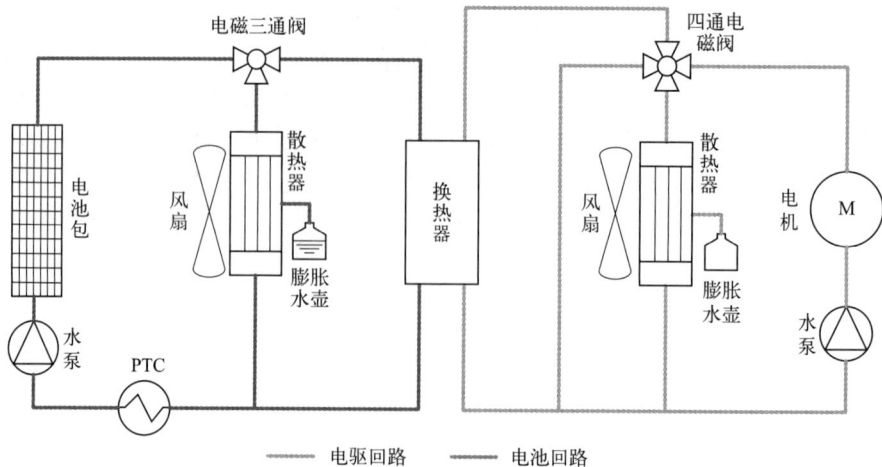

图6-58　纯电动汽车热管理系统结构

6.5.2　热管理系统模型搭建

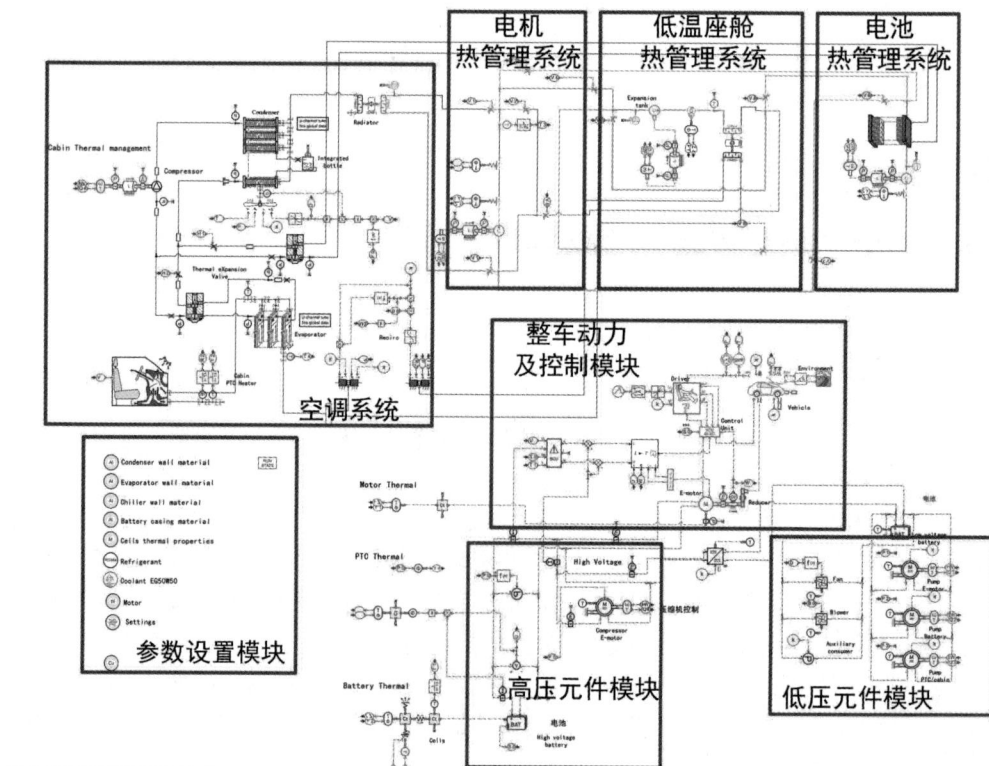

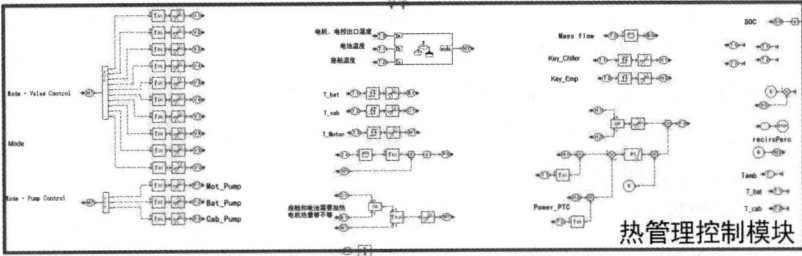

∧图6-59　纯电动汽车热管理系统仿真模型

热管理系统模型搭建如图6-59所示。具体模型选择及参数设置方法，参考6.4.2部分，主要涉及到电池、电机、散热器、PTC、换热器模型。

6.5.3　热管理系统仿真分析

（1）常温热管理性能仿真分析

常温热管理性能仿真测试工况选用WLTC工况和CLTC-P工况。考虑到这两种工况单个循环仅1800s，且较多时间为低负荷工况，单个循环温升可能不够显著，因此，将仿真测试工况设置为连续进行三个WLTC工况循环和连续进行三个CLTC-P工况循环。

图6-60对比了在25℃环境下进行WLTC工况测试和CLTC-P工况测试的动

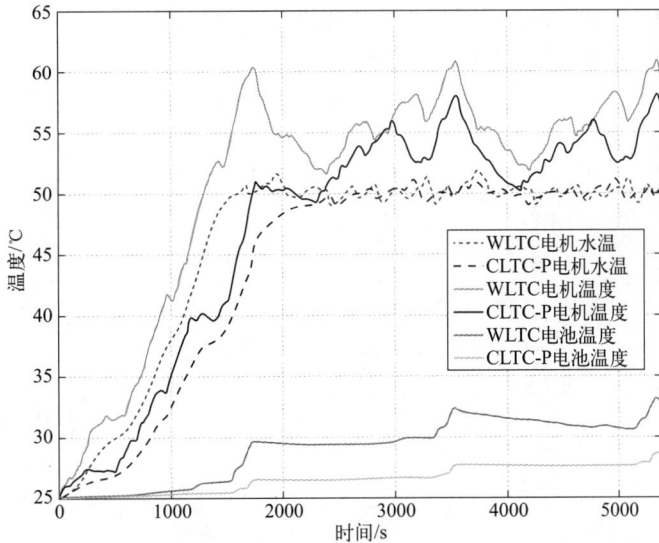

∧图6-60　25℃环境WLTC工况和CLTC-P工况电池温度、电机温度、电机冷却液温度曲线图

力电池温度、驱动电机温度、电机冷却液出口温度曲线。电机水泵转速受PID控制器调节，将电机水温控制在设定温度一定范围内波动，电机温度在循环后端高速工况时有一定幅度的上升，但很快被抑制。电池在循环后端的高速工况时温升速率较高，但在电池温度达到30℃时切换至散热模式，第三个循环的电池温升幅度明显减小。

观察图6-61所示电机水泵转速PID控制信号，在进行负荷较小CLTC-P工况测试时，水泵工作强度小于负荷较大的WLTC工况。这说明采用PID控制对水泵转速进行调节，能够有效节省水泵在热管理系统低负荷运转时的功耗。

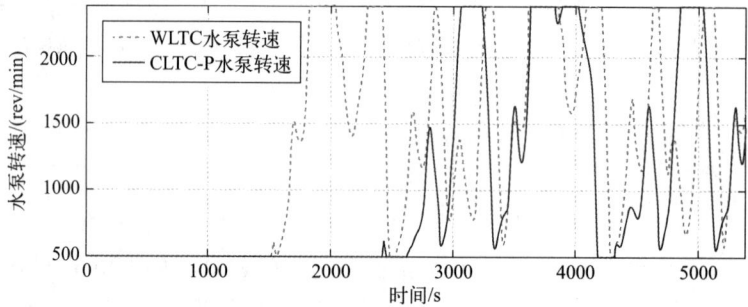

△图6-61　25℃环境WLTC工况和CLTC-P工况电机循环水泵转速曲线图

（2）高温热管理性能仿真分析

高温热管理性能仿真测试选用极限负荷测试工况。假设车辆充分热浸车，所有部件的初始温度均等同于环境温度，统一设置为35℃。在仿真测试中额外设置了风冷电池热管理模型作为对比。

图6-62展示了在35℃环境下进行等速45km/h和等速90km/h爬坡测试，驱

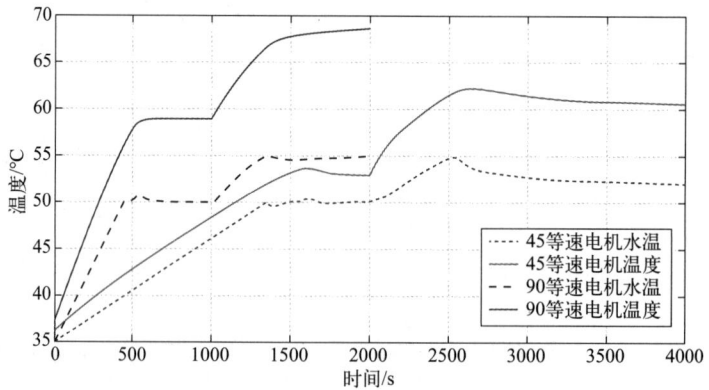

△图6-62　35℃环境等速45km/h和等速90km/h爬坡工况
电机温度和电机冷却液温度曲线图

动电机和电机冷却液出口出水温的变化曲线，以及水泵转速变化曲线。从图中可以看出，在 0 坡度行驶时，冷却液温度被水泵转速 PID 控制策略调节，保持在设定温度；在爬坡时，随着水温升高，水泵全速运转，驱动电机和电气元件的温度在一段上升后达到平衡，平衡温度未超过最高工作温度。

（3）低温热管理性能验证

低温热管理性能仿真测试的测试工况为连续进行三个 CLTC-P 工况循环，主要考察电池热管理子系统在低负荷工况，电池自身产热较低时的加温性能。此处假设车辆充分冷浸车，所有部件的初始温度均等同于环境温度，统一设置为 -10℃。在仿真测试中额外设置了仅采用加热器的电池热管理模型和仅采用换热器的电池热管理模型作为对比。

图 6-63 展示了在 -10℃ 环境下进行 CLTC-P 工况测试的动力电池温度。由图 6-63 可见，在不采用加热器进行加热的情况下，由于测试初期电机水温较低，换热器无法提供足够热量，电池温升较慢。在电池加热过程的后段，由于缺少电机废热支持，加热器单独加热速率也较双热源模式低。

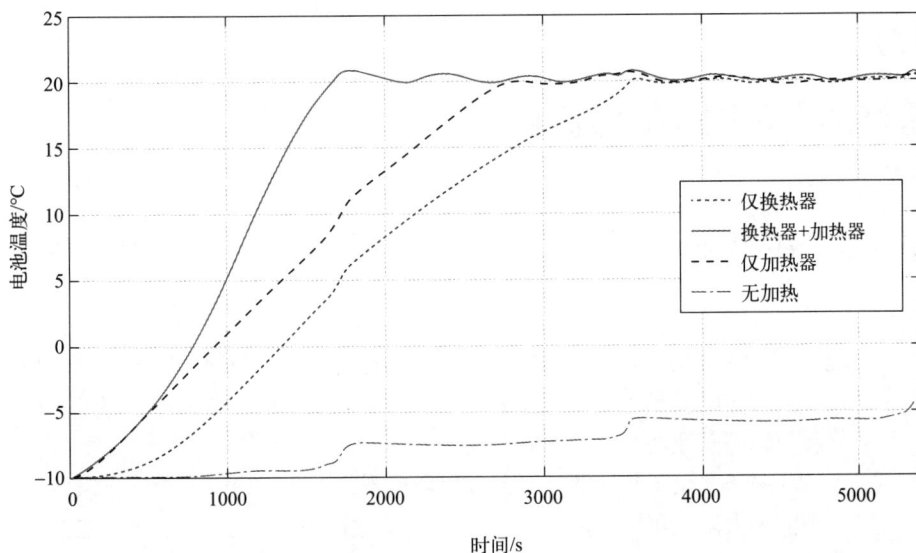

∧图 6-63　-10℃ 环境 CLTC-P 工况不同加热方案电池温度曲线图

由图 6-64 所示加热器控制信号可见，在不采用换热器的情况下，在电池达到适宜温度后，加热器需要频繁启动来保持电池温度。在采用加热器和换热器双热源的情况下，加热器在测试初期将电池快速加温至适宜温度，随着电机水温增长，换热器提供额外热量保持电池温度，大幅减少了加热器的工作时间和能量消耗。

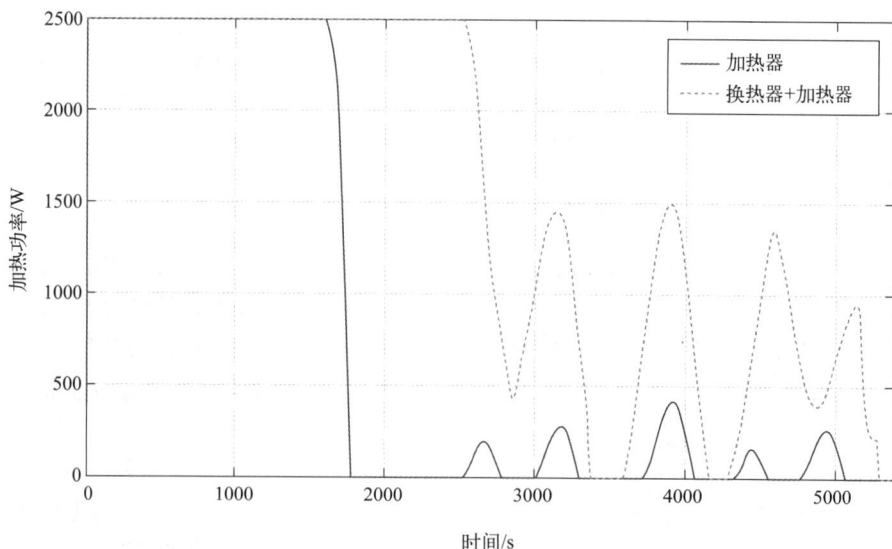

企图6-64　-10℃环境CLTC-P工况不同加热方案加热器功率曲线图

6.6
座舱热舒适性建模与仿真

6.6.1　基于AMESim汽车乘员舱热舒适性评估的一维建模与仿真

在AMESim中建立如图6-65所示乘员舱简易模型，该模型考虑了外部环境与车身的对流换热、太阳辐射与车身的辐射换热、内部环境与车身的对流换热，只考虑座舱和车身下表面的单个潮湿空气量，用于内部和外部热交换，最终利用传感器评估乘员的热舒适性。

环境条件设置和计算：可以使用环境条件指数为每个面板或一组面板定义太阳能。太阳能可以是用户定义的，也可以使用相关性自动计算。在这个演示模型中，我们考虑了垂直太阳以1000W/m²的速度照射所有面板，定义的车窗玻璃、座椅、仪表盘的材料、外部环境温湿度、车辆行驶速度、HVAC的温湿度及质量流量，如图6-66所示。

仿真运行设置时间为7200s，采样时间为1s，最终仿真结果如图6-67所示，在车辆暴露在太阳下1h时，乘员舱内的PMV为3，PPD为99.1。当HVAC往车内通入冷风后，乘员舱内的PMV为1.82，PPD为68.0，有效改善了汽车乘员舱内的热舒适性。

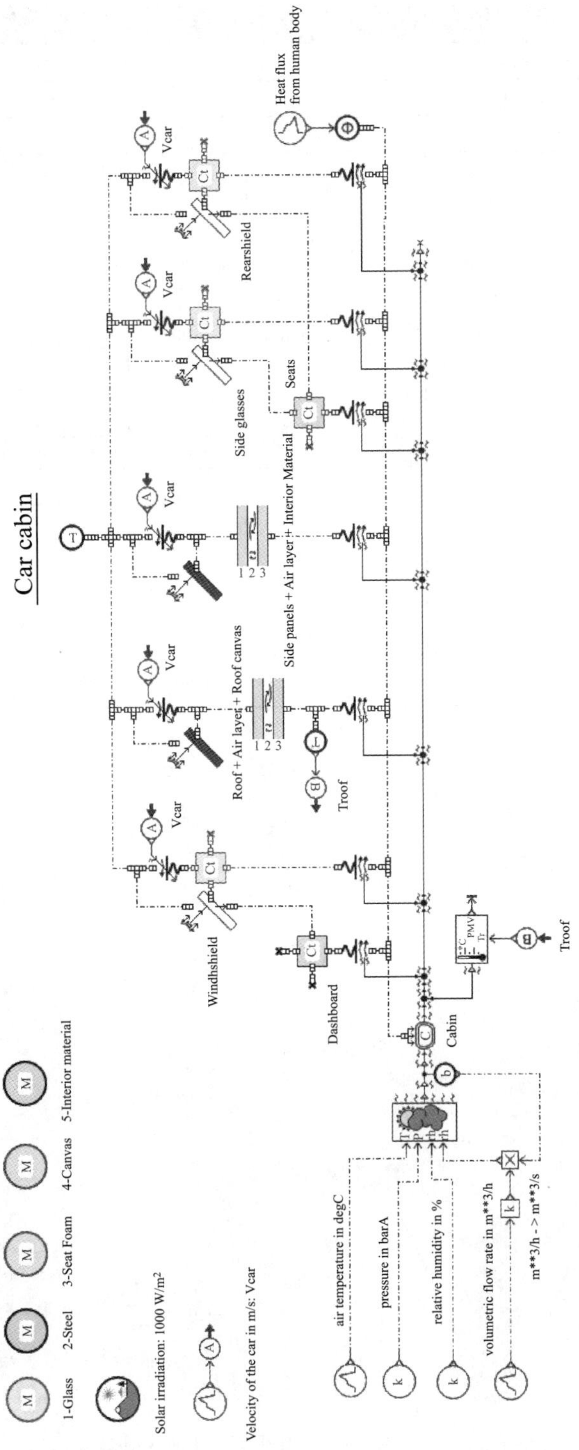

△图6-65　汽车乘员舱一维模型

Parameter	Value
Ambient temperature	35℃
Ambient relative humidity	20%
Solar load (vertical sun)	1000 W/m²
Car velocity	
HVAC air relative humidity	40%
HVAC air flow rate	
HVAC air temperature	

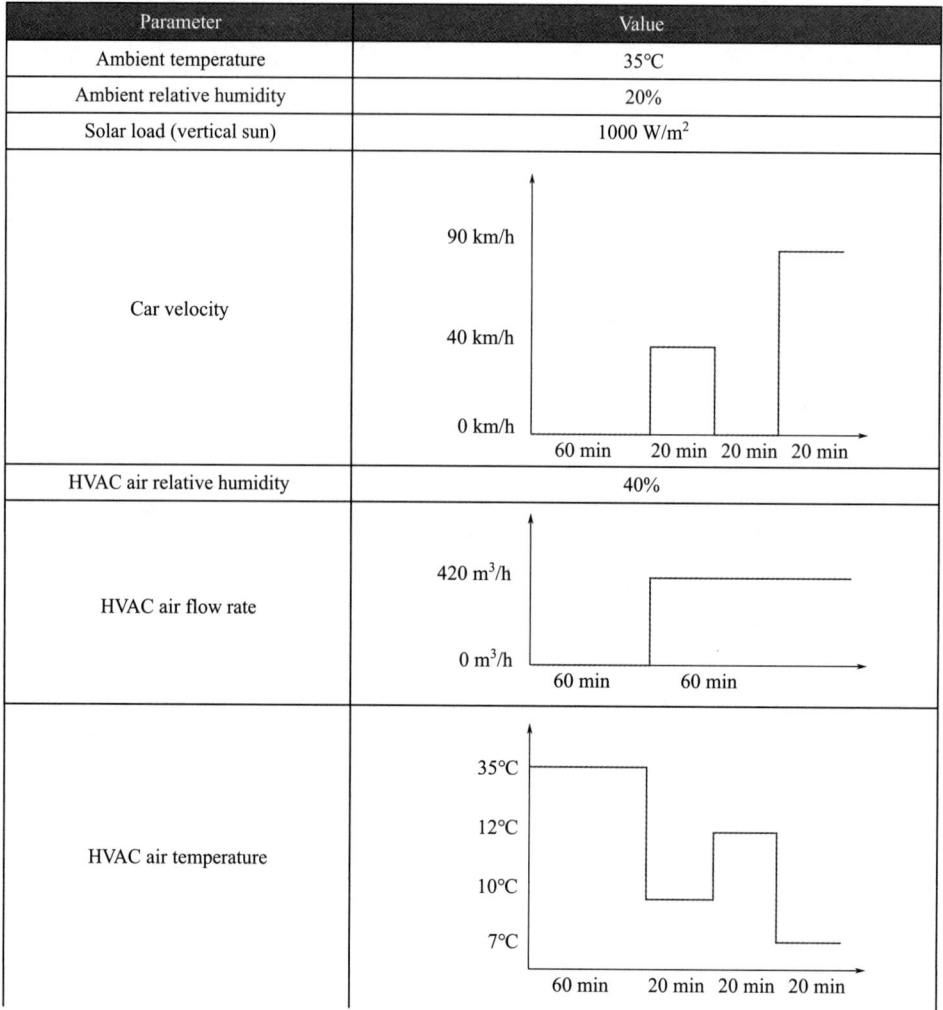

△图 6-66　边界条件

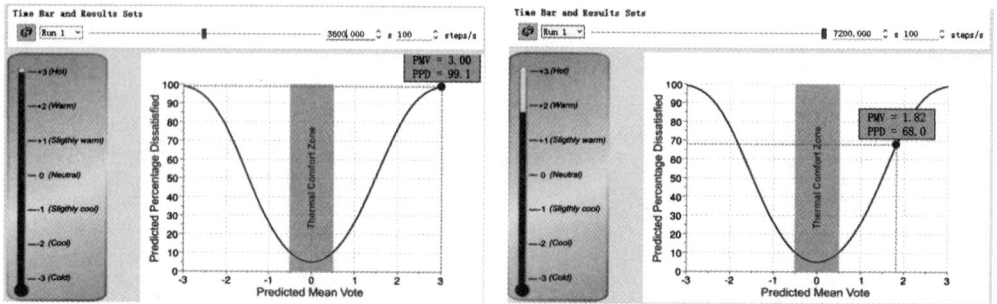

△图 6-67　仿真结果PMV-PPD

6.6.2　基于 Simcenter STAR-CCM+ 的汽车乘员舱三维建模及仿真

在 CATIA 或者 Solidworks 中建立该乘员舱的三维模型，模型主要分为车顶、车窗、座椅、通风出入口、车身、车门、驾驶室以及分为 14 个部位的假人模型，将建好的模型导入 Simcenter STAR-CCM+ 中，并对其进行网格处理，如图 6-68 所示。

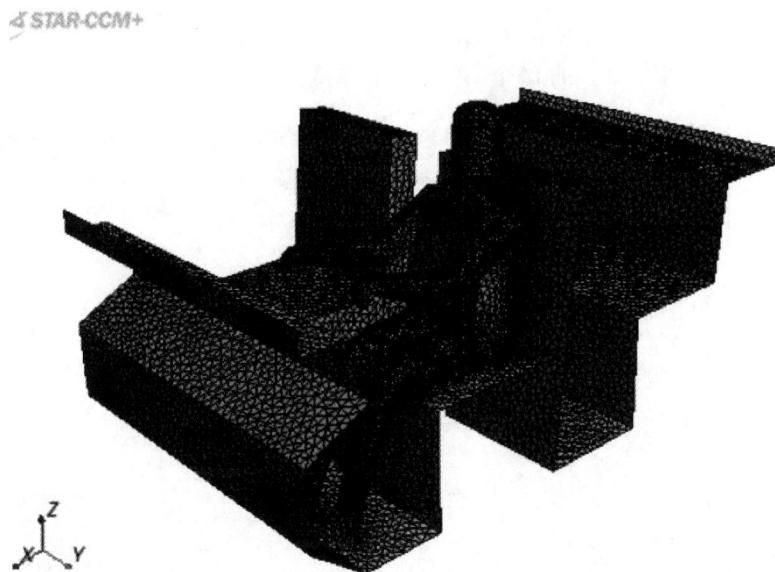

△图 6-68　导入 Simcenter STAR-CCM+ 的车厢假人模型

（1）物理模型的选择

模型定义模拟的主变量，包括压力、温度和速度以及用于生成求解的数学公式。在此示例中，流体是恒密度的湍流。建模通过驾驶室的气流，物理模型选择如表 6-1 表示。

表 6-1　物理模型选择

组合框	模型
启动模式	三维
时间	定常
材料	气体
流体	分离体、梯度
状态方程	恒密度
黏性项	湍流、雷诺平均纳维—斯托克斯

续表

组合框	模型
雷诺平均湍流	K—Epsilon湍流、精确壁面距离、可实现的K—Epsilon两层模型、两层所有y+壁面处理
可选模型	分离流体温度、热舒适性

（2）边界条件的设置

首先指定车上乘员的基本属性，即乘员的数量、身高、衣服热阻、代谢率等。指定假人的14个部位的初始温度，如图6-69所示。

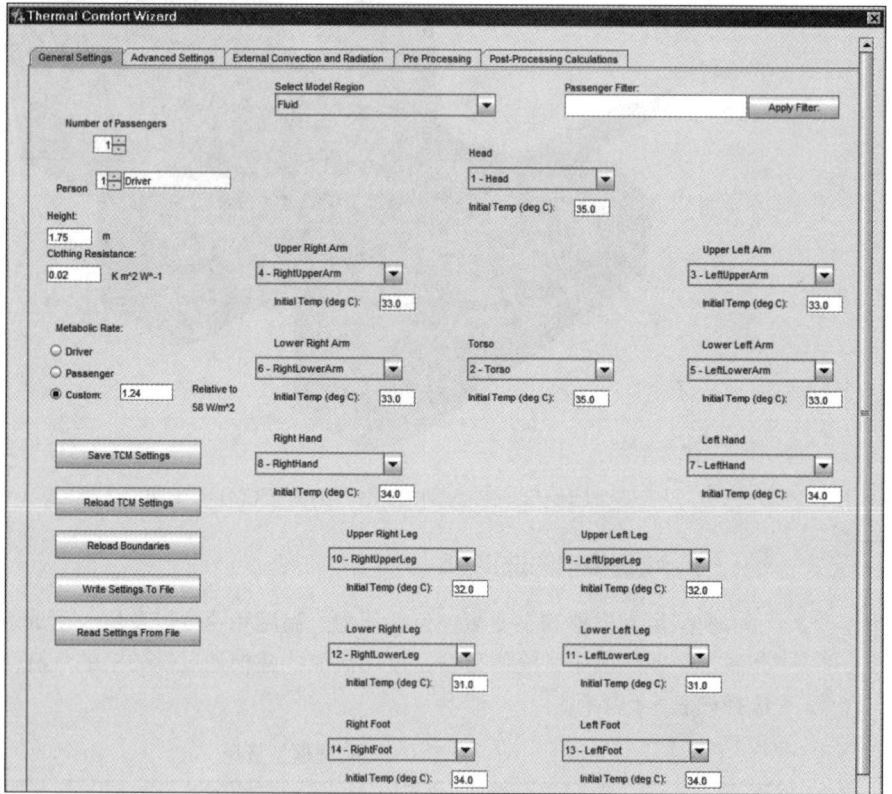

∧图6-69　假人边界条件设置

（3）外部对流的设置

设置车速和外部总体温度，车窗、车顶、驾驶室、门、控制台的基准传热系数，五个前通风口的质量流量和温度，如图6-70所示。

最后，设置停止标准以及创建后处理可视化结果，得到舱内假人表面的温度及周围空气的流速，如图6-71所示。

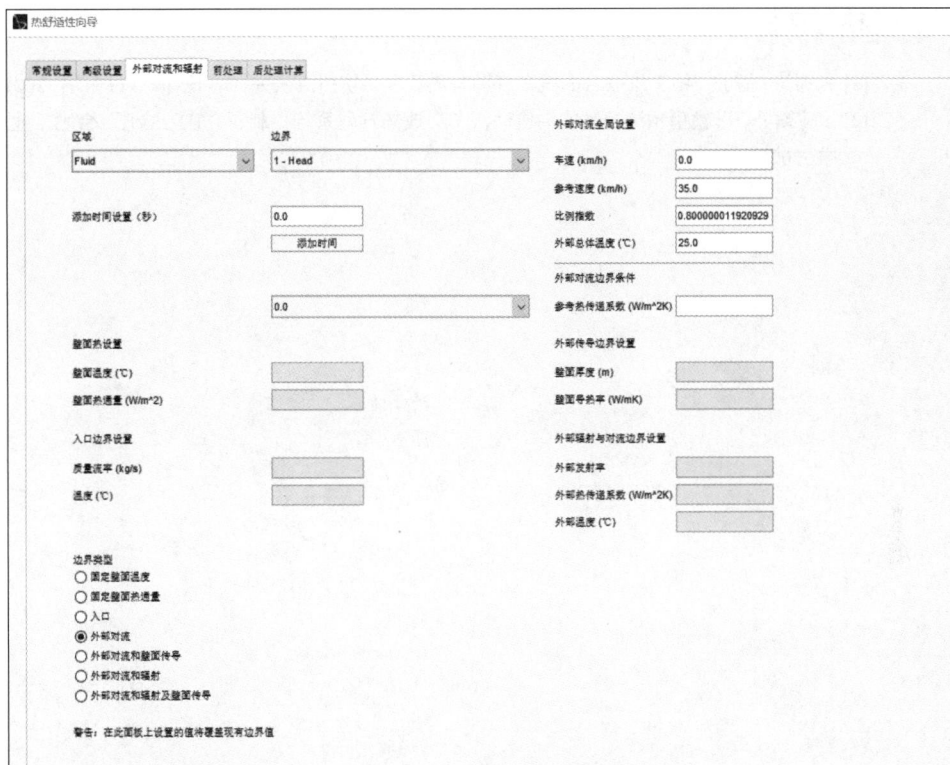

∧图6-70　外部对流和辐射设置

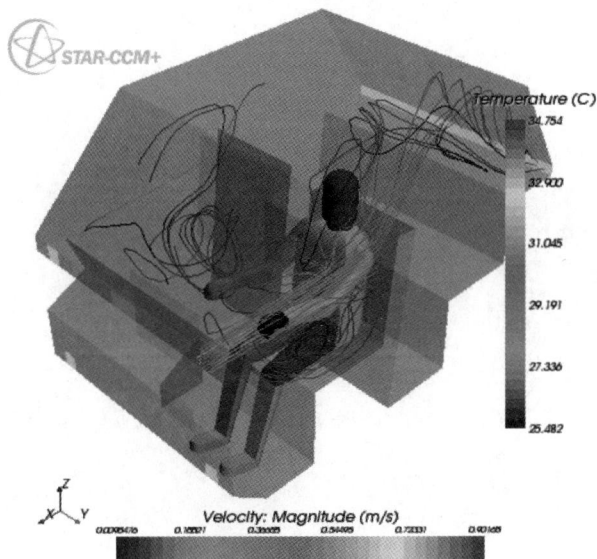

∧图6-71　可视化结果

参考文献

[1] 张锦涛. 基于一维三维联合的汽车气动与热管理系统仿真研究 [D]. 长春: 吉林大学, 2021.

[2] 夏应琪. 基于模型预测控制的纯电动汽车集成热管理系统控制研究 [D]. 合肥: 合肥工业大学, 2020.

第 7 章
热管理性能测试评价方法

目前国内与新能源汽车热管理相关的主要测试评价标准如下：

① GB/T 12782—2022《汽车采暖性能要求和试验方法》；

② GB/T 24552—2009《电动汽车风窗玻璃除霜除雾系统的性能要求及试验方法》；

③ GB/T 12542—2020《汽车热平衡能力道路试验方法》；

④ QC/T 658—2009《汽车空调制冷系统性能道路试验方法》；

⑤ GB/T 28382—2012《纯电动乘用车技术条件》；

⑥ GB/T 12535—2021《汽车起动性能试验方法》；

⑦ GB/T 18386.1—2021《电动汽车能量消耗量和续驶里程试验方法　第1部分：轻型汽车》；

⑧《EV-TEST（电动汽车测评）管理规则（2019版）》；

⑨ GB/T 18049—2000《中等热环境PMV和PPD指数的测定及热舒适条件的规定》。

其中GB/T 12782—2022和GB/T 24552—2009为采暖性能和除霜、除雾相关的性能要求和试验方法；GB/T 12542—2020和QC/T 658—2009为整车热平衡能力和汽车空调制冷性能的道路试验方法；GB/T 28382—2012和GB/T 12535—2021规定了低温启动性能要求。这几个标准与整车热管理性能直接相关，其他的间接相关的标准，比如GB/T 18386.1—2021中规定了新能源汽车高低温能耗的测试方法，并引入了CLTC测试工况；《EV-TEST（电动汽车测评）管理规则（2019版）》中也对高低温能耗评价和测试方法进行了规定。

7.1
新能源汽车热管理性能测试评价方法

7.1.1　热平衡性能评价方法

新能源汽车的热平衡是指汽车在运行过程中，发动机、电机、电池和其他部件之间的热量相互转移和平衡的状态。发动机、电机和电池在工作过程中会产生热量，而这些热量需要得到有效的管理和调控，以确保汽车的性能、安全和寿命。

首先，新能源汽车的电池在充放电过程中会产生热量，特别是在快速充电或高功率放电时，电池会更加容易发热。因此，维持电池的适宜温度对于电池寿命和性能至关重要。管理电池的热平衡可以通过冷却系统和热管理系统来实现，这些系统可以帮助在充电或工作时及时散热，避免电池过热或过冷。其次，新能源汽车的发动机和电机在工作时也会产生热量，特别是在高速行驶或者加速时，发动机和电机会更容易发热。因此，对发动机和电机的热平衡管理也至关重要，以确保动力系统的高效运转和长期稳定性。通常，新能源汽车会采用冷却系统来维持发动机和电机的适宜工作温度，确保其在各种工况下都能保持良好的性能。此外，新能源汽车的其他部件，如电控单元、变速箱等也会产生热量，因此需要进行热平衡管理，以确保整个车辆的稳定性和可靠性。总之，新能源汽车的热平衡性能涉及电池、发动机、电机和其他部件的热平衡，需要综合考虑冷却系统、热管理系统等因素，以确保电动汽车在各种工况下都能保持良好的性能、安全和寿命。

新能源汽车的热平衡性能评价，通常采用试验测试的方法，采用极限或常规行驶工况下，新能源汽车关键核心部件的温度变化和达到最终稳定值的情况来进行评判。试验测试工况与传统汽车类似，至少包括高速、爬坡、城市以及实际道路等，同时增加新能源汽车特有的充电工况，具体可根据企业产品需求制定。制定考虑如下原则：

① 根据开发车型定位市场特点，确定试验环境温度、湿度及光照强度；

② 工况定义需结合典型汽车道路行驶工况，通常包括山路爬坡、高速爬坡、高速、城市工况；各个工况下的车速、爬坡度的确定建议根据对标车或者整车性能确定；

③ 各个工况试验结束的判定条件可参照：

a. 当前工况可运行的最长距离，或者SOC状态从满电到可允许的放电深度；

b. 根据道路试验准则判定：连续4min内温度升高小于2℃，且相邻两个时间段后一个升温速率小于前一个；

c. PHEV车型，模式切换停止试验。

表7-1所示为纯电动汽车高温热平衡性能测试工况和评价指标的示例。

表7-1　纯电动汽车高温热平衡性能测试工况和评价指标

环境条件			温度40℃；湿度50%RH；光照1000W/m²			
	工况	坡度	车速	运行时间	空调	考核
1	低速爬坡	9%	40km/h	20min	温度LOW，吹面，最大风，内循环	电机入水温度＜65℃；电机控制器入水温度＜65℃；电池进水温度＜25℃；电芯温度＜45℃
2	高速爬坡	6%	90km/h	20min		
3	高速行驶	0	140km/h	20min		
4	CLTC工况	0	CLTC	2个循环		
5	急加急减	0	0～120km/h	5个循环		
6	直流快充	0	0	SOC：30%～80%		
7	交流慢充	0	0	SOC：0～100%	—	

某PHEV推荐试验工况如表7-2所示。

表7-2　混合动力汽车热平衡性能测试工况

环境温度40℃；光照850W/m²；湿度50%；空调内循环；吹面；最冷，最大风量				
试验工况		车速	坡度	动力模式	结束条件
混动模式	高速工况	150km/h	0%	并联模式	平衡或模式切换停止试验
	高速爬坡工况	110km/h	3%		
	低速爬坡工况	60km/h	8%		
	城市工况	ECE	0%		
	怠速充电工况	0	0%	怠速充电模式	

另外，由于低温时电池加热较慢，也有将电池的低温加热能力作为热平衡的评价指标之一的，如表7-3所示。

表7-3　纯电动汽车低温加热性能指标

环境条件	温度−20℃；湿度20%RH；光照0W/m²				
工况	坡度	车速	运行时间	空调	考核
低速行驶	0%	60km/h	20min	加热模式，吹脚，最大风，内循环	电池进水温度≥20±5℃；电池温度达到20±5℃的时间≤20min

7.1.2　热舒适性能评价方法

汽车车内温度最好控制在20～25℃。一般车厢内外温度差在10℃以内为宜。人体感到最舒服的温度是20～25℃，超过28℃，人就会感觉燥热；而低于14℃，人就会感觉到冷。

7.1.2.1　采暖性能评价方法

汽车采暖性能是指车辆在低温环境下，通过车载采暖系统提供舒适温度的能力。汽车采暖性能对于车辆的安全性、舒适性和能源消耗等方面具有重要影响。

评估汽车采暖性能需要考虑多个指标，包括加热速率、保持温度时间和温度均匀性等。加热速率是指车载采暖系统将车内温度从初始温度升高到目标温度所需的时间，其反映了采暖系统的加热能力。保持温度时间是指车内温度能够维持在目标温度的时间，其反映了采暖系统的保温能力。温度均匀性是指车内各个区域的温度分布是否均匀，其反映了采暖系统的温度控制能力。

为了提高汽车采暖性能，可以采用多种技术手段，包括改善车辆隔热性能、提高采暖系统的热效率、增加采暖系统的热容量、优化采暖系统的控制策略等。这些技术手段可以通过改进车辆结构、加强材料隔热、提高发动机效率、使用高效的采暖器材等方式实现。汽车采暖性能是汽车行业中一个非常重要的研究方向。通过对汽车采暖性能的评估和提升，可以提高车辆的安全性、舒适性和能源效率，为用户提供更好的驾驶体验。

按照 GB/T 12782—2022《汽车采暖性能要求和试验方法》给出的试验工况，在环境温度（-25±3）℃下进行汽车采暖性能试验到 40min 和 60min 时，汽车采暖性能应达到以下要求：

对于 M₁ 和 N 类车辆：

① 驾驶人、前排乘员足部温度不低于 15℃；

② 其他乘员足部温度不低于 12℃。

对于 M_2、M_3 类车辆：

① 驾驶人、前排乘员足部温度不低于 15℃；

② 按照样车座位排数，其他乘员区最前排、中排、门后位置和最后排座椅靠近侧壁座椅足部温度不低于 12℃。

以上只是国标规定的基本要求，一般厂家会根据车型的设计要求设定更为严格的性能要求，如表 7-4 示例。

表 7-4　采暖性能指标

环境条件	-20℃，光照 0W/m²，吹脚，外循环，半载				
车速	50km/h			100km/h	怠速
鼓风机	最低挡位	最高挡位		中挡	
时间	5min	10min	40min	55min	75min
车内脚部平均温度	/	≥9℃	≥15℃	≥17℃	≥15℃

试验可在道路环境条件下进行，也可在试验室环境条件下进行。道路环境条件应在无雨雪的天气进行，环境温度为（-25±3）℃，平均风速不大于 3m/s，阵风不超过 5m/s。试验室环境条件应符合试验室环境温度为（-25±3）℃的要求。

试验车辆应符合车辆正常使用要求，处于整车整备质量状态，试验人员（含驾驶人）不超过 2 人。

车内测温点位置要求如表 7-5 所示。座椅宜置于中间位置，座椅靠背调整为车辆设计状态。可根据试验需要自行设置其他测温点。

表7-5　车内测温点位置

测量参数	测温点	测量位置
各乘员座温度	① 测温点 A：头部测温点（推荐） ② 测温点 B：膝部测温点（推荐） ③ 测温点 C：足部测温点（必测）	① 测温点位置如图7-1所示 ② M_1、N类汽车，每个座位必测 ③ M_2、M_3类汽车，驾驶人座，前排乘员座，其他乘员区最前排、中排[①]、门后位置[②]和最后排座椅靠近侧壁座椅必测 ④ 可根据图7-1中测温点 C 的位置在其周围均匀布置多个足部测温点

① 乘客区座位排数为奇数的，中排测温点为中间数位置；乘客区座位排数为偶数的，中排测温点为中间两排之一。

② 对于 M_2、M_3 类汽车，车门侧的门后测温点替代中排测温点。

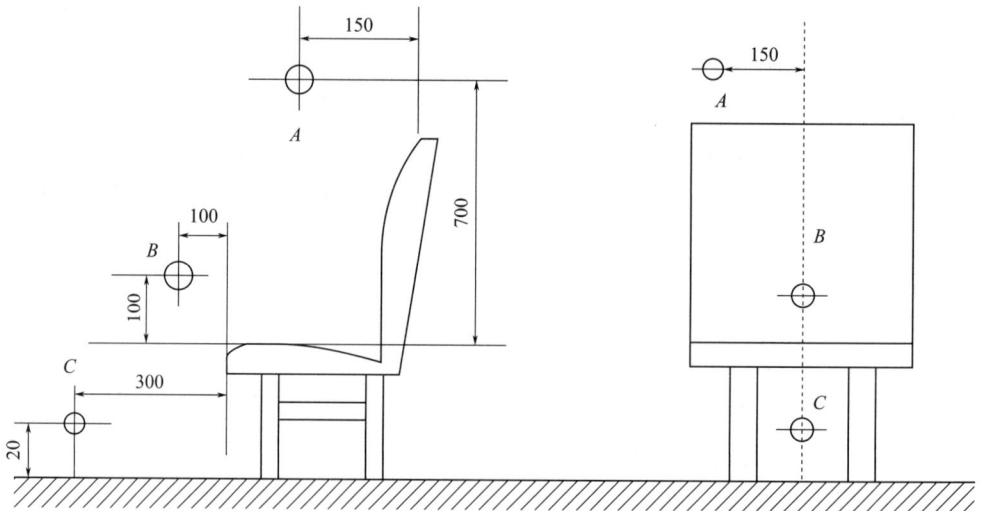

图7-1　车内测温点位置分布（单位为mm）

在室外环境条件试验时，距左右后视镜中心20mm处的两处测温点温度的平均值作为室外测温点温度。测温点应避免阳光直射。

试验工况的选择，可以按照如下方法：①给出稳态工况进行采暖性能试验，采暖性能试验可通过道路试验的方式进行，也可通过试验室试验的方式进行；②给出瞬态工况进行采暖性能试验，瞬态工况下的采暖性能试验应通过试验室试验的方式进行。

汽车采暖性能试验应按照如下稳态工况进行，不同车速下应选择正常行驶挡位：

① 对于 M_1、N_1 和最大设计总质量不超过3500kg的 M_2 类车辆，试验时间

为60min，依次按照低速段、高速段、怠速段的要求进行，每个阶段20min，低速车速设为30km/h，高速阶段88km/h；

② 对于最大设计总质量大于3500kg的M类（不包括城市客车）和N类车辆，试验时间为60min，依次按照低速段、高速段、怠速段的要求进行，每个阶段20min，低速车速设为45km/h，高速阶段80km/h；

③ 城市客车试验时间为60min，依次按照低速段、高速段、怠速段的要求进行，每个阶段20min，低速车速设为25km/h，高速阶段55km/h。

如果试验车辆最高车速低于上述高速段车速要求，则按照最高车速的90%进行试验。

对于M_1、N_1和最大设计总质量不超过3500kg的M_2类车辆，采暖瞬态试验按照如图7-2所示的工况进行。

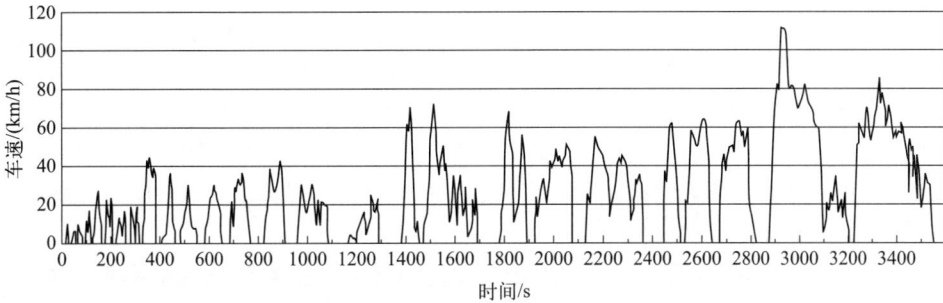

︿图7-2 M_1、N_1和最大设计总质量不超过3500kg的M_2类车辆采暖瞬态工况

对于最大设计总质量大于3500kg的M类（不包括城市客车）、N类车辆，采暖瞬态试验按照如图7-3所示的工况进行。

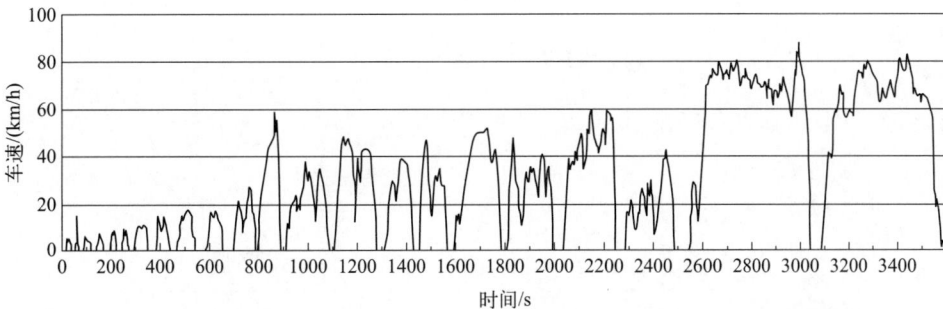

︿图7-3 最大设计总质量大于3500kg的M类（不包括城市客车）、N类车辆采暖瞬态工况

试验车辆应在要求的环境条件下停放至少10h，浸车期间可保持车门、车窗、通风孔开启。如果确认发动机冷却液、机油或者动力电池、电机等系统部件温度已稳定并在1h内温度变动小于±1℃，停放阶段可提前结束。

检查散热器、散热器水管、暖风水箱水管等是否结冰，如出现结冰，试验应终止。检查试验仪器并清洁汽车风窗玻璃内外表面。

全部试验人员进入车内，关闭车门车窗及通风孔，并按照如下要求进行试验：

① 对于M_1、N_1和最大设计总质量不超过3500kg的M_2类车辆，试验驾驶人启动发动机（必要时可用某种外部设备启动发动机）或纯电动汽车、混合动力电动汽车、燃料电池电动汽车上电并将系统调整至READY状态后，按照要求进行试验；

② 对于最大设计总质量大于3500kg的M类、N类车辆，达到汽车制造厂规定的暖机状态后，按照要求进行试验。

安装独立燃烧式暖风装置的汽车，在试验开始前10min点燃暖风装置，进行预热。

试验开始后应开启全部采暖装置并调整至最大采暖状态，辅助加热装置的状态（如方向盘加热、座椅加热等）符合车辆制造商的要求，循环模式应置于外循环（无模式切换处于自动模式，客车可按照汽车制造厂要求设定循环模式），出风模式调节开关应置于足部位置（如需进行除雾工作，可使用除雾模式，除雾完成后切换回吹脚模式）。对于具备不同驾驶模式的车辆，试验过程中宜选择符合常规的驾驶模式。

M_1、N_1和最大设计总质量不超过3500kg的M_2类车辆底盘测功机的设置应按照GB 18352.6—2021给出的要求进行，最大设计总质量大于3500kg的M类、N类车辆底盘测功机的设置应按照GB/T 27840—2021《重型商用车辆燃料消耗量测量方法》给出的要求进行，迎面风机应设定为车速跟随模式。

稳态工况或者瞬态工况采暖试验，应按照以上道路试验给出的步骤进行。

7.1.2.2　制冷性能评价方法

表7-6所示为制冷性能评价指标的示例。

表7-6　制冷性能评价指标

环境条件	环温40℃，光照1000W/m²，50%RH，风量最大，吹面，内循环，半载			
车速	中速	高速	怠速	
时间	10min	30min	30min	30min
车内头部平均温度	≤28℃	≤23℃	≤20℃	≤23℃
出风口平均温度	≤10℃	≤10℃	≤10℃	≤10℃

续表

稳定工况前排所有风口温差	≤4℃	≤4℃	≤4℃	≤4℃
前排与后排头部平均最大温差	≤4℃	≤4℃	≤4℃	≤4℃

QC/T 658—2009《汽车空调制冷系统性能道路试验方法》规定了降温性能试验方法。试验预热升温阶段，汽车停在试验地点，门窗全关，在如下试验条件下暴晒90min：环境温度为大于或等于35℃，太阳辐射强度大于或等于800W/m²，相对湿度为40%～75%，风速为小于或等于5m/s。

试验人员进入车内，启动发动机，起步行车，至车速稳定在40km/h时记录各测点的初始读数，冷气全开。

汽车按照表7-7规定的顺序进行试验，每个工况行驶试验过程不得换挡，每个工况行驶试验结束时尽快加速到下一个规定的车速，行驶试验结束时将车迅速开到"十"字挡风墙，冷凝器迎风面正对风向，且尽可能靠近挡风墙，进行怠速试验。

表7-7　制冷性能测试工况

试验序号		1	2	3	4
试验车速/（km/h）		40	60	100	0（怠速）
试验时间/min		45	30	30	30
推荐挡位	手动变速箱	直接挡或合理挡位			空挡
	自动变速箱	D			P

在试验开始后的前10min内，每隔2min记录1次各测点的读数，自第10min开始每隔5min记录1次，直至试验结束。如果在进行怠速试验时出现"高压保护"、"冷却液沸腾"时，则停止试验并记录发生时的时间。若被试车辆的最高车速达不到100km/h，允许以比其最大车速低8～10km/h的车速进行表7-7中序号3的试验。

车内风速的测定：当车辆稳定在表7-7中规定的各试验工况时，按要求的测点分别测量风速2次，取其平均值作为该测点风速。

车速噪声的测定：当车辆稳定在表7-7中规定的各试验工况时，按要求的测点分别测量噪声2次，声级计用"慢"档A计权网络，取其平均值作为该测点噪声值。

车内相对湿度的测定：与汽车空调制冷系统降温性能试验同时进行，按要求的测点记录数据。

空调制冷系统变工况降温性能试验方法：

试验预热升温阶段，汽车停在试验地点，门窗全关，在如下试验条件下暴晒90min：环境温度为大于或等于35℃，太阳辐射强度大于或等于800W/m²，相对湿度为40%～75%，风速为小于或等于5m/s。

试验人员进入车内，启动发动机，记录各测点的初始读数，冷气全开。

该工况应包括起步、加速、换挡、制动、减速、停车、怠速等，可按照GB 18352.3—2005《轻型汽车污染物排放限值及测量方法（中国Ⅲ、Ⅳ阶段）》中市区运行循环单元工况运行，试验时间为45min，按要求记录数据。

7.1.2.3 热舒适性主观评价方法

最早关于热舒适性的概念来自于室内环境，而后逐渐发展到室外。对于热舒适性的定义，美国采暖、制冷与空调工程师学会的标准ASHRAE Standard 55—2023中提出，热舒适性是人对热环境表示满意的意识状态。它包括两个层面，一是客观的热环境参数，二是主观的个体因素，包括健康、忍耐度、适应力。

主要的热舒适性评价方法有如下四种：

（1）PMV-PPD指数

丹麦学者Poul Ole Fanger经过多年的研究于1970年提出了满足人体舒适状态的3个条件，并在此基础上发表了著名的热舒适方程，开创了热量平衡模型在人体生物气象学应用的先河。Fanger提出的第一个条件是人体必须处于热平衡状态，第二个条件是皮肤温度应具有与舒适相适应的水平，第三个条件是人体应具有最佳排汗率。其中，第一个条件可用热平衡方程表示，其他两个条件中的平均皮肤温度和最佳排汗率都可以表示成人体新陈代谢产热量的函数，三个条件组合起来就可以判断人体是否处于最佳热舒适状态。之后，Fanger根据1396名美国、丹麦受试者对热感觉的投票表决结果，通过回归分析提出了至今被广泛使用的热舒适评价指标——预测平均投票数（predicted mean vote，PMV），以反映在同一环境下绝大多数人的冷热感觉。考虑到人与人之间生理、心理及行为特点的差别，即使大多数人认为室内环境为最佳热舒适状态，仍有少数人对该热环境不满意，故用PPD（predicted percentage of dissatisfied）指标来表示对热环境不满意的百分数，PPD指数可预计群体中感觉过暖或过凉（根据7级热感觉投票）的人的百分数。7级热感觉量表如表7-8所示。

PMV指人体感受的平均热舒适指数，其取值范围为−3～+3，数值越接近0表示越舒适。PMV值的计算涉及人体代谢率、环境温度、相对湿度、风速、服装热阻等因素。通过对这些因素进行综合评估，可以得出室内环境的热舒适程度，以及是否需要采取调节措施。

表7-8　7个等级热感觉量表

热感觉	热	暖	稍暖	适中	稍凉	凉	冷
PMV 值	+3	+2	+1	0	−1	−2	−3

$$PMV = (0.303e^{-0.036M} + 0.028)\{M - W - 3.05 \times 10^{-3} \times [5733 - 6.99(M - W) - p_a]$$
$$- 0.42[(M - W) - 58.15] - 1.7 \times 10^{-5} M(5867 - p_a) - 0.0014M(34 - t_a)$$
$$- 3.96 \times 10^{-8} \times f_{cl}[(t_{cl} + 273)^4 - (\overline{t_s} + 273)^4] - f_{cl}h_c(t_{cl} - t_a)\}$$

式中　M——人体代谢热产生率，W/s；

　　　W——人体做功率，W/s；

　　　p_a——环境空气中水蒸气压力，Pa；

　　　t_a——空气温度，℃；

　　　f_{cl}——穿衣人体与裸体表面积之比；

　　　$\overline{t_s}$——平均辐射温度，℃；

　　　t_{cl}——穿衣人体外表面积平均温度，℃；

　　　h_c——对流热交换系数，$W/(m^2℃)$。

$$PPD = 100 - 95\exp(0.03353PMV^4 + 0.21PMV^2)$$

PPD ——不满意度概率，表示在给定的热环境下，有多少人可能感到不
　　　满意；

PMV——生理等效温度，是基于环境空气温度、相对湿度、风速、辐射
　　　温度等多个参数计算出来的，表示在该热环境下对应于该环境
　　　下相同生理负荷的参考温度值。

PMV和PPD之间的关系可由概率统计方法给出，关系如图7-4所示。

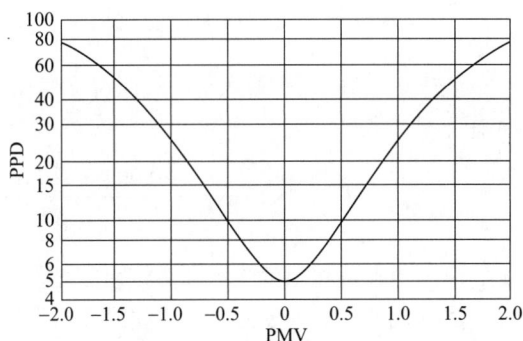

∧图7-4　PMV与PPD的关系图

从图中可以看出，PMV数值越是偏离0，则对环境不满意的人的百分比就
越多。但值得注意的是，PMV=−0.5的不满意百分比要比PMV=0.5的不满意百

分比更少，这说明相当于偏热环境人体实际上偏爱偏冷一点的环境。

PMV/PPD测量及舒适度标准遵照：①ISO 7730：2005热环境的人类工效学：通过PMV和PPD指数及局部热舒适度标准预测和解释热舒适度；②GB/T 18049—2000中等热环境PMV和PPD指数的测定及热舒适条件的规定。

PMV指数可通过估算人体活动的代谢率及服装的隔热值获得，同时还需要这些环境参数：空气温度、平均辐射温度、相对空气流速及空气湿度。

Fanger的PMV模型主要用于预测和评估人体在稳态热环境中的热感觉和热舒适性。PMV模型假设人体处于稳态，即人体内部的热量产生与热量损失达到平衡状态。这意味着模型适用于评估长时间内人体对热环境的适应性，而不是短期的、瞬态的变化。在瞬态热环境中，人体可能需要时间来适应温度变化，而PMV模型可能无法准确预测这种动态过程中的热感觉。

（2）动态热感觉DTS（dynamic thermal sensation）

DTS指数是一个用于评估人体在动态热环境下热感觉的指标。

$$DTS = 3\tanh\left\{a \times \Delta T_{\mathrm{sk,m}} + F_2 + \left[0.11\frac{\mathrm{d}T_{\mathrm{sk,m}}^{(-)}}{\mathrm{d}t} + 1.91\mathrm{e}^{-0.681t}\left.\frac{\mathrm{d}T_{\mathrm{sk,m}}^{(+)}}{\mathrm{d}t}\right|_{\max}\right] \times \frac{1}{1+F_2}\right\}$$

式中　$\Delta T_{\mathrm{sk,m}}$——当前皮肤平均温度与标准皮肤温度之差；

　　　a——系数，当$\Delta T_{\mathrm{sk,m}} < 0$时，$a$等于$0.30\ k^{-1}$；当$\Delta T_{\mathrm{sk,m}} > 0$时，$a$等于$1.08\ k^{-1}$；

　　　$\dfrac{\mathrm{d}T_{\mathrm{sk,m}}^{(-)}}{\mathrm{d}t}$——负的平均皮肤温度变化率（即皮肤温度随时间减小），如果当前时刻温度变化率为正，则该项取值为0；

　　　$\left.\dfrac{\mathrm{d}T_{\mathrm{sk,m}}^{(+)}}{\mathrm{d}t}\right|_{\max}$——最大的平均皮肤温度变化率（皮肤温度随时间增加）；

　　　t——当前时刻距最大正的皮肤温度变化率发生的时间间隔。

F_2可用下式求得：

$$F_2 = 7.94 \times \exp\left(\frac{-0.902}{\Delta T_{\mathrm{hy}} + 4} + \frac{7.612}{\Delta T_{\mathrm{sk,m}} - 4}\right)$$

式中　ΔT_{hy}——当前头核温度与标准头核温度之差。

因此，DTS模型的输入量为平均皮肤温度和人体核心温度。平均皮肤温度是指按相应部位的皮肤面积计算的人体皮肤温度的加权平均值，等于0.3胸部温度+0.3上臂温度+0.2大腿温度+0.2小腿温度。人体核心温度是指人体内部最重要器官的温度指标，它是指在大脑、心脏和内脏器官等处所测得的温度。

DTS取值在$-3 \sim +3$，热感觉从负到正的大概变化范围依次为：冷、凉、稍凉、中等、稍暖、暖、热，在 0 附近是最舒适的状态。DTS 指数主要用于验证瞬态热环境。

（3）等效温度（equivalent temperature）

在热舒适性研究中，等效温度是一个用来描述人体在特定热环境下的热感觉的指标。这个概念可以帮助我们理解和预测在不同环境条件下，人体对热的感知和反应，它是一个假想的外壳的温度，其平均辐射温度应在空气静止时等于空气温度，人通过对流和辐射产生的换热量应等于在实际情况下产生的换热量，如图 7-5 所示。

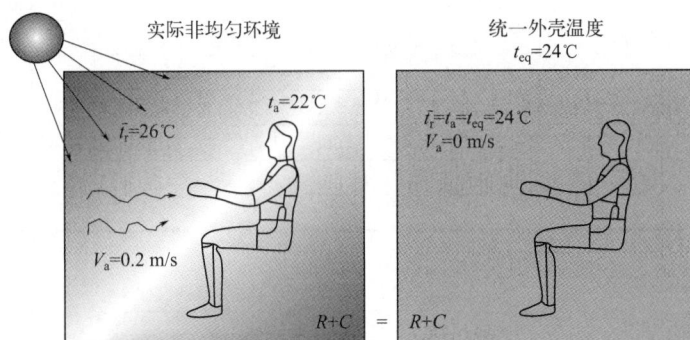

⌃图 7-5　等效温度的定义解释图

2001 年，SAE J2234—2001 中定义了当量温度评价指标 T_{eq}。当量温度综合考虑了空气温度、空气流速和辐射影响，将人体分为 15 个节段，可计算每个节段与周围环境的热交换，利用局部热舒适评价指标代替全身热舒适评价指标。

其计算公式如下：

$$T_{eq} = T_{sk} - \frac{Q}{h_{cal}}, Q = R + C, R = h_r(T_{sk} - T_r), C = h_c(T_{sk} - T_a)$$

式中　T_{eq}——等效温度，℃；

　　　　T_{sk}——皮肤表面温度，℃；

　　　　Q——人体通过皮肤表面失去的热量，J 包括对流和辐射；

　　　　h_{cal}——传热系数，W/（m²·K）；

　　　　R——辐射热交换，J；

　　　　C——对流热交换，J；

　　　　h_r——辐射换热系数，W/（m²·K）；

　　　　T_r——平均辐射温度，℃；

　　　　h_c——对流换热系数，W/（m²·K）；

　　　　T_a——空气温度，℃。

该公式的目的是找到一个单一的温度值，这个值可以代表人体在当前热环境下的热感觉。表7-9为 ISO 1405-2 规定的等效空间温度的热感觉；表7-10和图7-6为身体各部位等效温度的舒适区范围。

表7-9 等效空间温度 T_{eq}

热感觉	1	2	3	4	5
ISO 14505-2	太冷	凉但舒适	不冷不热	暖但舒适	太热

表7-10 身体各部位等效温度的舒适区范围　　　　　单位：℃

身体部位	太冷（-1.5）	凉但舒适（-0.5）	不冷不热（0）	暖但舒适（+0.5）	太热（+1.5）
全身	20.5	23.6	25.2	26.7	29.9
脸部、头部	10.9	18.7	22.6	26.6	34.4
上背部、胸部	16.8	22.4	25.3	28.1	33.7
手臂	16	21.5	24.3	27	32.5
手	14.1	20.9	24.3	27.7	34.5
腿部、脚	17	21.2	23.4	25.5	29.8
下背部、座位	15.3	20.6	23.3	25.9	31.2

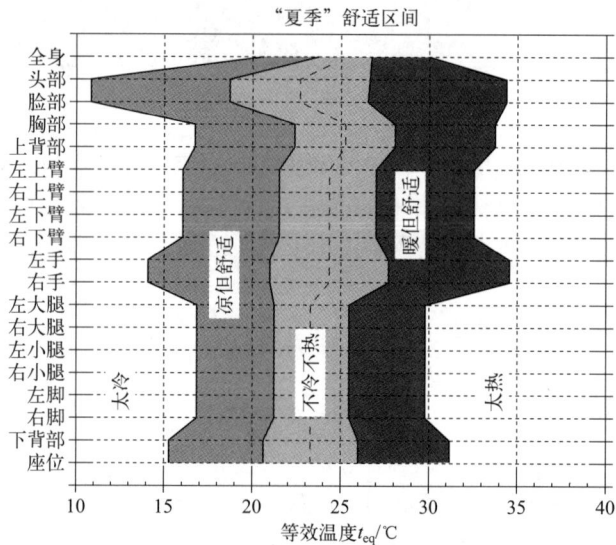

⋀图7-6 等效温度舒适区域图

（4）Zhang 的局部舒适性模型

Zhang 在大量实验结果的基础上提出 Berkeley 热舒适评价模型，包括局部热感觉、整体热感觉、局部热舒适、整体热舒适。

局部热感觉是局部皮肤温度、平均皮肤温度、局部皮肤温度变化率和核心温度变化率的逻辑函数，在稳态环境中局部热感觉为：

$$L_{TS} = 8 \times \left\{ \left\{ 1 + \exp - C_1 \left(\theta_{sk,i} - \theta_{sk,i,set} \right) - K_1 \left[\left(\theta_{sk,i} - \theta_{sk,i,set} \right) - \left(\bar{\theta}_{sk} - \bar{\theta}_{sk,set} \right) \right] \right\}^{-1} - 0.5 \right\}$$

式中　$\theta_{sk,i}$ ——某节段局部皮肤温度，℃；

　　　　$\theta_{sk,i,set}$ ——某节段局部皮肤温度的调定温度，℃；

　　　　$\bar{\theta}_{sk,set}$ ——平均皮肤温度调定温度，℃；

　　　　C_1、K_1 ——回归系数。

整体热感觉是根据身体各节段的局部热感觉来计算的：

$$O_{TS} = \sum W_i L_{TS}$$

式中　W_i ——不同身体部位的影响权重。

人体局部热舒适由局部热感觉和整体热感觉共同决定：

$$L_{TC} = \left[\frac{\dfrac{-4 - \left(C_6 + C_7 |O_{TS}| \right)}{\left| \left(-4 + C_3 |O_{TS}| + C_8 \right) \right|^n} - \dfrac{-4 - \left(C_6 + C_7 |O_{TS}| \right)}{\left| \left(4 + C_3 |O_{TS}| - C_8 \right) \right|^n}}{e^{25\left(L_{TS} + C_{31} |O_{TS}| + C_8 \right)} + 1} + \frac{-4 - \left(C_6 + C_7 |O_{TS}| \right)}{\left| \left(4 + C_3 |O_{TS}| + C_8 \right) \right|^n} \right] \cdot$$

$$\left(\left| L_{TS} + C_3 |O_{TS}| + C_8 \right|^n + C_6 + C_7 |O_{TS}| \right)$$

式中　C_3、C_6、C_7、C_8 ——回归系数；

　　　　n ——修正指数，不同身体部位取值不同。

整体热舒适为2个最小局部热舒适与最大热舒适的平均值。评价标尺见表7-11。

$$O_{TC} = \frac{L_{TCmin} + L_{TCmin,second} + L_{TCmax}}{3}$$

表7-11　9点评价标尺

热感觉	极冷	冷	凉	稍凉	中性	稍暖	暖	热	极热
热舒适	极不适	很不适	不适	轻微不适	没感觉	轻微舒适	舒适	很舒适	极舒适
赋值	-4	-3	-2	-1	0	1	2	3	4

Zhang的模型针对特定的环境条件进行了优化，使其在这些条件下能够提供准确的热舒适性预测。不过这个模型过于复杂，在没有专业知识的情况下可能难以理解和应用。

7.1.3　除霜除雾评价方法

GBT 24552—2009《电动汽车风窗玻璃除霜除雾系统的性能要求及试验方

法》规定了除霜除雾性能要求，具体如下：

除霜试验开始后20min时，至少应将A区的80%面积和霜除净；试验开始后25min时，至少应将A'区的80%面积的霜除净；试验开始后40min时，至少应将B区的90%面积的霜除净。

除雾试验开始后10min时，至少应将A区90%和B区80%面积的雾除净。

此外，为了驾驶员有更好的视野，也有厂家将看清后视镜的时间作为评价指标，要求除霜试验中，驾驶员看清主驾和副驾后视镜的时间≤20min；除雾试验中，驾驶员看清主驾和副驾后视镜的时间≤5min。

（1）试验方法

除霜试验条件：试验环境温度为−18℃±3℃。试验应在足以容纳被试车辆的低温室内进行。室内应配有制冷控制循环装置，并使冷空气循环。试验车进入低温室后熄火，在试验温度下至少停放10h；如果发动机冷却液、润滑剂等温度确知已稳定的试验温度时，停放时间可以缩短。

试验前，对风窗玻璃的内外表面用含甲醇的酒精或类似的去污剂，彻底清除油污，待干后用清洗剂进一步擦拭，最后再用干棉布擦净。在试验过程中，除霜系统热源由动力电池提供电力。低温室空气流速应低于2.2m/s。

电动汽车动力电池和辅助电池都应处于完全充电状态。整个试验期间，除霜装置（控制器）应调到最大位置。试验期间，若风窗刮水器不需人工辅助而能自行工作，则可随时使用刮水器。试验时，除了加热和通风系统的进、出口外，动力电池舱、车门和通风口等均应关闭，但可开启1扇或2扇车窗，总开启间隙不应超过25mm。

（2）除雾试验

试验应在足以容纳一辆M1电动汽车，且能维持试验温度为−3℃±1℃的低温试验室内进行。

试验前，对风窗玻璃的内外表面用含甲醇的酒精或类似的去污剂，彻底清除油污，待干后用清洗剂进一步擦拭，最后再用干棉布擦净。

试验室冷空气流速的水平分量应低于2.2m/s。试验期间，除了加热和通风系统的进、出口外，动力电池舱、车门和通风口等均应关闭，自除雾试验开始，可以开启1扇或2扇车窗，但总开启间隙不应超过25mm。电动汽车动力电池和辅助电池都应处于完全充电状态。

（3）区域A、B和A'的确定

按照GB 11555—2009《汽车风窗玻璃除霜和除雾系统的性能和实验方法》中的规定，A区域是下述从V点（即指V1和V2点，详见GB 11562—2014《汽车驾驶员前方视野要求及测量方法》中定义）向前延伸的4个平面与风窗玻璃外表面相交的交线所封闭的面积（图7-7）。

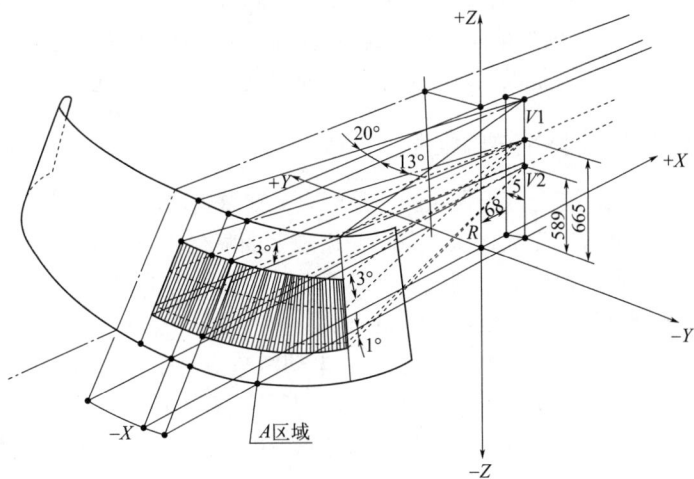

↑图7-7　A区域

① 通过V1和V2点且在X轴的左侧与X轴成13°角的铅垂平面。
② 通过V1点，与X轴成3°仰角且与Y轴平行的平面。
③ 通过V2点，与X轴成1°俯角且与Y轴平行的平面。
④ 通过V1和V2点，向X轴的右侧与X轴成20°角的铅垂平面。

　　B区域是指由下述4个平面所围成的风窗外表面的面积，且距风窗玻璃透明部分面积边缘向内至少25mm，以较小面积为准（图7-8）。

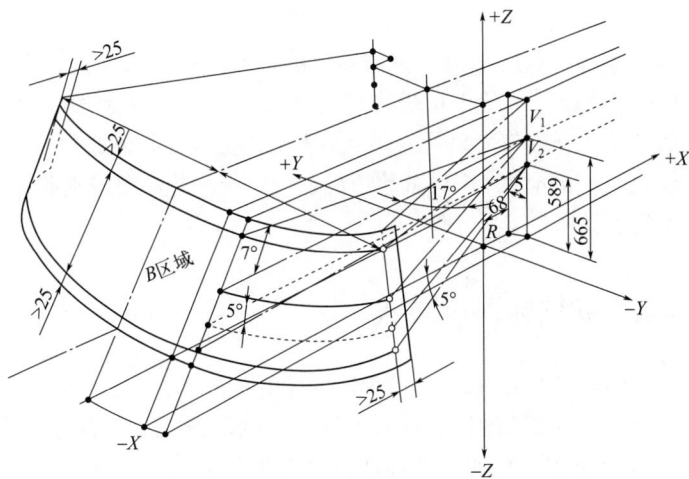

↑图7-8　B区域

① 通过$V1$点，与X轴成7°仰角且与Y轴平行的平面。

② 通过$V2$点，与X轴成5°俯角且与Y轴平行的平面。

③ 通过$V1$和$V2$点，向X轴的左侧与X轴成17°角的铅垂平面。

④ 以汽车纵向中心平面为基准面，且与以上③所述平面对称的平面。

A'区域是以汽车纵向中间平面为基准面，与A区域相对称的区域。

（4）除霜试验程序

试验车进入低温试验室后熄火，在试验温度下至少停放10h。

试验车完成试验准备后，用规定的喷枪，将0.044g/cm²乘以风窗玻璃面积的水量均匀地喷射到玻璃外表面上，生成均匀的冰层。喷射时，喷嘴应垂直于玻璃表面，相距200～300mm；

风窗玻璃上形成冰层后，电动汽车应在低温室停放30～40min，然后由试验人员进入车内，接通总电源开关，开启除霜装置，即认为试验开始。试验开始后，试验人员每隔5min在车窗内表面描绘一次除霜面积的踪迹图或拍摄照片。

除雾试验程序如下。

蒸汽发生器应放在紧挨车辆前座椅靠背后面的地方，其出气口应在驾驶员座椅的R点上方，（580±80）mm处座椅中心平面上，若座椅靠背是可调的则应调至规定角度；若座椅靠背后安放不下，则可将发生器放在靠背前最接近上述要求的合适位置。

将试验车开进试验室，停在指定位置，降低室温直至车上所有的冷却液、润滑剂和车内温度都稳定在（−3±1）℃时为止。

将装有至少1.7L水的蒸汽发生器加热至沸点，待稳定后，将其尽快放入车内，关好车门。蒸汽发生器在车内工作5min后，1～2名试验人员进入车内前部。此时蒸汽发生器输出的蒸汽量应按每个进入车内的试验人员减少（70±5）g/h。试验人员进入车内1min后，立即开始按制造厂的规定接通总电源开关，开启除雾装置，调至最大工作位置，此刻即为实验开始时间。除雾试验开始10min时，应对试验情况进行记录，并描绘或拍照除雾系统踪迹，要注明驾驶员所在位置一侧。

7.1.4 低温启动性能评价方法

GB/T 28382—2012《纯电动乘用车技术条件》对低温启动性能要求是，车辆在−20±2℃的试验环境温度下，浸车8h后，应能正常启动、行驶。GB/T 12535—2021《汽车起动性能试验方法》对低温启动的要求和试验方法进行了详细的规定，表7-12为低温环境温度要求。

表7-12　低温环境温度要求

试验类别	环境温度/℃			
	内燃机汽车	纯电动汽车、增程式 电动汽车	除增程式电动汽车外的 混合动力电动汽车	燃料电池电动 汽车
一般低温启动	−10±1	−10±1	−10±1	−10±1
特殊低温启动	−30±2	−20±2	−30±2	
	−35±2^①	—	−35±2^①	

① 环境温度为（−35±2）℃的低温启动性能为汽车制造商选做项。

　　（−35±2）℃的低温环境为选做项，因为近十年的东北地区最低温度记录，−35℃的环境温度每年最多只有一周时间，而且每天满足的时间很短，所以本着试验服务于使用的原则，改为选做项，由制造商自行决定。纯电动汽车和增程式电动汽车的启动性能环境要求，根据现阶段纯电动汽车的技术水平，保持了和GB/T 28382—2012的一致性，即（−20±2）℃。对于燃料电池汽车，由于还处于发展初级阶段，根据现阶段的技术水平和车辆的使用地区环境，低温启动测试温度为（−10±1）℃。

　　试验方法如下。

（1）启动试验

　　内燃机汽车冷机启动试验：起动机接通后，应在表7-13规定的最大允许拖动时间内进行试验，若发动机能启动自行运转，则判定启动成功；若发动机未能自行运转，则判定启动失败。连续进行启动次数不超过表7-13要求，每次启动间隔时间应不小于2min。

表7-13　拖动时间和启动次数要求

试验环境		最大允许拖动时间/s	启动次数/次
低温环境/℃	−10±1	10	1
	−30±2	20	2
	−35±2	30	3

　　纯电动汽车和增程式电动汽车冷机启动试验：按照汽车制造商建议的启动操作步骤启动车辆，自车辆上电开始，"READY"或"OK"信号装置应在1min内点亮。

　　除增程式电动汽车外的混合动力电动汽车冷机启动试验，如冷机启动的动力源为发动机，按照内燃机汽车冷机启动试验进行；如冷机启动的动力源为动力电池，按照纯电动汽车和增程式电动汽车冷机启动试验进行。

　　燃料电池电动汽车冷机启动试验：按照汽车制造商建议的启动操作步骤启动车辆，记录自车辆上电开始，到"READY"或"OK"信号装置点亮的时间，对时间长短不做要求。

（2）预热试验

内燃机汽车预热试验：发动机启动后，对于手动变速箱的汽车，离合器可以继续保持分离状态，变速杆保持空挡；对于自动变速箱的汽车，变速杆保持P挡。原地怠速运转5min。

纯电动汽车、增程式电动汽车和燃料电池电动汽车预热试验：纯电动汽车、增程式电动汽车和燃料电池电动汽车可不进行预热试验，直接进入起步试验。如果需要预热，预热时间不超过5min。

除增程式电动汽车外的混合动力电动汽车预热试验：如冷机启动的动力源是发动机，按照内燃机汽车预热试验进行；如冷机启动的动力源为动力电池，按照纯电动汽车、增程式电动汽车和燃料电池电动汽车预热试验进行。

（3）起步试验

启动和预热试验后，将汽车置于倒挡倒车起步，行驶不小于3m。

停车后汽车处于最低前进挡起步。以上如失败可重复一次，仍不能起步则判定起步试验失败。

车辆起步后应按照制造商规定的使用要求，逐级升高挡位至车速达到50km/h，车辆能平稳加速、无熄火现象，则判定汽车起步试验成功，反之则判定汽车起步试验失败。

7.1.5 热管理经济性评价方法

热管理的经济性的定义有两个方面：

一是热管理系统本身的经济性，这包含两方面的含义，首先是热管理系统的初始成本，即为实现热管理系统而增加的系统和部件初始采购成本，这对热管理系统的架构选择至关重要，甚至会影响到系统架构和功能取舍的决策；其次是热管理系统的使用成本，即热管理系统在工作过程中产生的能耗指标，如表7-14所示。

表7-14 热管理系统能耗目标

测试工况	环境温度/℃	能耗指标/W
高温CLTC-P工况空调高低压负载平均功耗（座舱维持23～25℃）	30±2	850
低温CLTC-P工况空调高低压负载平均功耗（座舱维持20～22℃）	−7±2	1200
常温CLTC-P工况热管理平均高低压功耗	23±5	32
充电热管理平均高低压功耗（慢充）		32

二是热管理系统对整车能耗经济性的影响，即由于采用某种热管理系统，对整车能耗经济性的改善程度，特别是对高低温能耗的影响，这也是直接影响整车热管理结构方案决策的重要因素。

根据《EV-TEST（电动汽车测评）管理规则（2019版）》的推荐评分表，如表7-15所示，可见，高温续驶里程下降率≤20%和低温续驶里程下降率≤40%为比较好的水平，这是由于目前普遍的水平在30%和50%左右，而想该两项得到满分，则需要达到高温续驶里程下降率≤10%和低温续驶里程下降率≤30%的水平。

表7-15　高低温续驶里程评分表

指标名称	测量后计算值	得分
高温续驶里程下降率	≥30%	0
	=20%	80
	≤10%	100
低温续驶里程下降率	≥60%	0
	=40%	80
	≤30%	100

EV-TEST规定了采用CLTC工况进行测试，这与GB/T 18386.1—2021《电动汽车能量消耗量和续驶里程试验方法 第1部分：轻型汽车》相一致，两者都规定了低温测试环境温度为（-7±3）℃，高温环境温度GB/T 18386.1—2021规定为（30±2）℃，而EV-TEST则规定为（35±3）℃，两者的光照要求都为光照（850±45）W/m²。试验测试前，被测车辆需要在试验温度环境下浸车12～15h。

7.2
试验测试设备

7.2.1　底盘测功机

底盘测功机又称转毂试验台，是一种用来测试汽车动力性、多工况排放指标、燃油指标等性能的室内台架试验设备。汽车底盘测功机通过滚筒模拟路面，计算出道路模拟方程，并用加载装置进行模拟，实现对汽车各工况的模拟。底盘测功机使用方便，性能可靠不受外界条件的影响。在不解体汽车的前提下，能够准确快速地检测出汽车各个系统、部件的使用性能。底盘测功机既可以用于汽车科学试验，也可以用于维修检测。

利用飞轮惯性的转动惯量来模拟汽车运行时的转动惯量及汽车直线运动质量的惯量，采用加载装置来模拟汽车在运行过程中所受的空气阻力、非驱动轮的滚动阻力及爬坡阻力等，通过滚筒旋转运动来模拟路面，对汽车运行状况进行动态检测。

汽车底盘测功机有单滚筒和双滚筒之分，如图7-9所示。

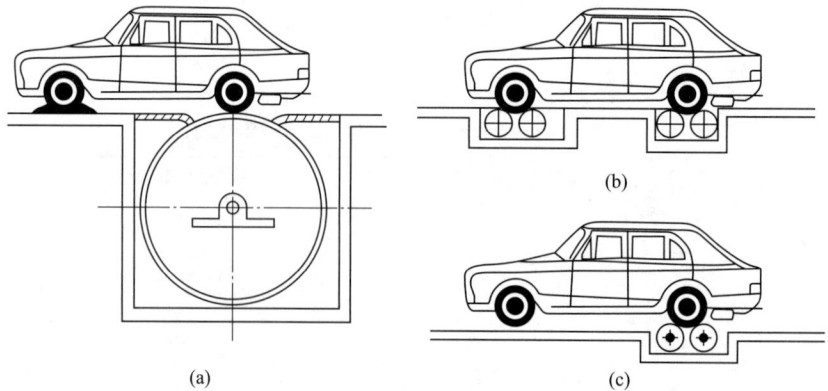

⋏图7-9 底盘测功机

单滚筒底盘测功机支承每侧驱动车轮的滚筒为一个［图7-9（a）］，滚筒直径较大（一般在1500～2500mm），支承轴承少，台架的机械损失小。滚筒直径越大，车轮在滚筒上就越像在平路上滚动，轮胎与滚筒的滑转率小、滚动阻力小，因而测试精度高，但制造和安装费用大，一般用于制造厂和科研单位。

双滚筒式底盘测功机支承每侧驱动车轮的滚筒为两个［图7-9（b）（c）］，滚筒直径小（一般在180～500mm），与单滚筒底盘测功机相比，多了四个支承轴承和一个联轴器，在检测过程中，其机械损失较大。滚筒直径越小，车轮与滚筒的接触就与在平路上差别越大，轮胎与滚筒的滑转率增大、滚动阻力增大，所以测试精度较差；优点是设备成本低，使用方便，一般用于汽车使用、维修行业及汽车检测线或检测站。

7.2.2 高低温环境仓

整车高低温环境仓，也称为汽车环境试验室，是一种高级科研设施，被广泛用于检测和评估汽车在不同温度环境下的性能和耐用性。试验室内设有一套精密的温度控制系统，能模拟各种极端气候条件，包括酷热、寒冷和温度变化剧烈的环境。这样的设计旨在全面模拟汽车可能遇到的各种实际工况，以保证其在任何气候条件下都能保持优良的性能。

轻型汽车高低温性能环境舱系统可以提供高温、低温、湿度等环境模拟条件，依据整车（轿车、轻卡）环境试验性能测试的工作状态，经保温隔热处理后，采用适当的通风、空调设备以满足整车动力匹配，经济性能匹配，整车冷启动性能匹配，整车空调性能，整车低温适应性能等试验要求。通过高低温环境模拟试验室来进行汽车性能检测，如高温/低温贮存试验、高低温循环试验、高低温湿热交变试验、恒定湿热试验等。整车环境试验舱用于国家Ⅴ、国Ⅵ排放标准和欧Ⅴ、欧Ⅵ排放标准的整车排放试验以及性能试验。

整车高低温试验室的核心工作原理在于精确控制并模拟不同的温度环境，以此来测试汽车在各种气候条件下的性能，如图7-10所示。在试验过程中，试验室会利用其高精度的温度控制系统和环境模拟器，按照预定的温度和湿度设定，调整试验环境。然后，研究人员会将汽车置入这个环境中，观察并记录其在不同温度下的表现。

∧图7-10　整车高低温试验室

7.2.3　阳光模拟系统

阳光模拟系统是一种用于模拟太阳光照射的设备，它可以在室内环境中生成类似太阳光照射的光线，如图7-11所示。这对于汽车日照模拟系统是至关重要的，因为它能够提供真实的光照条件，以进行各种测试和研究。阳光模拟系统通常使用高强度氙灯或LED灯作为光源，并通过光学系统将光线聚焦和分布，以模拟太阳光的效果和分布。

阳光模拟系统主要用于汽车整车的环境适应性测试和照明系统的性能评估。通过模拟太阳光的照射，可以评估汽车在不同光照条件下的外观、颜色、耐候性和光学性能等方面的表现，以及对于驾驶员视线的影响。此外，汽车整车全光谱阳光模拟系统还可以用于测试汽车的车身涂料和塑料件的耐候性能。太阳光模拟器可以模拟出不同地区和不同季节的光照条件，从而对车身材料的

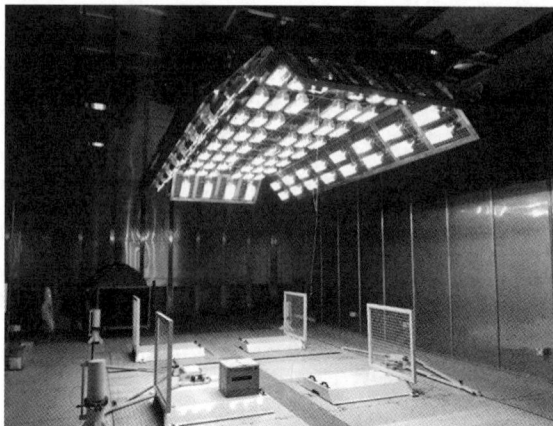

∧图7-11　阳光模拟系统

耐候性进行全方位的评估。这对于汽车制造商来说非常重要，因为耐候性能是评价车身外观和质量的重要指标之一。

此外，阳光模拟系统还可以用于评估车辆灯光系统的性能。通过模拟不同光照条件下的太阳光照射，可以测试汽车的前大灯、后尾灯和转向灯等照明系统的亮度、照射范围和颜色温度等参数。这有助于检查灯光系统是否符合国家和地区的照明标准，并确保驾驶员在不同光照条件下能够清晰地看到道路和其他车辆。

阳光模拟系统有固定式和移动式两种，其中移动式可分为顶置式和穹顶式。顶置式阳光模拟系统安装在测试段上方，其前后左右的灯组均可移动并向下倾斜45°左右，有的还可以在高度上进行调节。穹顶式阳光模拟系统是通过类似桥洞一样的支架固定在测试段上，可以在支架轨道上随意移动，模拟从日升到日落的整个过程，相比于其他形式，具有更好的模拟效果，但此形式的移动机械结构较为复杂，且会占用较多的风洞测试段空间，如图7-12所示。

∧图7-12　德国BF穹顶式光照系统

阳光模拟系统按照光源类型分为三类：全光谱太阳模拟系统、红外光老化模拟系统和加速紫外光模拟系统。全光谱太阳模拟系统作为实验光源时，在某种程度上说，可以等同于太阳光源，可以模拟太阳光照射；红外光老化模拟器主要利用红外光的光热效应，加速紫外光模拟器主要利用紫外光的光化学效应。

相比常规车型预投放可靠性试验来说，涉氢阳光模拟试验过程涉及易燃易爆气体的产生，同时氢气由于具有爆炸速度快，爆炸体积浓度低（4.0% ～ 75.6%），爆炸强度大的特点，所以涉氢阳光模拟具有结构复杂，技术难度大的特点。

7.2.4　焓差实验室

焓（用 H 表示），是描述物质能量的物理量。正如质量是物质所具有的固有性质一样，物质所具有的能量也是物质固有的性质，可以用一个物理量来描述，科学家定义了一个叫作"焓"的物理量，用它的变化来描述物质能量的变化。此处的能量不包括物质整体的动能和势能，特指系统内在的能量。焓本身没有较为直观的物理意义，谈论绝对的焓没有意义，正如并没有绝对的"重力势能"一样。能量的零点都是人为定义的，人们并不关注能量的绝对数值，而是关心在功、能转化的过程中的能量相对变化量。焓的变化量就是焓变，即焓增或焓减，也称为"焓差"（Δh）。

湿空气的"焓"是其干球温度和湿球温度的函数，从测试环境间的空气取样器可以得到进入被试机的湿空气的干湿球温度，从而确定其进口状态的空气焓值，而其出口空气焓值是通过置于风量测量装置内的空气取样器确定，空气经过被试机产生焓增或焓减（焓差 Δh），原因是空气在机器盘管处换热。

空气焓差法是一种测量空调制冷、制热能力的方法，就是通过上述方式测出"焓差"，然后通过风量测量装置测出被试机的"循环风量"，用"焓差×风量＝制冷（热）量"公式确定空调的能力。

焓差试验室，全称空气焓差法试验室，是采用空气焓差法原理建造的测定空调机制冷、制热能力的试验室，如图7-13所示。

焓差室的组成包括试验室外围保温结构、空气处理机组、温湿度采样系统、空气流量测量装置、试验室测量控制系统、测量数据采集系统。

（1）试验室外围保温结构

试验室外围保温结构作用是在空间上进行分隔，将焓差试验室分成室内侧环境室和室外侧环境室两个相对独立的空间，从而确保试验室在室内侧和室外侧房间，能够分别建立起符合测试要求并相对稳定的人工模拟环境，不受外围

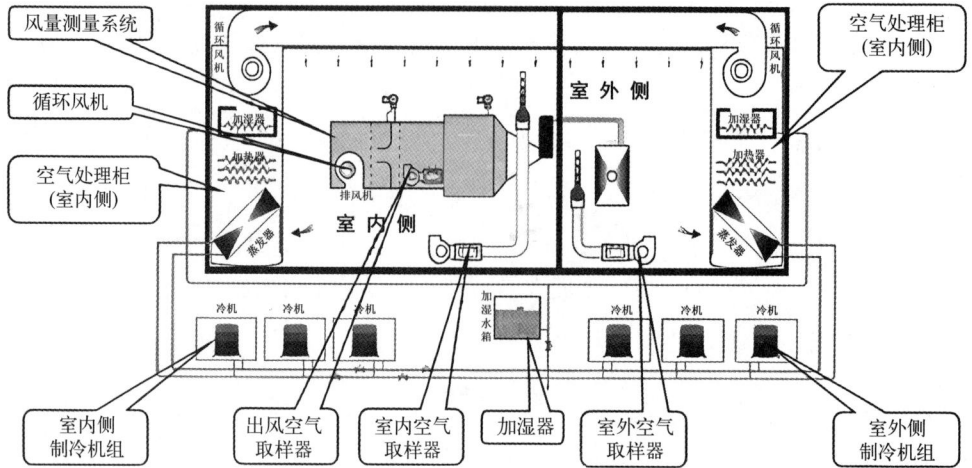

△图7-13 焓差试验室组成结构图

空间的干扰。隔阻试验室内部空间与外部环境之间以及室内侧与室外侧之间的热传递，减少冷热量的损失，降低调节环境温度的能耗，具有保温效果。

（2）空气处理机组

空气调节处理系统主要由空调柜体、风机、加热器、加湿器、制冷系统等组成。其作用是对焓差试验室内的空气状态进行调节，达到测试时所需的温、湿度工况条件。

（3）温湿度采样系统

温湿度采样系统主要包括温度采样器、铂电阻、取样风机、温度变送器、温度控制仪表及计算机测量系统等。其作用是采集被试机组的回风干、湿球温度以及送风干、湿球温度，是焓差法测试的基本参数。

（4）空气流量测量装置

风量测量装置由进风室、喷嘴、排风室、排风机、压力变送器、变频器、静压控制仪表、连接软管及计算机测量系统等组成。其作用是测量被试机组的空气流量，同样是焓差法测试的基本参数。

（5）试验室测量控制系统

测控系统为用户提供一个方便的测量控制操作平台，它由各种测控仪表、变送器、计算机、开关、指示灯等组成。主要作用是作为焓差试验室运转控制中心，确保试验室正常运转。

（6）测量数据采集系统

测量数据采集系统是采集焓差法测试基本参数的系统，将各种传感器的电参数转换成数字量，主要包含功率测量仪、压力变送器、温度传感器等。

7.2.5　暖体假人

暖体假人是用于服装热学性能实验的通用仪器设备，被广泛地应用于服装、职业健康、环境、消防、石油、交通安全、航空航天、建筑等领域。暖体假人是模拟人体与环境之间热湿交换的仪器设备，是从20世纪40年代逐渐发展起来的一种新的生物物理试验方法。它的身材大小和普通成年人相似，由头、胸部、背部、腹部、臀部、上姿、手、下姿和脚等解剖段组成，暖体假人本体由铜、铝或玻璃钢制作而成，可采用内部加热、内表面加热和外表面加热，当采用内部或内表面加热方式时，为了保持外表温度均匀，必须用高热导率的材料，如铜或铝等。

暖体假人能在设定的环境条件下，模拟人体、服装和环境间的热交换过程，客观地、系统地评价热环境以及预测人体对热环境的生理反应，并可在真人无法试验的极端环境条件下进行试验，而且还能够有效地解决实验人次选定等问题，从而缩短实验周期，降低实验成本，其测试精确度高、重复性好，被公认为是人类工效学研究必不可少的先进设备。

德国埃尔科工程公司（ARRK Engineering）成立于1967年，总部位于德国慕尼黑。其开发了空调热舒适性测试假人，并创建了完整的热舒适性开发体系。ARRK HVAC空调热舒适性测试假人可精准采集温度、风速、湿度与长、短波辐射数据，用于验证与优化实车空调开发结果，或收集对标竞品车型关键数据，帮助量化热舒适性开发指标，进而深入优化空调系统布局的合理性，加速热舒适性开发工作。ARRK HVAC空调热舒适性测试假人不仅可用于评估均匀、稳态的测试环境，也适用于非均匀、瞬态的环境条件，采集各类汽车、飞机及建筑物等舱室内的热环境与舱室内人员的热舒适度数据。

标准版ARRK HVAC空调热舒适性测试假人表面共装配有31个精密传感器模块，总计使用124个传感器。传感器模块之间相互独立，均可单独拿取或替换。根据人体各部位的表面积大小及舒适性相关的重要程度，进行传感器布置。此外，还可根据客户需求，定制增配更多传感器模块的假人版本。假人的颈部、肩关节、肘关节、腕关节、髋关节、膝关节和踝关节设计拥有大幅的自由度调节区间，可站可坐，能最大程度展现出各种乘员姿势。灵动的关节设计和精确的调节系统支持按照工况测试模型进行姿态比对调整，并可依据各关节角度显示在模拟仿真中，最终创建姿态完全一致的数据模型，如图7-14所示。

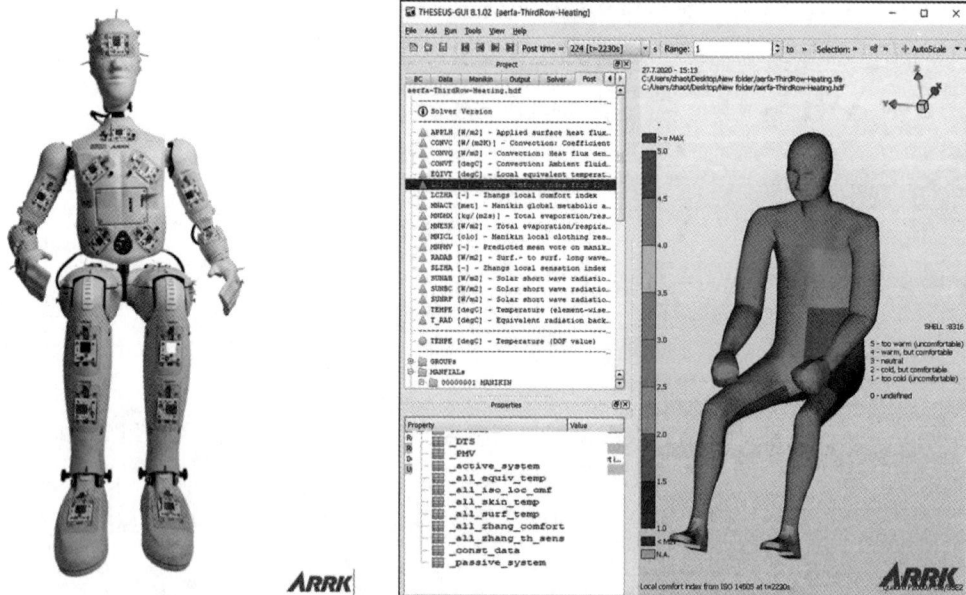

△图7-14　ARRK热舒适性假人（左）和THESEUS-FE仿真软件（右）

配套开发的Manikin Monitor监控软件，能与ARRK HVAC空调热舒适性测试假人实现完美连接，实时显示测试数据与不同评价指标的舒适性结果。通过假人进行测试数据采集后，结合埃尔科工程自主研发的THESEUS-FE仿真计算软件交互应用，可实现热舒适性目标定义、开发、优化到测试的闭环。

THESEUS-FE软件内部已集成了人体热生理模型、衣组系数、活动当量等关键参数设置，并可输出ISO 14505-2、PMV/PPD、DTS、Zhang等热舒适性评价指标，包含人体局部和整体热舒适性，帮助量化热舒适度指标，明确热舒适度等级。

参考文献

[1] 陈勇. 汽车测试技术[M]. 北京理工大学出版社. 2008.

[2] Zhang H,Arens E,Huizenga C,et al.Thermal sensation and comfort models for non-uniform and transient environments:Part I: local sensation of individual body parts[J].Building and Environment, 2009.

[3] 蔡致鹏，王新阁，张晓康，等. 基于热舒适性的乘员舱气流组织设计[J]. 空军工程大学学报，2023, 24(1): 59-67.